新版 春夏秋冬 絵ごよみ事典

平凡社編

平凡社

本書は，2003年平凡社より刊行された
《春夏秋冬えごよみ事典》の新版です。

内　容

　本事典は，変化に富む日本の四季と自然，またそれに伴って営まれる日々の暮らしと行事を，多くの絵図と簡潔な説明文で綴った歳時記事典です。
　暮らしと行事は春から冬・正月までの順に展開してあります。各季節の花鳥風月，旬の野菜と魚とを併せて全体で季節の特徴を捉えています。
　動植物図は，小社の百科事典に掲載されている正確なものをベースに，江戸時代などの資料で補っています。気象図など科学的な図版も重要な構成要素です。
　移り変わる季節の中に伝統的な行事と暮らしと自然を巡る〈季節の博物誌〉です。

出雲うちわと丸亀うちわ(右)

目 次

- 内　容 ……………………………… 3
- 目　次 ……………………………… 5
- 凡　例 ……………………………… 6
- 文　献 ……………………………… 7
- 春 ………………………………… 8
- 夏 ………………………………… 112
- 秋 ………………………………… 218
- 冬・正月 ………………………… 290
- 付　録 …………………………… 385
  二十四節気・385　七十二候・386
  12カ月行事と歳時・388
  花信風・400
- 索　引 …………………………… 413

凡　例

構成
分かりやすいイラスト3000点による，日本の季節・生活・自然の事典。[春][夏][秋]と[冬・正月]の四季と付録の順に配列。各季節は歳時・行事・動植物と自然現象・旬などから成る。

解説文
漢字まじり平仮名口語文で，おおむね現代仮名遣いを使用。必要なものには部分名称も表示。

ふり仮名
難訓・難読や特殊読みの漢字には括弧（　）内に読みを平仮名で表記。

文献
掲載した挿図の出典，書籍等の名称は《　》内に表示。

索引
事物の名前と，部分名称を中心に五十音順索引を巻末に収録。

―― **文　献** ――

参考文献，イラストの出典のおもな書籍等は下記の通り。

明治日本体験記　日本児童遊戯集　都風俗化粧伝　日本山海名物図会　日本山海名産図会　西遊記　日本語読本　怡顔斎桜品　尋常小学国語読本　国民之友　東都歳事記　日本その日その日　名所江戸百景　草花絵前集　畔の落穂　百福茶大年咄　人倫訓蒙図彙　風俗画報　守貞漫稿　北越雪譜　桃太郎物語　蛤の草紙　花サカヂヂイ　雪華図説　胡蝶　若菜集　富獄三十六景　沢林小伝次の七夕　雨夜の宮参り美人　日本人　日本風俗図会　博物図　江戸花暦　猿蟹合戦　絵本吾妻の花　絵入貞徳狂歌集　絵本吾妻抉　古道具昔話　絵本鷹鑑　安愚楽鍋　籠細工ばなし　厩馬新論　和漢三才図会

大百科事典　1931年初版
世界大百科事典　1955年初版
世界大百科事典　1964年初版
百科事典マイペディア

ホーライ　ギリシア神話の4人の女神。秩序と季節をつかさどる。ゼウスとテミスの娘。右は春の女神。ポンペイの壁画から模写。

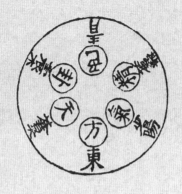

えごよみ 春

春の星座 雛人形 雛祭 桃太郎 モモ 上巳 潮干狩 貝 山菜 シダ 花見 サクラ 花祭 卯月八日 チョウ 高山チョウ 鱗翅類 ガ 花粉 花粉症 ミツバチ 端午 鯉幟 雲 十種雲形 バードウィーク 留鳥 漂鳥 春の野菜 春の魚

春(はる) 天文学では春分(3月21日ころ)から夏至(6月22日ころ)まで,節気では立春(2月4日ころ)から立夏(5月6日ころ)の前日まで,慣習上は3〜5月をいう。

【 春の星座 】はるのせいざ

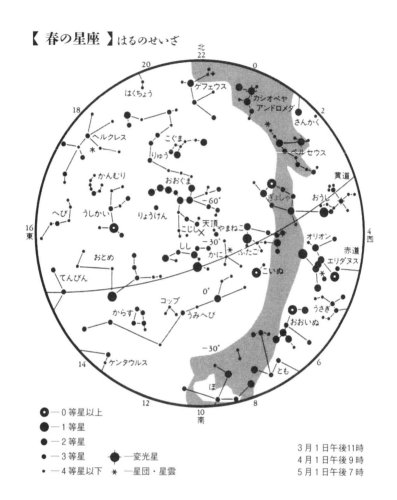

3月1日午後11時
4月1日午後9時
5月1日午後7時

春の星座　よく使われる〈春の星座〉や〈冬の星座〉という言葉には厳密な意味はない。その季節に、人々に親しまれている星座、すなわち、夕刻に見える星座をさす。春はおおぐま座(北斗七星)、うしかい座、こぐま座、かんむり座、ケンタウルス座、しし座、てんびん座、かに座、おとめ座など。

おおぐま座　後漢末期の武梁祠の画像石から

♎ Libra

てんびん座

おとめ座

かに座

♌ Leo　しし座

【 雛人形 】ひなにんぎょう

雛祭に飾る人形。緋毛氈(ひもうせん)を敷いた雛壇(5段,7段)を設け,男女の内裏(だいり)雛,三人官女,五人囃子(ばやし),随身(ずいじん),衛士,調度(たんす,長持ほか)を飾る。平安時代に始まり,江戸初期までは紙雛で簡素なものであったが,のち布製ですわった形の雛人形が現われた。現在でも各地に素朴な紙雛がある。

内裏雛

【 雛祭 】ひなまつり

3月3日の節供行事。雛人形を飾り,菱餅(ひしもち)や桃の花を供え,白酒で祝う。男子の端午の節供に対して,女子の節供とされる。雛祭の形式が現在のように整ったのは江戸時代に入ってからで,源流は祓(はらえ)のため人形(ひとがた)に供物をささげて水に流した古代の風習にあり,鳥取県の流し雛などにその風が残っている。

上　江戸時代の雛人形
左　雛祭《和漢三才図会》から
下　立雛

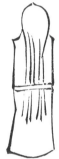
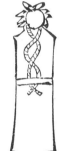

上　雛人形の原形
と考えられる紙雛

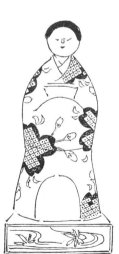

上　紙雛のつつみ物
左　江戸時代の男雛
　　（左）と女雛

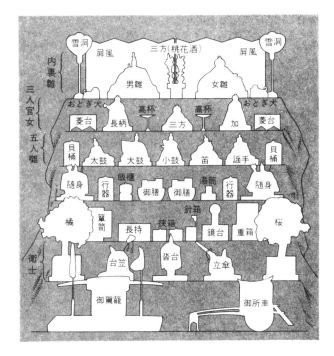

左ページ　雛段飾（上はその名称）
下　明治初期の雛祭《明治日本体験記》から

上　鬼ヶ島の桃太郎
《桃太郎物語》から
右　桃太郎の誕生

桃太郎　昔話。川上から流れてきたモモまたは香箱から生まれた男の子が鬼ヶ島征伐をし家を富ませる。後半は地獄から姫を連れてきたり、花咲爺や猿蟹合戦の話と混交する地方もある。瓜子姫や一寸法師とともに、神から授かった「小さ子」が漂着、特異な能力を発揮する昔話。

【 モ モ 】桃

中国原産といわれるバラ科の落葉果樹。高さ3メートル内外，葉は互生し，細長い披針形。縁には鋸歯(きょし)がある。4月にふつう淡紅色の花をつけ，果実は球形で細毛を有し，6月中・下旬〜8月下旬に成熟する。日本にも古くからあったが，現在の栽培種は明治になって中国から輸入された水蜜桃をもとに改良したものが多い。大久保，白桃，倉方早生などが有名品種。ほかに種々の缶詰用品種がある。また観賞用のモモはハナモモといい，種々の品種があり，庭樹のほか盆栽，切花などにされる。

上 モモ 左 果実
下 ツバイモモ

上巳(じょうし) 五節供の一つ。上巳は旧暦3月上旬の巳(み)の日で，この日の行事が3月3日に固定し，雛(ひな)の節供をさすようになった。水辺に出て禊(みそぎ)をした中国古代の風が伝えられて巳の日の祓(はらえ)となり，人形(ひとがた)を水に流して穢(けがれ)を祓ったが，この人形が雛人形になり，雛祭になったという。

曲水の宴(きょくすいのえん) 中国，隋唐のころ貴族や文人の間で流行した習俗。3月3日の上巳(じょうし)に郊外や庭苑の水辺に出，招魂・祓除(ふつじょ)を行い，流水に酒杯を浮かべ，一定地点(自分の前など)に流れ着くまでに詩をよみ，宴遊した。日本には奈良時代以前，すでに伝来したという。

磯遊び(いそあそび) 3月3日に海や山に遊びに出る風習で，もと雛(ひな)を送ったり祓(はらえ)に水辺に出たりした行事の変化である。雛壇の前でするままごとを磯遊びというところもある。九州西側の沿海地方では雛祭の日に海岸に出て一日遊び暮らし，山口県大島郡などでも同じ日に磯遊びをする。

上 上巳の曲水の宴
《和漢三才図会》から
下 釣上げた蛤から美しい女房が現れる
《蛤の草紙》から

【 潮干狩 】しおひがり

干潮の浜に出て貝類などをとって遊ぶこと。特に旧暦3月3日ごろの大潮の時は干満の差が大きく、行楽には絶好で、江戸時代から各地の海岸は潮干狩の人びとでにぎわった。これは3月3日は家にいてはならぬとして連れだって野山や海辺に遊び、飲食を楽しんだ古来の習俗・行事に関連するものとみられる。

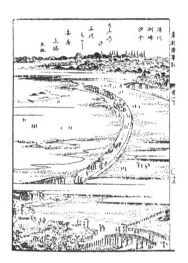

上　深川洲崎汐干《東都歳事記》から
下　住吉浦汐干《日本山海名物図会》から

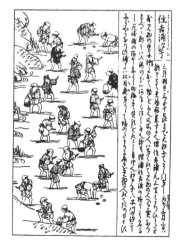

【貝】かい

普通は軟体動物のうちの貝殻をもったものをいう。またウニ，フジツボ，ホオズキガイ等を含めることもある。大部分は海産だが，淡水や陸上にもすむ。斧足(ふそく)類のオオジャコガイ(殻長1.37メートル，重量230キロ)，腹足類のアラフラオオニシ(殻高80センチ)がおのおのの世界最大種である。日本産では斧足類のヒレジャコガイ(殻長40センチ)，腹足類のホラガイ(殻高43センチ)が最も大きい。食用，細工物などに利用される。

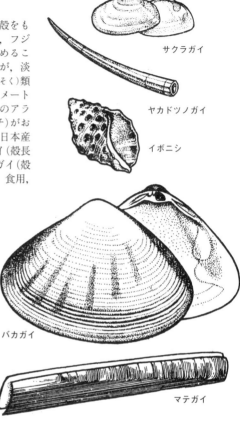

サクラガイ
ヤカドツノガイ
イボニシ
バカガイ
マテガイ

バカガイ　バカガイ科の二枚貝。高さ6.5センチ，長さ8.5センチ，幅4センチ。殻はハマグリに似るが，薄手で黄褐色の殻皮でおおわれる。成長脈は殻頂の前後で明らか。北海道～九州，朝鮮半島，中国沿岸の内湾の潮間帯～水深20メートル付近の細砂底にすむ。むき身を青柳(あおやぎ)といい，貝柱とともに，すし種，鍋物などに用い，干物にもする。

ハマグリ

ハマグリ(蛤)　マルスダレガイ科の二枚貝。高さ6.5センチ，長さ8.5センチ，幅4センチ。殻表は黒褐～白色，2放射帯のあるものなど個体によって異なる。内面は白色。北海道南部～九州の内湾の潮間帯付近の砂泥底にすみ養殖もされる。潮干狩の獲物とされ，吸物，つくだ煮など重要な食用貝。これに似たチョウセンハマグリは外洋の砂底にすむ殻の厚い種類で，前種よりやや大きい。肉は食用，殻は碁石の白石にされ，宮崎は有名な産地であった。近年は食用に韓国からシナハマグリが輸入される。

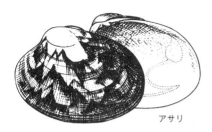

アサリ

アサリ マルスダレガイ科の二枚貝。高さ3センチ、長さ4センチ、幅2.8センチ。殻表の模様は個体によって著しく異なり、表面に細かい放射状のすじをもつ。全国の内海の潮間帯から水深10メートルぐらいまでの砂泥底にすむ。殻は煮ると褐色になる。肉は食用とし、むき身、つくだ煮、干物などに利用。産卵期は5～12月。

カキ(牡蠣) イタボガキ科の二枚貝の総称。左殻は大きくて深く、岩に付着し、右殻はやや小さく、ふくらみは弱い。形は付着生活のため一定しない。殻表の成長脈は板状に発達してあらい。かみ合せは短く靭帯があり、著しい歯はない。軟体は中央に大きい貝柱(後閉殻筋)があり、足は発達しない。日本近海には約25種、なかでもマガキは古くから食用にされ、殻の表面は多数の薄板が重なり、濃紫色の放射状色帯が走る。内湾の比較的塩分の少ない潮間帯の岩礫(がんれき)に付着、産卵期は5～8月。日本全土に分布。一般に栄養価が高く、酢ガキ、カキ鍋などに美味。旬(しゅん)は冬季。

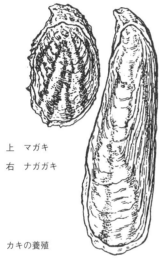

上 マガキ

右 ナガガキ

カキの養殖

明治の潮干狩風景

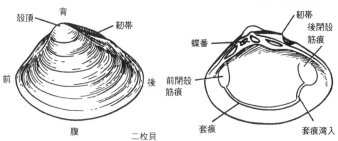

二枚貝

斧足類(ふそくるい) 弁鰓(べんさい)類とも。いわゆる二枚貝のこと(巻貝は腹足類)。多くは左右相称で、外套(がいとう)膜から分泌された2枚の殻で包まれる。左右の殻は靭帯(じんたい)で結ばれ、鉸歯(こうし)と呼ばれるかみ合せの歯がある。頭部は退化していて眼、触角はない。口に2対の唇弁があるが歯舌を欠く。外套腔には内外2枚の鰓(えら)があり、後方には2本の出入水管がある。足は通常斧形。また前後に閉殻筋がある。雌雄異体、時に同体。海産種が多い。日本産約1500種、世界に約2万5000種。オルドビス紀に出現した。

腹足類(ふくそくるい) 巻貝類とも。軟体動物中最大の綱。貝殻は普通らせん状に巻いているが、笠(かさ)形のもの、消失したものも多い。頭部には触角と眼があり、口には歯舌を備える。足は一般に扁平で、はうのに適する。鰓(えら)は普通1対。海産種が多いが、淡水や陸上にもすみ、日本産3000種、世界に約8万種前後。カンブリア紀に出現した。雌雄異体で、発生の途上で体が180°ねじれた前鰓(ぜんさい)類、雌雄同体で、貝殻の退化に伴ってねじれが戻った後鰓類(アメフラシ、ウミウシなど)、有肺類(ナメクジ、カタツムリなど)に分けられる。

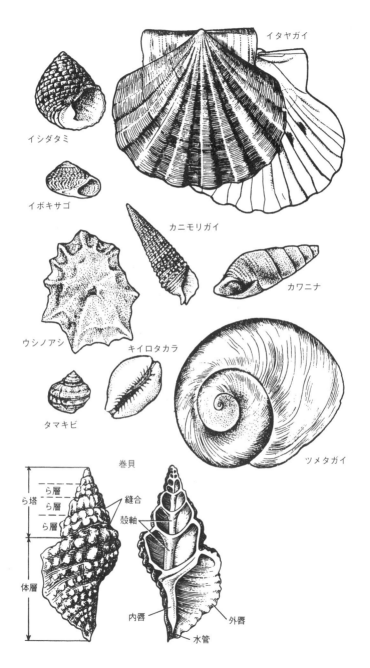

アワビ（鮑）　ミミガイ科の巻貝。日本にはマダカアワビ、メガイアワビ、クロアワビ、エゾアワビの4種がある。ほぼ楕円形、殻表は褐色、内面は真珠光沢が強い。殻の背面に出水孔が並ぶ。マダカアワビ、クロアワビは長さ20センチに達し、他はこれよりやや小さい。北海道南部〜九州、朝鮮半島、中国北部の潮間帯から水深20メートルまでの岩礁にすむ。産卵期は夏〜冬。保護増殖が行われ、人工授精も可能。肉は食用。殻は貝細工やボタンの材料に利用。また真珠養殖の母貝にも使用。

アワビ

ミルガイ

サザエ

サザエ　リュウテンサザエ科の巻貝。高さ10センチ、幅8センチ。殻表の2列の強いとげが特徴だが、瀬戸内海など内海にすむものはとげを欠くことが多い。足は褐色を帯び、中央の溝で左右に分かれ、交互に動かしてはう。ふたは石灰質で厚い。潮間帯〜水深20メートルくらいまでの岩礁にすみ、夜活動してアラメなど褐藻類を食べるが、これのみだと殻色は白っぽくなり、石灰藻をとると黒みを帯びる。北海道南部〜九州、朝鮮半島南部に分布。つぼ焼などにして食用、殻は貝細工に使う。

ヤマトシジミ

シジミ(蜆) シジミ科の二枚貝。日本産は3種。ヤマトシジミは高さ3.5センチ,長さ4センチ,幅2.5センチくらいで,漆黒色。幼貝は黄褐色で放射帯を示すことがある。日本全国の河口,潟などの汽水域にすみ,卵生。マシジミは高さ3.5センチ,長さ4センチ,幅2センチくらい,黒色で光沢は鈍く,幼貝は緑黄色,成長に従って焦げたような黒斑ができる。全国の河川や湖沼にすみ,胎生。セタシジミは形,大きさともヤマトシジミに似るが,殻頂はいっそうふくらんで,卵生。琵琶湖水系特産だが,近年は河口湖,諏訪湖等にも移殖されている。いずれも食用,みそ汁などにして賞味される。

ミルガイ ミルクイガイとも。バカガイ科の二枚貝。長さ14センチ,高さ9センチ,幅5.5センチ,大型のものは長さ15センチに達する。両殻は後端で長卵形に開き,太い水管を出す。殻は白色,その上を厚い黄褐～暗褐色の殻皮がおおう。内面も白色。北海道の南部～九州の内湾の浅い砂泥底にすみ,産卵期は2～6月。水管は黒い皮で包まれるが,むくと白色。吸物などにして美味。

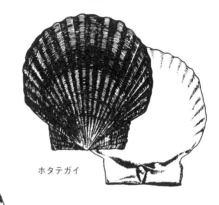
ホタテガイ

アカガイ

アカガイ(赤貝) フネガイ科の二枚貝。高さ9センチ,長さ12センチ,ふくらみ7.5センチ,殻表の肋(ろく)は42内外,内面は白色,かみ合せに多くの歯がある。北海道南部から九州,朝鮮半島の内湾の深さ3～30メートルの砂泥底にすみ,けた網で採取する。産卵期は夏。アカガイの名のとおり,肉は赤いが,これは血液中にヘモグロビンを含むため。味がよく,すし種にする。

ホタテガイ(帆立貝) イタヤガイ科の二枚貝。高さ,長さとも20センチ,幅4.5センチ。右殻はふくらみが強く,黄白色,左殻は紫褐色で小鱗状彫刻がある。幼貝の時は足糸で他物に付着しているが,成貝は殻を強く開閉して海水を噴射し移動。石川県能登半島以北,千葉県銚子以北～オホーツク海の水深5～30メートルの砂礫(されき)底にすむ。陸奥湾などが産地として知られ,養殖もされている。夏,けた網などで採取し,食用。特に貝柱を賞味し,缶詰や乾物にする。殻はカキ採苗用貝殻や貝細工に利用。

25

シャコ

シャゴウ

シャコ(貝類) シャコガイ亜科の二枚貝。オオジャコは世界最大の貝で長さ1.4メートル, 重さ230キロに達する。扇を広げたような形で5本の太い放射肋(ろく)がある。殻表は灰白色。インド洋・西太平洋のサンゴ礁にすみ, 外套(がいとう)膜にゾーキサンテラという藻類が共生してあざやかな黒, 青, 緑等の色になる。食用。殻は水がめ, 水盤, 置物などに利用。ヒレジャコ, ヒメジャコ等小型の近縁種は奄美(あまみ), 沖縄のサンゴ礁にも分布する。

ホラガイ(法螺貝) ホラガイ科の巻貝。高さ40センチ, 幅20センチ以上になる。殻は細長い紡錘形で厚質。黄褐色地に多数の黒褐色半月斑が並ぶ。紀伊半島以南の西太平洋, インド洋に広く分布し, 潮間帯下の岩礁底にすむ。殻の先端を削って吹口をつけ法螺にするほか, 昔は時報や戦場の合図等に用いた。肉は食用。近縁種の小型のボウシュウボラは千葉県以南に分布する。

ホラガイ

法螺

法螺(ほら) インドで, 人を集めるのにホラガイを吹いたのを, 仏の説法に集まる人の盛んなさまにたとえ, また仏の説法そのものにもたとえた。日本では, 山伏が悪獣を追うために用いたが, のち重要な法具となり, 法会でも用いるようになった。また千手観音の持物の一つでもある。

真珠の構造

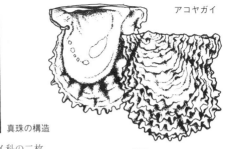

アコヤガイ

アコヤガイ　ウグイスガイ科の二枚貝。高さ7.5センチ，長さ7センチ，幅3センチ。表面はよごれた灰褐色，内面は強い真珠光沢があり，左殻は右殻よりよくふくらむ。房総半島，男鹿半島以南九州まで分布し，水温10℃以上で水のきれいな内湾の水深10メートル以内の岩礁に足糸で付着する。真珠養殖の母貝として重要。

クロチョウガイ

クロチョウガイ　ウグイスガイ科の二枚貝。高さ14センチ，長さ14センチ，幅3.5センチ。殻表にはあらい板状の殻皮片が並び，暗褐〜黄褐色。左殻は右殻よりふくらみ，右殻には足糸の出る湾入がある。内面は白色で真珠光沢があり，縁は黒い。紀伊半島以南の西太平洋，インド洋に広く分布し，浅海の砂礫底(されきてい)等にすむ。黒真珠養殖の母貝とするほか，貝細工に使われる。

真珠貝(しんじゅがい)　一般に真珠のとれる貝類をいうが，日本ではアコヤガイをさすことが多い。他にクロチョウガイ，シロチョウガイ，淡水産のイケチョウガイなどがある。またカワシンジュガイはユーラシア・北米北部に分布し，日本では主として北海道〜山口県の日本海側に広がり，河川上流の礫底(れきてい)にすむ。欧州ではこの貝の近縁種から真珠を採取した。

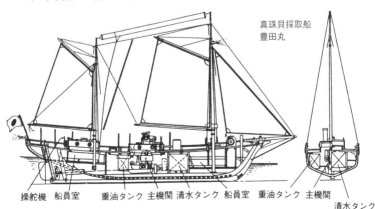

真珠貝採取船　豊田丸

操舵機　船員室　重油タンク　主機関　清水タンク　船員室　重油タンク　主機関

清水タンク

【山菜】さんさい

野菜に対して山野に自生する食用になる草木をいう。救荒食品として食用になる植物は多数あるが、一般には香味のよいものに限られ、水中や海辺の草、キノコ類なども含めて呼ばれる。栽培されているものもある。季節感が豊かであるが、採取期間が短いので乾燥、塩蔵などで保存する。料理は、ゆでて浸し物、酢の物、あえ物などにするが、一般にあくの強いものが多いのであく抜きが必要。おもなものとして、ワラビ、ゼンマイ、タラの芽、ノビル、シオデ、コゴミ、ユリ根、セリ、アシタバ、マタタビ、ヤマウド、ツワブキ、スズタケなど。

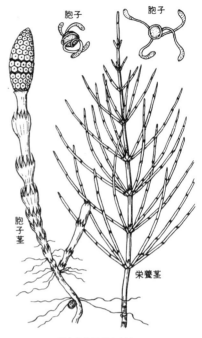

ツクシとスギナ(右)

フキノトウ　キク科のフキの雄株の若い花茎。葉柄とともに早春の味覚としててんぷらなどにして食べる。

アシタバ　セリ科の多年草。関東の太平洋岸、伊豆七島の海岸にはえる。高さ1〜2メートル、よく枝を分け、葉は大きな2回羽状複葉で無毛、質厚く柔らかい。茎葉を切ると黄色の汁が出る。秋、散形花序をつけ、黄色の小花を開く。若葉を食用にする。きょう摘んでもあしたすぐ葉が出るので「明日葉」の名がある。八丈島に多いのでハチジョウソウともいう。ハマウドはアシタバに似ているが、葉のつやが強く、茎葉を切っても黄色の汁が出ない。本州中部〜九州、沖縄、台湾に分布。

フキノトウ(下右)と花

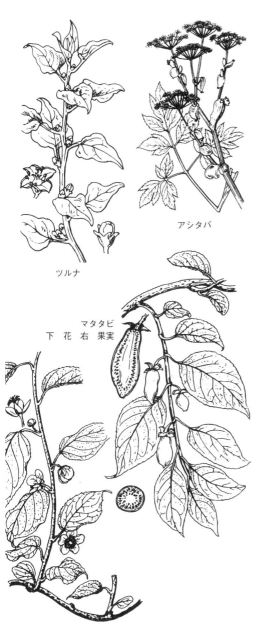

アシタバ

ツルナ

マタタビ
下 花 右 果実

スギナ　トクサ科のシダ。北半球の暖〜寒帯に分布し、河原、荒地、畑などにはえる。長い地下茎からまばらに高さ20〜40センチの茎が出る。茎は細い緑色の針金状で節から小枝が輪生し、小枝からさらに細枝が輪生して茂る。3〜4月、新しい茎が出る前に、枝のない褐色の胞子茎(ツクシ)が出、頭部からたくさんの胞子を出す。ツクシは浸し物などにして食べる。

ツルナ　ハナヂシャとも。ハマミズナ科の多年草。日本全土、東南アジア、豪州、南米に分布。海岸の砂地にはえる。全草多肉質。茎は少し枝分れし、長さ50センチ内外、三角状卵形の葉を互生する。4〜10月、葉腋に黄色い花を開く。花弁はない。若い茎葉は食べられ、畑にも植えられる。

マタタビ　マタタビ科の落葉つる性木本。日本全土の山地にはえる。葉は卵円形で先がとがり、縁には鋭い鋸歯(きょし)がある。雄株と両性花の株とがある。雄株の葉は開花期に表面が白色に変わる。6〜7月、新枝の上部の葉腋に白色5弁の花を下向きに開く。果実は長楕円形で9〜10月、黄熟、食べられる。全木をネコ科の動物が好み、食べると一種の酩酊(めいてい)状態となる。

ワラビ　コバノイシカグマ科の夏緑性シダ。ほとんど全世界に分布し、野原など、やや明るい所に多い。径約1センチの地下茎が地中やや深い所を長くのび、まばらに葉が出る。葉は長さ1メートル内外となり、葉面は五角状卵形で、3回羽状複葉、細い毛があり、胞子嚢は葉縁に沿って列になってつく。春まだ開ききらない若葉を食用とする。

クサソテツ　コゴミとも。本州中部以北の温〜亜寒帯の林の下などにはえるコウヤワラビ科の夏緑性シダ。茎は短く、地中に直立し、細長い匍匐（ほふく）枝を四方にのばす。葉は集まって出て高さ1メートル以上になり、倒披針形、羽状複葉で、下部の裂片は小さい。秋、褐色小型の胞子葉がつく。春、巻いた若葉を食用とする。

ワラビ

ゼンマイ

クサソテツ

ゼンマイ　ゼンマイ科のシダ。日本全土に分布、特に山地の谷沿いに多く、大群落を作る。地下茎は大株になり、葉は集まって出、高さ0.5〜1メートル。2回羽状複葉で、小羽片は披針形となり柄がない。春早く普通の葉の出る前に、胞子嚢だけの葉（胞子葉）が出る。巻いた若葉を干し、食用とする。

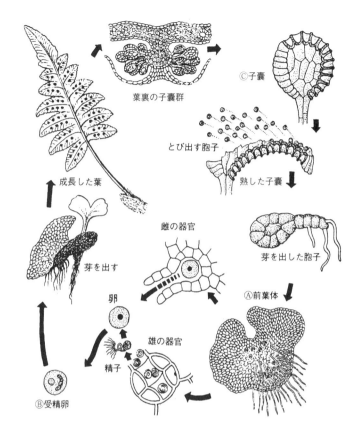

シダの世代交番 Ⓐ～Ⓑが雌株がある有性世代。残りの時代が無性時代。Ⓒは子嚢。

シダ(羊歯)植物　種子植物などと同格の植物界の大部門の一つ。維管束植物のうち、種子ではなく胞子で繁殖し、系統学的には裸子植物とコケ植物の間に存在。約1万種がある。シダ植物はマツバラン類、ヒカゲノカズラ類、トクサ類、シダ類(真正シダ類)に大別される。これらのうち、数において大部分を占めるシダ類では、植物体は根、茎、葉の3部分からなり、茎は地中、地上をはうかまたは直立する。葉はよく発達、大きさ、形、葉脈、毛の有無などは千差万別。胞子嚢群は多く葉の裏面にでき、胞子は地上に落ちて発芽、前葉体と呼ばれる小植物となる。これに雌雄の生殖器官が生じ、胚ができ、シダの幼植物となる。このように配偶体(前葉体)は胞子体(シダの生体)から離れて独立に生活。この点で、前者が後者に寄生する種子植物や、全くその反対のコケ類と大きく異なる。山菜として利用されるものがある。

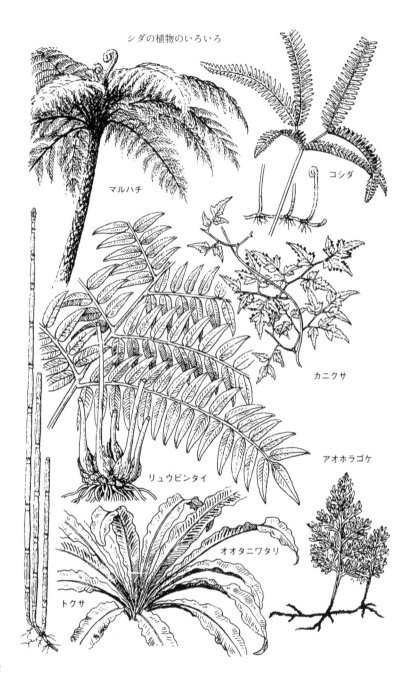

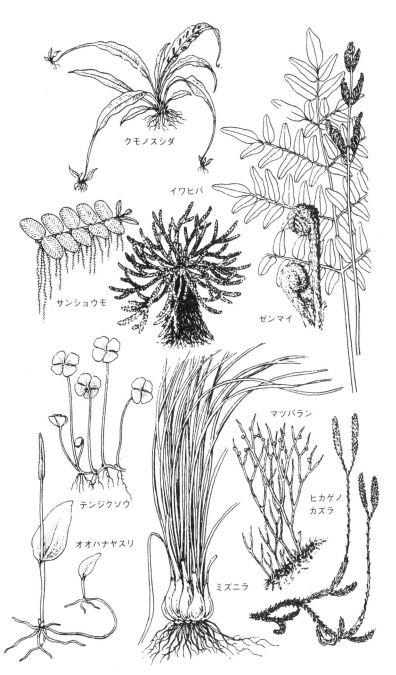

ギボウシ　日本で広く栽培されるクサスギカズラ科の多年草。葉は根生し、長い柄があり、ふつう広楕円形で数本の縦脈をもつ。初夏、包葉のある花茎を伸ばし、包葉の腋にふつう1個ずつ花をつけて総状花序となる。花は横向きに咲き、漏斗状筒形で先は6裂。花色は白色、淡紫色、濃紫色。スジギボウシは斑入(ふいり)葉の栽培品である。山野にはえる大型のオオバギボウシは葉は長さ30センチを超え、花茎は太く、多数の花をつける。山中の水辺岩上にはえるイワギボウシはやや小さく、葉柄に紫点が多い。ミズギボウシは湿地にはえる。この類は葉柄が食用になる。

オオバギボウシ

イワギボウシ

スジギボウシ

擬宝珠

アケビ アケビ科のつる性の落葉低木。本州〜九州, 東アジアに分布, 山野にはえる。葉は柄が長く, 5個の長楕円形の小葉からなる。4〜5月に総状花序に淡紫色の花が咲く。花弁状の3個のがく片があり, 花序の先の方に小型の雄花, 基部に大型の雌花がつく。果実は長楕円形で長さ7〜10センチ, 果皮は紫色を帯び, 果肉とともに食用, 木部は薬用となる。近縁のミツバアケビの葉は波形の鋸歯(きょし)がある卵形の3個の小葉からなる。つるでアケビ細工を作り, 若芽, 果実を食べる。ゴヨウアケビは小葉5個, 波形の鋸歯がある。

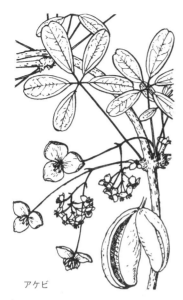

アケビ

若草つみ

ジュンサイ　日本全土，アジア，豪州，北米，アフリカに分布するジュンサイ科の多年生水草。若い茎や葉は寒天のような粘質物に包まれる。楕円形の葉は楯(たて)状で水面に浮かぶ。5〜7月開花。がく片，花弁ともに3枚で同じ長さ。雄しべは12〜18本ある。若い茎葉を三杯酢，椀だねなどとして食用とする。

ウワバミソウ　イラクサ科の多年草。北海道〜九州，中国の山地の湿地の日陰に群生する。高さ30〜40センチ，葉は互生，ゆがんだ卵形で先は尾状にとがる。全草に毛がなくみずみずしい。雌雄異株。花は葉腋に球状に集まる。秋に茎の節がふくれて地面に落ち，発芽する。ミズナ，ミズともいい食用になる。

ノビル　日本全土，東アジアに分布し，荒地や土手，畑などにはえるヒガンバナ科の多年草。地下に白色球形の鱗茎をつける。茎は高さ40〜60センチ，下方に線形で粉緑色を帯びた長い葉が少数つき，その断面は三角形。5〜6月茎頂に散状花序を出し，淡紅色で6弁の小花を多数つける。ふつう大部分の花は柄のないむかごになる。鱗茎はネギのようなかおりがあり，若いものは食用。

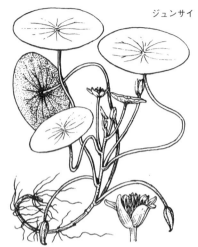

ジュンサイ

ノビル

ウワバミソウ

ツワバキ キク科の多年草。本州中部以南の日本，東アジアの暖〜亜熱帯に分布し，海岸にはえる。葉は腎臓形で厚く，光沢があり，長い柄があって，根生する。花茎は高さ30〜75センチ。頭花は舌状花と筒状花からなり，10〜12月に開花。果実には密に毛がある。観賞用に数品種がある。

ユウスゲ キスゲとも。ススキノキ科の多年草。本州〜九州の山地にはえ，庭にも植えられる。葉は根生し，線形で2列に並ぶ。夏，高さ1メートル内外の花茎を立て，数個の芳香のある花をつける。花は長さ10センチ内外，漏斗（ろうと）形で淡黄色，基部は細い花筒となり，夕方から翌朝にかけて咲く。

ヨメナ キク科の多年草。本州〜九州の山野にはえる。茎は上部で分枝し，高さ60〜120センチ。葉は披針形でやや厚く，縁にはあらい鋸歯（きょし）がある。7〜10月，枝先に紫色の舌状花と黄色の筒状花からなる頭花を開く。果実は長さ約3ミリで短い冠毛がある。若芽は赤みがあり，食べられる。近畿〜東北地方にはえるユウガギクは葉が薄く，3〜4対の切れこみがあり，舌状花が淡紫色を帯びた白色となる。

37

オニユリ

ヤマユリ

ユリ（百合）　ユリ科ユリ属の総称。北半球の温帯に約100種あり，日本には15種が自生。観賞用に栽培されるものも多く，また多数の園芸品種が作出されている。多年生で地下には鱗茎があり，茎は直立する。葉は線状披針形で互生し，ときに輪生。花は大型で漏斗（ろうと）状または鐘形，花色は白，淡紅，紅，黄などさまざま。花被片6枚，雄しべは6本で，葯は花糸にT字状につく。ユリはふつう，テッポウユリ類（テッポウユリ，ササユリなど），ヤマユリ類（ヤマユリなど），スカシユリ類（スカシユリ，ヒメユリなど），カノコユリ類（カノコユリ，オニユリ，クルマユリ，タケシマユリなど）の四つに大別される。テッポウユリは奄美・沖縄諸島に自生し，高さ1メートルにもなる。花はらっぱ形，純白色で芳香が強い。4〜6月，開花。明治初期に欧米に紹介され，愛好されている。ヒメユリは各地にごくまれに自生。茎は高さ30〜80センチ，花はだいだい黄色まれに赤色となり，5〜6月，開花する。カノコユリは四国，九州に自生。茎は高さ1〜1.5メートル，花は白色で淡紅色を帯び，濃紅色の斑点がある。6〜8月，開花。白色花もある。タケシマユリは韓国の鬱陵（うつりょう）島にはえ，高さ1〜1.5メートル，花は鮮黄色で，6〜7月，開花する。ウバユリ，クロユリは別属。なお，オニユリ，ヤマユリなどの鱗茎は食用となる。

シオデ　北海道〜九州，東アジアの山中の林内などにはえるサルトリイバラ科の多年生つる植物。茎はよくのびて分枝する。葉は卵形でやや厚く光沢があって，長さ5〜15センチ。短い葉柄の基部には1対の巻きひげがつく。雌雄異株。7〜8月，葉腋から散形花序を出し，小さな6弁の黄緑色花を多数つける。雄花には長い6本の雄しべがある。若芽は食用とする。近縁のタチシオデは初め直立し，高さ1〜2メートル，後，ややつる性となる。葉は長楕円形で，下面は粉白を帯び，花は5〜6月に咲く。雄しべは短い。ともに全体がサルトリイバラに似ているが，草本で，茎にとげがなく，果実が黒熟する点などで区別できる。

タラノキ　ウコギ科の落葉低木。北海道〜九州，東アジアに分布し，おもに低地の二次林にはえる。茎や葉に大小の鋭いとげがある。葉は大型で2回羽状複葉，多数の小葉は卵形で，裏面は白い。8〜9月，茎の頂に大型の円錐花序をつけ，白色5弁の小花を多数開く。果実は小球形で10〜11月，黒熟。若芽(タラノメ，タランボなどと呼ぶ)を食用にする。

ハマボウフウ　セリ科の多年草。日本全土，東アジアの海岸の砂地にはえる。根は黄色で深くのび，茎は短くて，高さ5〜10センチ。葉は砂上に広がり，2回3出複葉で，厚く，光沢がある。夏，茎頂に複散形花序を出し，小さな白花を開く。花茎，花柄には白毛が密生。若い葉の葉柄は紫紅色で刺身のつまにされる。

【 花見 】はなみ

主として桜の花を観賞するために山野に遊び酒宴などを催すこと。今では春の行事として一般化したが、かつては定められた節日があり、磯遊びなどと同様の意味をもって行われた。旧暦3月3日の節供を花見といい、花見の勧進という行事をするところもあるが、多くは卯月(うづき)八日であった。

江戸時代の花見
《東都歳事記》から

【 サクラ 】桜

バラ科サクラ属の樹木の中で花が美しく、観賞されるものを一般にサクラと呼ぶ。アジア東部〜ヒマラヤに固有で、日本にはヤマザクラ、エゾヤマザクラ(オオヤマザクラ)、カスミザクラ、オオシマザクラなどのヤマザクラ系の種類と、これに似たチョウジザクラ、マメザクラ、ミネザクラ、ヒガンザクラが自生し、中国大陸南部、台湾原産のカンヒザクラ(ヒカンザクラ)も暖地に植えられている。これらのほか、日本では古来観賞用に栽培されていただけに園芸品種が多数あり、これらはその細かい系統いかんにかかわらずサトザクラ(里桜)としてまとめられる。その

うち大多数は広い意味のヤマザクラ系のサクラで、特にオオシマザクラ系統の品種が多い。またヤマザクラ系以外のサクラとの間種と推定される品種も多い。花には一重咲(ソメイヨシノ、寒桜(かんざくら))、八重咲、菊咲、二段咲があり、また種子から数年で開花する幼型(ワカキノサクラ)もできている。花色も白色から、やや濃い桃色までが多いが、緑化して黄緑色となった鬱金(うこん)、御衣香(ぎょいこう)なども知られている。子房は1個が多いが、まれに2個のものや、また葉化した普賢象(ふげんぞう)、一葉(いちよう)、関山(かんざん)などもある。サクラは古来万葉集など詩歌にうたわれ、愛されてきた。ウメに代わって左近の桜が

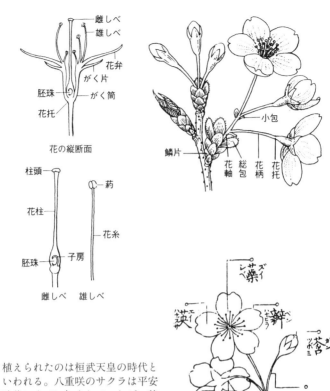

《怡顔斎桜品》から

植えられたのは桓武天皇の時代といわれる。八重咲のサクラは平安時代にすでに知られていたが、特に江戸時代に入ってからは多数の品種が育成され、今日に残っているものが多い。サクラの用途としては、材は版木として重要で、細工物にもよく、樹皮はタバコ入れなどの細工物となるほか、これから咳(せき)止薬が作られる。八重咲の品種の花を塩漬にしたものは熱湯に入れて祝事に飲用、オオシマザクラの葉は桜餅を包むのに使う。サクラの類は大気の汚染に弱いので、街路樹はもちろん、公園などにもあまり適した樹木ではなくなった。なお俗にいうサクランボは同じサクラ属の果樹オウトウの果実をさす。

花冷え(はなびえ) サクラの咲く時期の寒さ。4月には暖かさが支配的となるが、ときには高緯度地方から冷たい空気をもった高気圧が南下して低温となる。南関東に雪が降ることもある。東京地方では、4月6日、23日ごろが低温の特異日。

ヤマザクラ　本州(東北南部以西)〜九州の山野にはえるバラ科の落葉高木。枝には初めから毛がない。葉は長楕円形で長さ8〜12センチ，鋭細歯をもち，下面は白っぽい。柄は赤みがあり，上端に1対の腺がある。花は春，数個ずつ散房状につき，径2.5〜3センチ，微紅色の5弁花。後に紫黒色の果実を結ぶ。

オウトウ(桜桃)　サクランボとも。バラ科の果樹。東アジア系のシナミザクラと，欧州系の甘果オウトウ，酸果オウトウとがある。日本でおもに栽培されるのは，明治初年に渡来した生食用の甘果オウトウで，缶詰，ジャムにもする。5月に開花し，6月に成熟。雨にあうと実が割れるので，梅雨の少ない地方で作られる。主産地は山形。品種が多く，ナポレオン，日の出等が著名。なお加工用には酸果種のほうが向く。

ミネザクラ

サトザクラ

ソメイヨシノ　バラ科の落葉高木で，公園などに多く植えられるサクラ。若枝，葉，花序，がくなどに腺質の開出軟毛があり，エドヒガンとオオシマザクラの雑種と判定される。葉は倒卵長楕円形で細かい鋸歯（きょし）がある。花は葉に先だって咲き，径2.5センチ内外，微紅色の5弁花で，柄のない散状花序に少数ずつつく。江戸末期，染井村（現，東京豊島区）から売り出されたのでその名がある。

ヒガンザクラ　本州〜九州の山中に自生するバラ科の落葉高木。サクラ類中最も寿命が長い。花期が早く，春の彼岸のころ咲くのでこの名がある。関東で多く見られるのでアズマヒガンとも。八重咲の栽培品もあり，また枝垂（しだれ）品はシダレザクラ（イトザクラとも）と呼ばれ樹皮が縦に裂け，葉は長楕円形で，側脈が多く，基部に1対の腺がある。花序は柄がなく散状に少数の花をつけ，若枝，葉の下面とともに腺質の軟毛がある。花は径2センチ内外，微紅色の5弁花で，がく筒は基部がふくれてつぼ形となる。ヤマザクラその他のサクラと交雑しやすい。

変り横見桜　　平安桜　　飛桜蝶

チョウジザクラ

マメザクラ

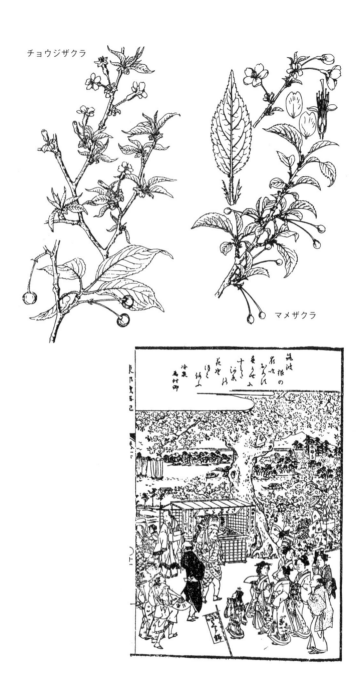

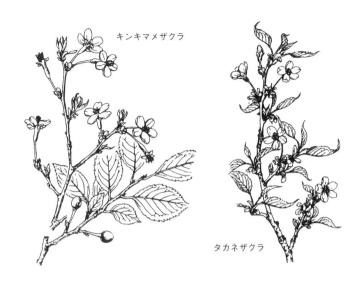

キンキマメザクラ

タカネザクラ

墨田川堤看花
《東都歳事記》から

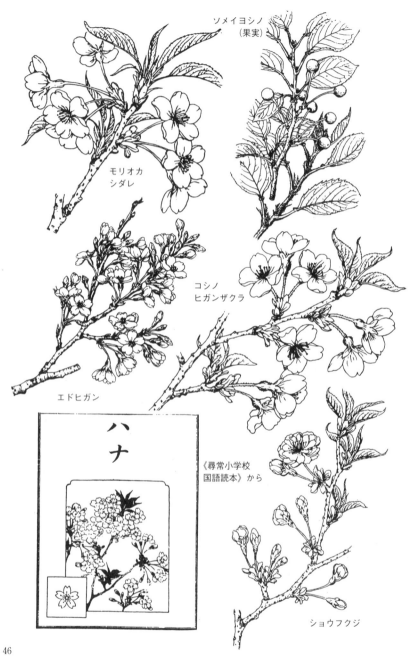

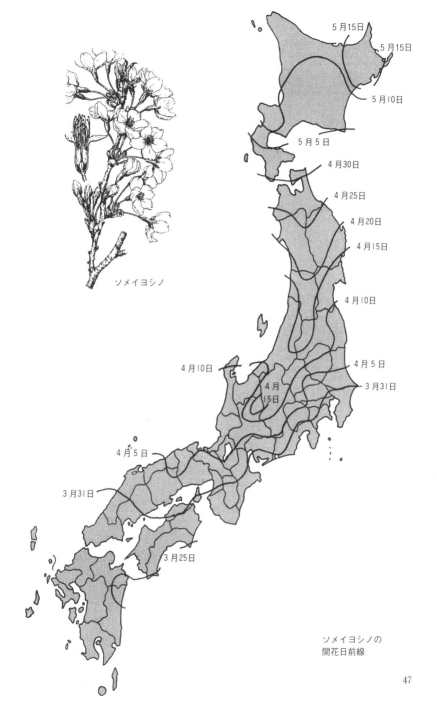

ソメイヨシノの開花日前線

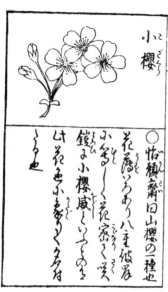

《怡顔斎桜品》から
以下51ページまで同

コヒガン

カンヒザクラ

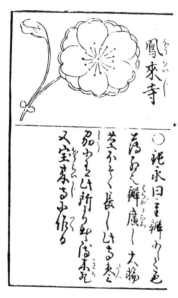

ムシャザクラ

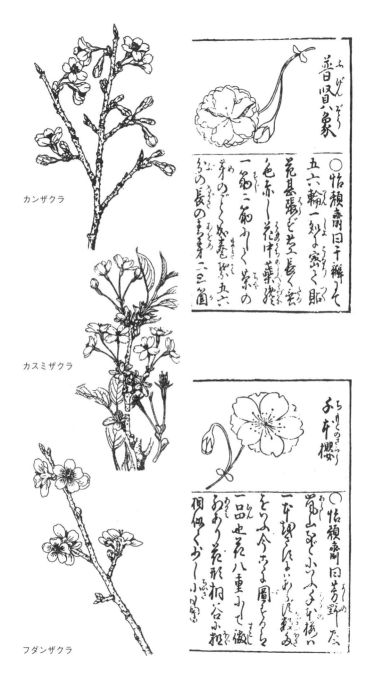

カンザクラ

カスミザクラ

フダンザクラ

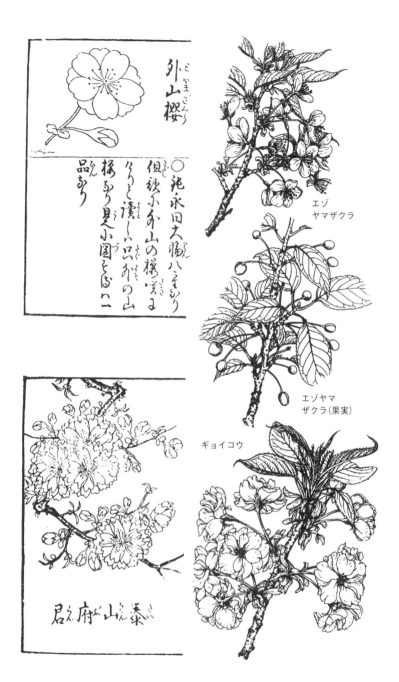

外山櫻(とやまざくら)

○糺の永日大概八重もり
但し歓ふ外山の様咲き
ふりと瀆い品種の山
様あり見小園を思ふ一
品もり

君え府ぶ山んん泰ら

エゾヤマザクラ

エゾヤマザクラ(果実)

ギョイコウ

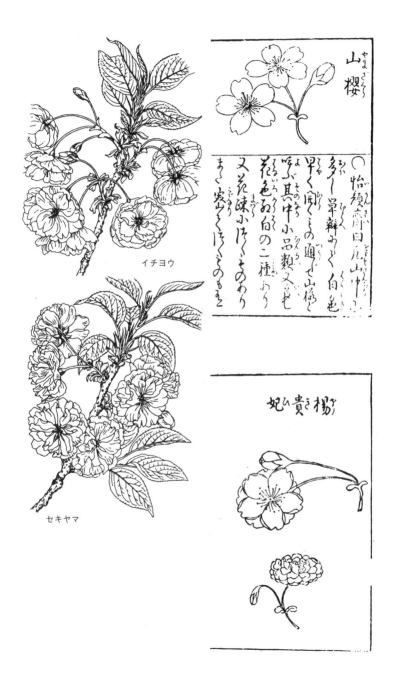

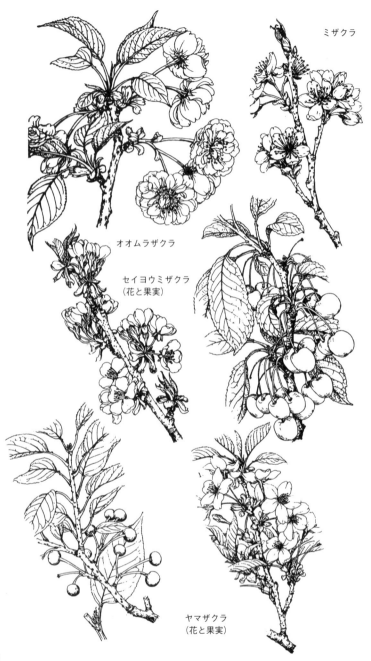

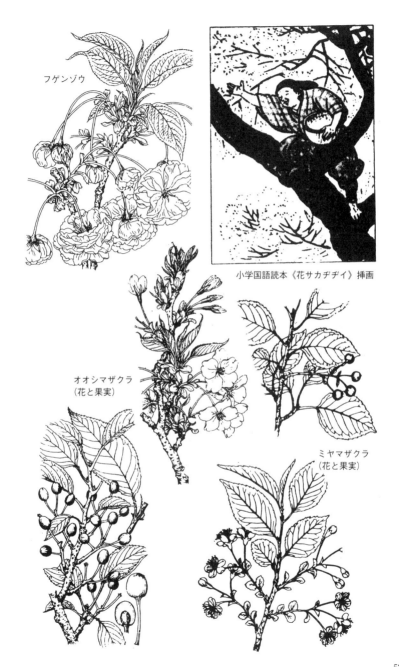

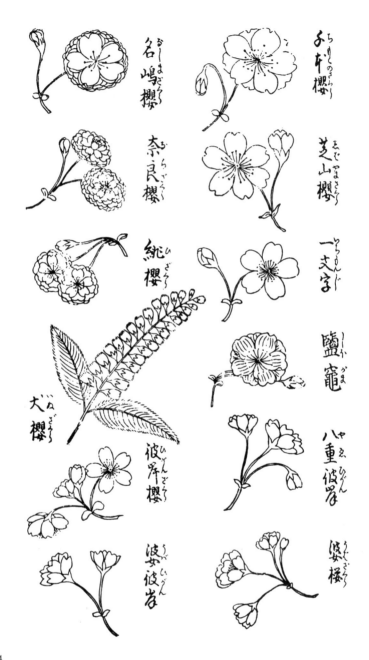

【 花祭 】はなまつり

灌仏会(かんぶつえ),降誕会(ごうたんえ)とも。釈迦の誕生の日を記念して行う法会。毎年4月8日を恒例とする。花御堂を作り,中に誕生仏を安置し,甘露を象徴する甘茶を像にかけるのが一般的である。なお,花祭と呼ぶのは明治以後とされる。

誕生仏(たんじょうぶつ) 釈迦誕生の像。母摩耶夫人の右脇より生まれ,7歩進んで,右手で天,左手で地をさし,「天上天下唯我独尊」と唱えたと伝える姿を模した像。多く金銅像に作り,灌仏会(かんぶつえ)には甘茶を注いで,甘露の雨に擬する。東大寺の誕生仏は8世紀ごろの作。

卯月八日(うづきようか) 旧暦4月8日の行事。仏教関係では,釈迦降誕の日として灌仏会(かんぶつえ)を行う。この日を例祭日とする神社も多い。各地で山の神をまつり,山に登ったり農事を休んだりする。また花を摘んでくる風習もあり,西日本では高い竿(さお)の先にフジ,ツツジなどの花をつけて軒に立てる。

アマチャ

アマチャ アジサイ科の落葉低木。日本各地で栽培される。野生のヤマアジサイの変種で,形はよく似ているが,甘味成分をもつ系統をいう。葉は半ば乾燥し,発酵させた後,よくもんで乾燥させると甘味(フィロズルチン)を生ずる。これを甘茶といい,甘味料あるいは矯味(きょうみ)薬とする。

フジ

ツツジ3種
上左　ヤマツツジ
上右　ミツバツツジ
右　レンゲツツジ

【 チョウ 】蝶

鱗翅（りんし）目のうちガ類以外の昆虫の総称。ガ類と同様に、体は密に毛と鱗片でおおわれ、翅は膜質で薄く破れやすいが一面に規則正しく配列された鱗粉でおおわれる。鱗粉の色は色素に由来する色素色と、鱗粉の内部構造によって光が屈折・干渉して生じる構造色とがあり、後者には金属光沢を発するものが多い。色素は幼虫時代の体内の老廃物に由来し、メラニンやプテリンなど尿素系のものが主で、死後紫外線によって退色しやすい。口器は長い管状で花蜜などを吸うのに適し、ぜんまい状に巻いて頭部下面に収められる。肢は細長く他物に止まるには適するが歩行には不適。完全変態。幼虫は青虫または毛虫で植物の葉を食べるが、アブラムシ、キジラミその他、蜜液を分泌する小昆虫を捕食する種類や、アリ類の巣中に共生する種類も知られる。蛹（さなぎ）は繭を作らず、尾部だけでぶらさがる垂蛹（すいよう）と胸にも糸をかける帯蛹とがある。成虫は昼間活動し、主として花蜜を吸うが、樹液その他に集まる種類も少なくない。極地を除く全世界に約1万8000種、日本には約250種を産する。

蛹（さなぎ）　完全変態をする昆虫の発育の途上で幼虫と成虫の間にある段階。翅、肢、その他外部的には成虫とほぼ同じ構造をしているが、いずれもまだ機能せず、蛹の期間にこれらが内部的にも完成される。一般に蛹の時代には摂食・移動の能力はない。

山田美妙《胡蝶》挿画　渡辺省亭

ジャコウアゲハの蛹　お菊虫

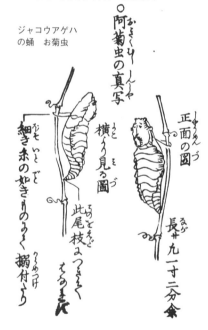

イシガケチョウ 鱗翅（りんし）目タテハチョウ科。開張55ミリ内外、石崖（石垣）に似た特異な斑紋でよく知られる。和歌山県、四国、九州、沖縄県、台湾〜インドに分布。幼虫はイヌビワなど野生のイチジク類を食べ、年3〜4回発生。成虫は樹林中に多く、地上や汚物にもくる。

アオスジアゲハ 鱗翅（りんし）目アゲハチョウ科。開張80ミリ内外、黒色で淡青色の縦帯がある。年2〜4回発生、春型は縦帯の幅が広い。幼虫はクスノキ科植物の葉を食べる。関東以西では普通、東北ではまれ、北海道には産しない。東南アジア、インド、豪州に広く分布する。

アサギマダラ 鱗翅（りんし）目タテハチョウ科。開張100ミリ内外、前翅は黒色地に、後翅は褐色地に青白色の半透明紋がある。幼虫はカモメヅル、キジョランなどガガイモ科の植物の葉を食べ、幼虫で越冬するが、暖地では決まった越冬態がない。分布は日本全土、中国大陸、台湾からヒマラヤまで。

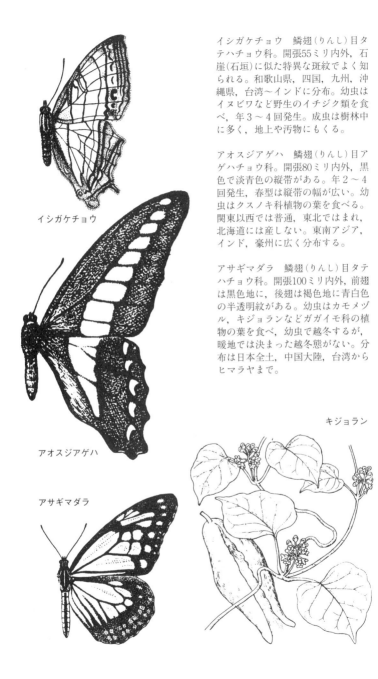

イシガケチョウ

アオスジアゲハ

アサギマダラ

キジョラン

カラスアゲハ 鱗翅(りんし)目アゲハチョウ科。開張春型90ミリ，夏型120ミリ内外。黒色で，緑色の鱗粉を散布する。後翅裏面に赤紋があり，雌は表面にも赤紋をもつ。幼虫はサンショウなどの葉を食べ，蛹(さなぎ)で越冬。成虫は年2～3回発生する。日本全土，朝鮮半島，中国，台湾などに分布し，地方による変化が多い。

キアゲハ 鱗翅(りんし)目アゲハチョウ科。開張春型90ミリ，夏型120ミリ内外。黄色で黒条がある。日本全土のほか北半球の温帯と寒帯に広く分布し，地方変異が多い。幼虫はセリ，ミツバ，ニンジンなどセリ科植物の葉を食べ，蛹(さなぎ)で越冬。成虫は年に数回発生する。

クロアゲハ 鱗翅(りんし)目アゲハチョウ科。開張春型100ミリ，夏型120ミリ内外。黒色，後翅裏面(雌では表面にも)外縁に赤色の弦月紋が並ぶ。北海道を除く日本，台湾，中国～ヒマラヤ地方に分布し，日本産は尾状突起のあるものが多い。幼虫はカラタチ，サンショウなどを食べ，蛹(さなぎ)で越冬。成虫は年に2～4回発生し，花によくくる。

カラスアゲハ(雄)

キアゲハ

クロアゲハ

クロアゲハ

ジャコウアゲハ
上 雄 下 雌

ジャコウアゲハ　鱗翅(りんし)目アゲハチョウ科。ヤマジョロウとも。開張100ミリ内外,夏型は春型より大きい。黒色,雌は灰褐色を帯びる。後翅外縁に赤〜黄色紋が並ぶ。北海道を除く日本,朝鮮半島,中国,台湾などに分布。幼虫はウマノスズクサなどを食べ,蛹(さなぎ)で越冬。成虫は年数回発生する。ジャコウアゲハの名は,捕えられると雄が一種のにおいを出すことに由来する。

ナガサキアゲハ　鱗翅(りんし)目アゲハチョウ科。開張120ミリ内外,黒色で,雄は後翅に青色鱗があり,雌は白紋と赤紋がある。地方的および個体変異が著しく,熱帯地方の雌には有尾のものもある。四国,九州,本州(山口・島根・広島・和歌山県),沖縄県,台湾,中国〜インド,インドネシアに分布。幼虫はミカン類の葉を食べ,蛹(さなぎ)で越冬する。

モンキアゲハ　鱗翅(りんし)目アゲハチョウ科。春型は開張110ミリ,夏型は135ミリ内外。黒色,後翅に乳白色の大紋があり,雌は外縁に赤色の弦月紋が発達。関東地方と新潟県以西の西南日本,沖縄,台湾〜東南アジアに広く分布。幼虫はカラスザンショウなど野生のミカン科植物を好む。蛹(さなぎ)で越冬し,成虫は年に3〜4回現われる。

モンキチョウ 鱗翅(りんし)目シロチョウ科。日本全土，朝鮮半島，中国〜中央アジアに広く分布。開張50ミリ内外。雄は黄色，翅の外縁部は黒色でその中に黄斑が散在。雌には黄色と白色の2型がある。幼虫はマメ科の草を食べ，幼虫で越冬，成虫は年に3〜4回発生し，種々の花にくる。

青虫(あおむし) シロチョウ科の幼虫の総称。モンシロチョウの幼虫をさす場合が多い。全体緑色で微細な短毛がある。植物の葉を食べ，種類によって加害植物は一定している。ほかに緑色で細長いチョウやガの幼虫を青虫と呼ぶ場合もある。

モンシロチョウ 鱗翅(りんし)目シロチョウ科。開張55ミリ内外，白地に黒紋があるが，春型は小型で黒紋が不鮮明。日本全土，ユーラシア，北米に広く分布。一般に幼虫を青虫といい，アブラナ科植物，特にキャベツを好むので農村地に多い。成虫は年3〜6回発生するが，盛夏には発生が衰える。普通は蛹(さなぎ)で越冬，暖地では幼虫でも越冬する。

ルリタテハ 鱗翅(りんし)目タテハチョウ科。開張65ミリ内外，青みを帯びた黒色の地に青色帯があり，裏面は黒褐色で一見樹皮に似た模様がある。日本全土，朝鮮半島，中国，フィリピン，インドネシア〜インドに分布。幼虫はサルトリイバラ，ホトトギス，ヤマユリなどを食べ，年2〜3回発生，成虫で越冬する。

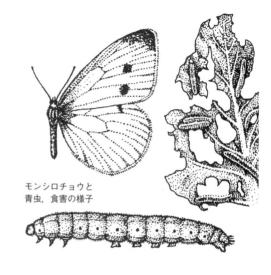

モンシロチョウと青虫，食害の様子

モンキチョウ(雄)

ルリタテハ

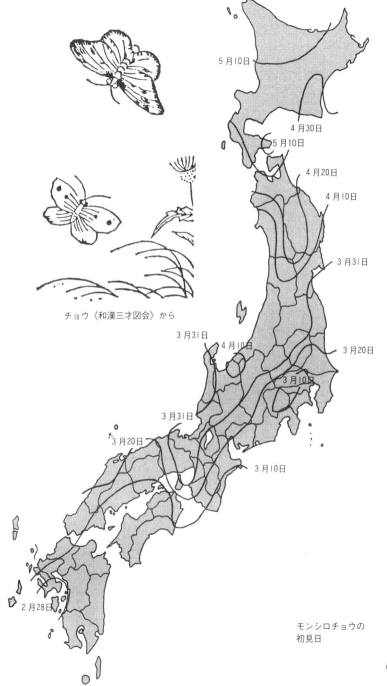

キタテハ　鱗翅(りんし)目タテハチョウ科。開張60ミリ内外、赤褐色または黄褐色で、黒斑がある。北海道南部以南の日本各地、朝鮮半島、中国、台湾などに分布。幼虫はカナムグラ、アサなどを食べる。成虫は年に2～3回発生し、秋型は濃色で外縁の凹凸が強い。成虫で越冬する。

ギフチョウ　鱗翅(りんし)目アゲハチョウ科。開張55ミリ内外、黄色の地に黒条があり、後翅に赤斑がある。日本固有種で、本州だけに産する。幼虫はカンアオイ類を食べ、蛹(さなぎ)で越冬、成虫は年1回、早春に現われ、晴天の日だけ活動する。近縁種に、本州中北部と北海道にすむヒメギフチョウがあり、幼虫はウスバサイシンなどを食べる。絶滅危惧Ⅱ類(環境省第4次レッドリスト)。

キチョウ　鱗翅(りんし)目シロチョウ科。開張45ミリ内外、黄色で、夏型は外縁が黒く縁どられるが、秋型は黒縁がなく、前翅端だけ黒色。本州以西の暖地から熱帯アジア、豪州、アフリカに広く分布。幼虫はネムノキ、ハギなどを食べ、成虫は年数回発生、秋型はそのまま越冬する。

キタテハ
上雄下雌

ギフチョウ

キチョウ

キタテハの食草 カナムグラ

コノハチョウ

クジャクチョウ

コノハチョウ　鱗翅(りんし)目タテハチョウ科。開張70ミリ内外, 紫褐色。前翅にだいだい色の斜帯がある。裏面が枯葉そっくりなのでその名がある。沖縄, 台湾, 中国南部〜インドに分布。幼虫はオキナワスズムシソウなどを食べ, 成虫で越冬, 成虫は年数回発生, 春〜秋に連続して見られる。

クジャクチョウ　鱗翅(りんし)目タテハチョウ科。開張55ミリ内外, 赤茶色。クジャクの尾斑に似た模様がある。裏面は黒褐色, 細い波状線が密に分布, 一見樹皮に似る。北海道と, 本州の寒冷地, シベリア〜欧州に分布。幼虫はイラクサ類やホップなどを食べ, 成虫は年2回発生, 成虫で越冬する。

イチモンジセセリ　鱗翅(りんし)目セセリチョウ科。開張35ミリ内外、暗褐色で白斑がある。日本全土からアジアに広く分布。幼虫はイネツトムシといい、イネの葉を巻いて食べる害虫。年3〜4回発生し、中部地方以北では秋に特に多い。ときに大群で移動する。

イチモンジチョウ　鱗翅(りんし)目タテハチョウ科。開張65ミリ内外、黒地に白い帯がある。日本からシベリアを経て欧州に分布。幼虫はスイカズラなどを食べ、成虫は年2〜3回発生し、林間の空地などに多い。幼虫で冬を越す。

ウスバシロチョウ　鱗翅(りんし)目アゲハチョウ科。開張60ミリ内外。北海道の一部と九州を除く日本全土に分布。山地のチョウで、卵で越冬。幼虫はムラサキケマンなどを食べ、落葉や石の下で薄い繭を作って蛹(さなぎ)になる。成虫は年1回5〜6月に現われ花にくる。

ウラギンシジミ　鱗翅(りんし)目シジミチョウ科のチョウ。開張45ミリ内外、黒地に雄は赤、雌は紫白色の斑紋があり、裏面は一様に銀白色。幼虫はフジなどマメ科の植物の花や実を食べ、成虫は年2回夏と秋に現われ、成虫で越冬する。関東以西、朝鮮半島、中国、台湾に分布する。

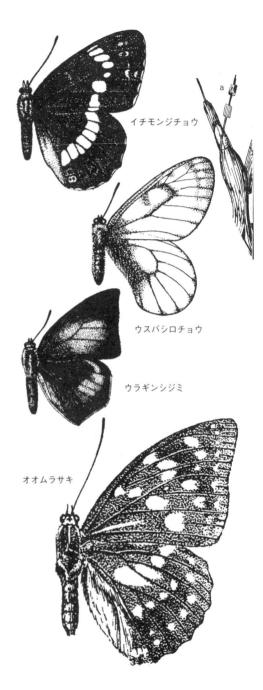

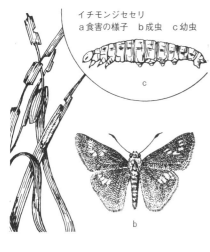

イチモンジセセリ
a 食害の様子　b 成虫　c 幼虫

《若菜集》初版　表紙

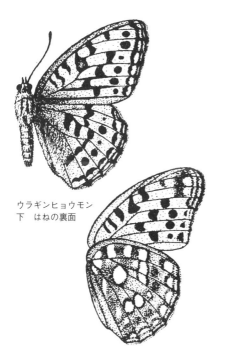

ウラギンヒョウモン
下　はねの裏面

ウラギンヒョウモン　鱗翅（りんし）目タテハチョウ科。開張65ミリ内外，後翅裏面に銀紋が多い。幼虫はスミレ類を食べ，成虫は年1回，初夏に現われる。幼虫で越冬。日本全土，朝鮮半島，中国，シベリアから欧州に分布する。

オオムラサキ　鱗翅（りんし）目タテハチョウ科。日本産では最大種。開張90ミリ内外，雄は翅が美しい紫色に輝く。日本全土，朝鮮，中国に分布。幼虫はエノキにつき，成虫は6～7月に現われ，樹液によくくる。1957年に日本昆虫学会によって国蝶（ちょう）に選ばれた。準絶滅危惧（環境省第4次レッドリスト）。

着物の意匠に
用いられた蝶

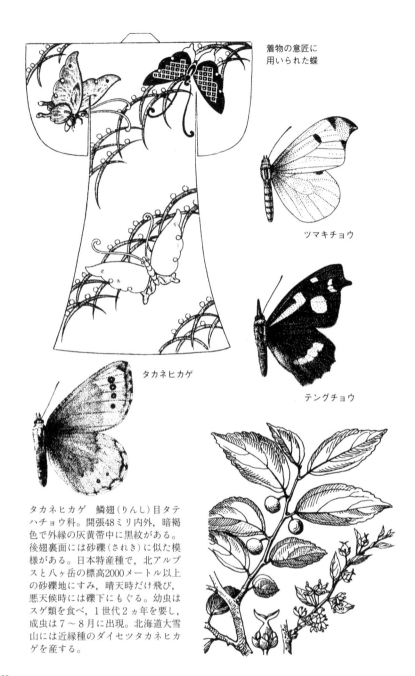

ツマキチョウ

テングチョウ

タカネヒカゲ

タカネヒカゲ　鱗翅(りんし)目タテハチョウ科。開張48ミリ内外，暗褐色で外縁の灰黄帯中に黒紋がある。後翅裏面には砂礫(されき)に似た模様がある。日本特産種で，北アルプスと八ヶ岳の標高2000メートル以上の砂礫地にすみ，晴天時だけ飛び，悪天候時には礫下にもぐる。幼虫はスゲ類を食べ，1世代2ヵ年を要し，成虫は7～8月に出現。北海道大雪山には近縁種のダイセツタカネヒカゲを産する。

ツマキチョウ　鱗翅（りんし）目シロチョウ科。開張45ミリ内外。白色で後翅裏面に暗緑色の雲状斑がある。雄の前翅端はだいだい色。日本全土，朝鮮半島に分布。幼虫はヤマハタザオ，タネツケバナなど野生のアブラナ科植物の花穂や実を食べ，蛹（さなぎ）で越冬。成虫は年1回早春に発生。

テングチョウ　鱗翅（りんし）目タテハチョウ科。開張50ミリ内外。黒褐色地にだいだい色の紋がある。下唇（かしん）のひげが長く前方に突出するのでこの名がある。日本全土，朝鮮半島，中国，台湾からインドを経て欧州南部まで分布。幼虫はエノキの葉を食べ，成虫は6〜7月に発生，多くのものは間もなく休眠し，そのまま越冬する。

ヒカゲチョウ

ヒカゲチョウ　鱗翅（りんし）目タテハチョウ科。北海道を除く日本の特産種。開張55ミリ内外，暗黄褐色，後翅裏面に6個の眼状紋がある。幼虫はササやメダケの葉を食べ，成虫は年2回，5〜6月と8〜9月に現われ，樹陰に多く，好んで樹液や熟した果実にくる。山地にはよく似た暗色のクロヒカゲがいる。

ヒオドシチョウ
左は食草のエノキ

ヒオドシチョウ　鱗翅（りんし）目タテハチョウ科。日本全土，朝鮮半島，中国〜東欧に分布。開張70ミリ内外，褐赤色で黒紋がある。裏面には細かい波状模様があり樹皮に似る。幼虫はエノキ，ニレ，ヤナギなどの葉を食べる。成虫は年1回6月に発生，間もなく休眠，夏秋冬を眠って翌春交尾産卵する。羽化するときに血赤色の液を出すため，大発生時にはこれが血の雨と誤認されたらしい。

ミドリシジミ 鱗翅(りんし)目シジミチョウ科。日本全土、樺太、朝鮮半島、シベリア東部などに分布。開張37ミリ内外、雄の翅表は金緑色で黒く縁どられるが、雌は黒褐色、前翅に紫藍色やだいだい色の斑紋の現われるものもある。卵で越冬、幼虫はハンノキ類の葉を食べ、成虫は6～8月に現われる。ミドリシジミ類は東アジアに種類が多く、日本には約25種がいる。

ムラサキシジミ 鱗翅(りんし)目シジミチョウ科。本州(関東以西)～沖縄、台湾に分布。開張35ミリ内外、美しい紫色で外縁は黒い。裏面は枯草に似る。幼虫はカシ類の葉を食べ、成虫は6月より数回発生、成虫で越冬する。

ベニシジミ 鱗翅(りんし)目シジミチョウ科の昆虫。ユーラシア大陸と北米大陸の中・北部に広く分布。1亜種は北極圏内にも及び、チョウ類中世界最北に分布。開張30ミリ内外、前翅は朱赤色で黒点があり、後翅は暗褐色、外縁に赤紋がある。幼虫はスイバなどを食べ、幼虫で越冬。成虫は早春～晩秋に数回発生。

ベニシジミ

ミドリシジミ(上)
上　表　下　裏

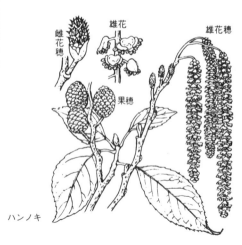

雌花穂　雄花　雄花穂
果穂
ハンノキ

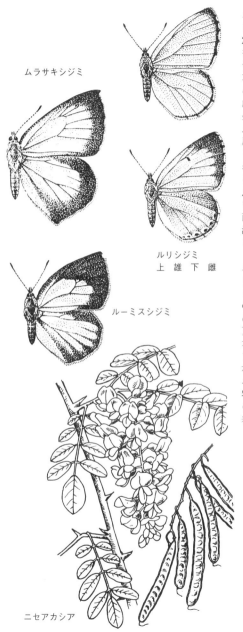

ムラサキシジミ

ルリシジミ
上 雄 下 雌

ルーミスシジミ

ニセアカシア

ルーミスシジミ 鱗翅（りんし）目シジミチョウ科。開張27ミリ内外。黒褐色で、前後翅の基半部は美しい青藍色に輝く。裏面は灰褐色、不規則な斑紋がある。幼虫はイチイガシなどを食べ、成虫は6月から2～3回発生、成虫で越冬する。関東以西に分布するが本州では房総半島、奈良市春日山など分布地は数ヵ所に限られ、すでに絶滅またはそれに近い状態と考えられる生息地は1ヵ所にとどまらない。海外では台湾、中国南西部、ヒマラヤにすむ。絶滅危惧Ⅱ類（環境省第4次レッドリスト）。

ルリシジミ 鱗翅（りんし）目シジミチョウ科。開張30ミリ内外、淡い紫青色、雌の翅の外縁部は黒色。裏面は青白色で、黒斑がある。夏型は春型より小さい。日本全土～欧州までユーラシア大陸の中北部に広く分布。幼虫は主としてフジ、ニセアカシアなどマメ科植物のつぼみや花を食べ、蛹（さなぎ）で越冬。成虫は早春～秋に連続的に発生する。

クモマツマキチョウ
タカネヒカゲ
ベニヒカゲ
クモマベニヒカゲ
ウスバキチョウ
ミヤマモンキチョウ

【 高山チョウ 】
こうざんチョウ

高山に限ってすむチョウの通称。元来寒冷な気候を好む種類ばかりで、シベリア、アラスカなどの高緯度地方に共通または類縁の近い種類が多い。氷河時代のものが温暖になるに従って高山に後退したものと考えられている。日本では主として本州中部と北海道中部の山岳地方に分布。タカネヒカゲ、ウスバキチョウ、クモマベニヒカゲ、ダイセツタカネヒカゲなど14種。

ウスバキチョウの食草コマクサ

蝶の意匠　小紋型紙

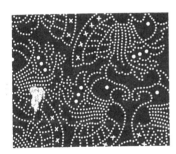

ミヤマモンキチョウ
の食草クロマメノキ

【 鱗翅類 】りんしるい

昆虫綱の一目。チョウ目ともいう。チョウやガの類。2対の大型の翅をもち、体翅とも細かい鱗粉や鱗毛でおおわれる。口器は吻(ふん)状で花蜜を吸うのに適する。完全変態。幼虫は毛虫、青虫、芋虫。

ミカドアゲハ　鱗翅(りんし)目アゲハチョウ科。開張70ミリ内外。黒地に青緑色の斑紋があり、後翅裏面に赤斑または黄だいだい斑がある。幼虫はモクレン科のオガタマノキの葉を食べ、成虫の多くは春、一部は夏に現われる。紀伊半島海岸部、四国南部、九州、対馬、沖縄、台湾～東南アジア、インドに分布。高知市のものは特別天然記念物。

ミスジチョウ　鱗翅(りんし)目タテハチョウ科。日本全土、朝鮮半島、中国大陸、台湾に分布。開張65ミリ内外、黒地に3本の白帯がある。幼虫はカエデ類の葉を食べ、幼虫で越冬、成虫は6月ころに現われ、樹上を飛ぶ。主として低山地に見られる。

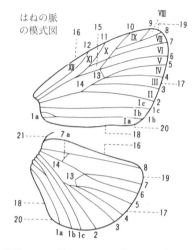

はねの脈の模式図

1.～12.は第1～12脈　Ⅰ～Ⅻは第1～12室
13.横脈　14.中室　15.小室　16.前縁　17.外縁
18.後縁　19.翅頂　20.後角　21.抱きとげ

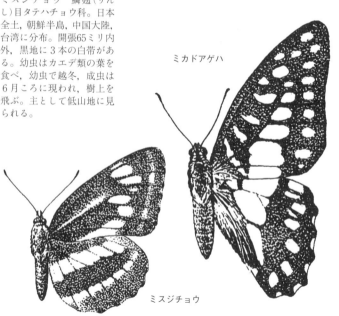

ミカドアゲハ

ミスジチョウ

向替り上羽ノ蝶

替り上下向蝶

芭蕉蝶

源氏蝶

蝶車

替り光琳松葉丸ニ飛蝶

三ツ蝶

三ツ追上羽蝶

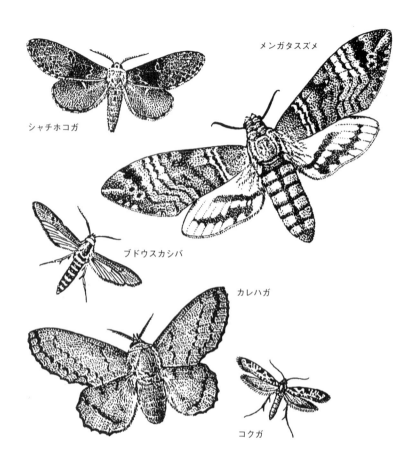

【ガ】蛾

鱗翅（りんし）目に属する昆虫でチョウ以外のものの通称。全世界に数万種，日本にも約5000種を産する。チョウとガは一見明瞭な相違があるように見えるが，はっきり区別はできない。しいていえばチョウは触角が末端部で膨大して突起がなく，後翅に抱きとげを欠き，昼飛性で静止するときには翅を閉じる。ガは触角が糸状，くし状，枝状をなして先端は膨大しない。前後翅を連結する抱きとげを後翅にもち，多く夜間活動する。また静止するときは翅を広げるなどの点が異なるが，どれにも必ず例外がある。幼虫はいわゆる青虫，毛虫，芋虫で，大部分は植物の葉や茎を食べる。農業，林業上の害虫も多いが，カイコのような益虫もある。多くの種類は繭の中で蛹化（ようか）。成虫は一般によく灯火にくる。鱗粉は有毒と信じられているが，誤り。

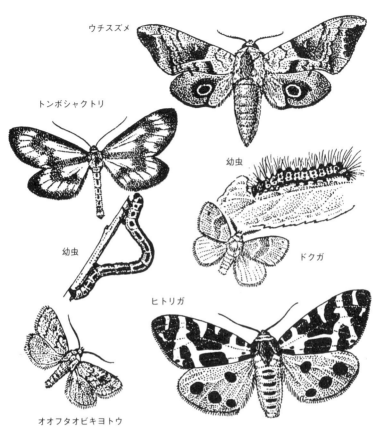

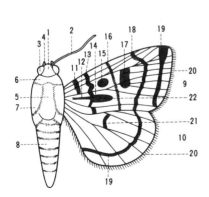

ガとチョウ(鱗翅目)の体の各部とはねの斑紋。1.頭部 2.触角 3.複眼 4.下唇(しん)ひげ 5.胸部 6.頸(けい)板 7.肩板 8.腹部 9.前ばね 10.後ばね 11.亜基線 12.剣状紋 13.内横線 14.くさび状紋 15.環状紋 16.中横線 17.腎状紋 18.外横線 19.亜外縁線 20.縁毛 21.横脈紋 22.亜中襞(へき)

【花粉】かふん

種子植物の生殖に関与する雄性細胞で、葯(やく)でつくられる。大きさは普通40ミクロン内外。円、楕円、三角形などの形があり、色も多様。表面の花粉外膜は肥厚し、粒状、網状、とげ状等の模様となり、肥厚の少ない所は花粉管の発芽口となる。発芽口は、全くないもの(クスノキなど)から多数あるもの(オシロイバナなど)まで、植物により異なる。葯内の花粉母細胞は減数分裂をし、4個の細胞(花粉四分子)となり、それぞれが1個の花粉となる。これが互いに接着しているときは、花粉塊という(ラン科)。花粉は、初め1個1細胞だが、裸子植物では、後に数細胞となり、一つが、2精細胞に分裂し、その中の1個だけが卵核と合一。イチョウなどでは動性の精子を生ずる。被子植物では、ふつう生殖細胞と栄養細胞の2細胞となり、後者の核は花粉管核となる。受粉後、花粉は発芽して花粉管を伸ばす。このとき、生殖核は2核に分裂し、それぞれ胚嚢中の卵細胞、中心核と合一する。

スギ

ブタクサ

ブタクサ キク科の一年草。北米原産の帰化植物で各地の路傍などにはえる。茎は高さ30～100センチ。葉は2～3回羽状に裂ける。雌雄同株。8～9月、小さな黄色の頭花を開く。雄花は茎頂に長い穂状につき、雌花は雄花穂の下部に腋生するが少数で目立たない。果実には毛がない。第二次大戦後急速に分布を拡大した。風媒花で、開花期に花粉症の被害を起こす。

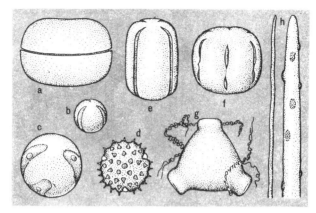

花粉　a.アフリカスイレン　b.シラネアオイ　c.スグリ　d.イチビ　e.サンシキスミレ　f.ナヨギキョウ　g.オオマツヨイグサ　h.アマモ
右は花粉の発芽の過程

花粉症(かふんしょう)　花粉が原因となって起こるアレルギー性疾患。花粉が抗原として体内に侵入すると、抗原抗体反応によってヒスタミンなどが分泌され、鼻づまり、眼のかゆみ、流涙、咳(せき)、発熱など、風邪のような症状を示す。原因となる花粉は、日本ではスギが最も多く、米国ではブタクサが主である。

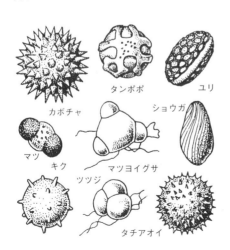

ミツバチ（蜜蜂） 膜翅（まくし）目ミツバチ科ミツバチ属の昆虫の総称。オオミツバチ，コミツバチ，西洋種およびニホンミツバチが代表的。このうち箱飼いのできるのは後の2種。最も多く飼われるのは西洋種で，単にミツバチという場合にはこの種をいうことが多い。1匹の女王バチを中心に冬季には，5000〜1万匹，春〜秋には3万〜4万匹くらいの働きバチ，春〜夏の繁殖期にはこれに1000匹くらいの雄バチが加わって社会生活をする。女王バチは体長20ミリ内外，産卵以外のことはせず，1年に約20万個を産卵。卵は六角形の各巣房中に1個ずつ産みつけられる。雄バチは未受精卵から単為生殖によって発達したもので，大きさは女王バチと働きバチの中間，繁殖期に現われる。そのころ，次代の女王バチの育児室（王台）ができ，この中で養われる幼虫に餌として多量の王乳（ローヤルゼリー）が与えられる。新女王バチは羽化後，約10日で雄バチと空中結婚する。その直前に，親の女王バチは約半数の働きバチとともに古巣から飛び出して，分封をする。働きバチは体長10〜15ミリくらいで，羽化後，2週間は育児，営巣，巣房のそうじなどもっぱら巣内の仕事をし，内勤バチと呼ばれる。その後野外へ飛び出し，蜜や花粉を集める外勤バチとなる。まず斥候の働きバチが蜜を蜜胃に入れ，花粉を後足につけて花から巣箱へ持ち帰ると，体と翅を震わせる収穫ダンスをし，これによって花のある方向と距離とを仲間に知らせる。

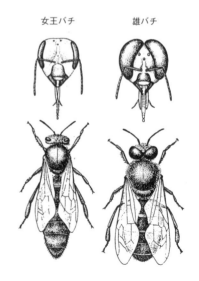

女王バチ　　　　雄バチ

養蜂(ようほう) ミツバチを飼養して，蜂蜜(はちみつ)，ローヤルゼリー，蜜蠟(みつろう)を採集したり，果樹や野菜などの受粉に役立たせることをいう。移動養蜂と定地養蜂がある。世界で最も多く飼われているミツバチはヨーロッパ種のイタリアン，カーニオラン，コーカシアンなど。主要養蜂国は旧ソ連，中国，米国，メキシコなど。1群当りの年間採蜜量は国や地方によって差があるが，ふつう20〜100キロ。日本では150〜200群を有する専業家が，鹿児島県を振出しに3〜9月ころまで蜜源植物を追って北上する。巣箱に数枚の巣脾(すひ)を入れ，巣房を造らせ蓄蜜させる。蜜がたまれば遠心分離機で採蜜する。養蜂によって得られる利益のうち，経済的に大きいのは花粉媒介による農産物の増産である。

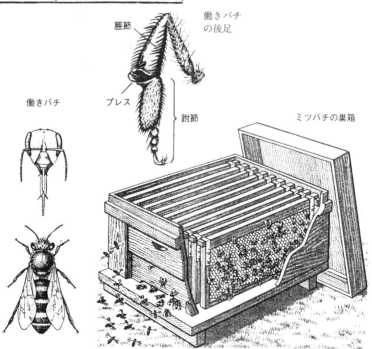

【 端午 】たんご

5月5日の節供。邪気を払うと称してショウブやヨモギを軒にさし、菖蒲(しょうぶ)湯に入り，粽(ちまき)や柏餅(かしわもち)を食べる。雛(ひな)の節供に対してこれを男の子の節供とし，武具，甲冑(かっちゅう)，武者人形などを飾り，庭前には鯉幟(こいのぼり)や吹流しを立てて祝う。この日競馬(くらべうま)，流鏑馬(やぶさめ)，印地打(いんじうち)，凧(たこ)揚げなど武張った勇ましい行事が多く行われる。

鯉幟(こいのぼり) 紙または布で鯉の形に作り，端午の節供に立てる幟。竜門(黄河の上流)をのぼった鯉は竜に化すという中国の故事から出世のたとえにされ，縁起物として，江戸中期から用いられるようになった。

兜飾

印地打

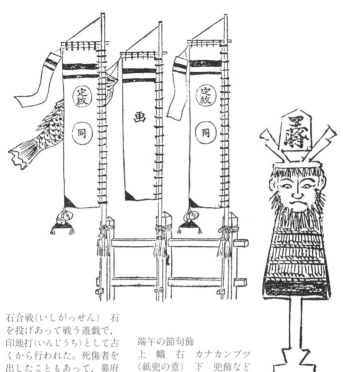

端午の節句飾
上 幟 右 カナカンブツ
（紙兜の意） 下 兜飾など

石合戦（いしがっせん） 石を投げあって戦う遊戯で、印地打（いんじうち）として古くから行われた。死傷者を出したこともあって、幕府はたびたび禁令を出している。

上　端午の節句風景
　　《東都歳事記》から
右　紙幟と雛冑人形

端午《和漢三才図会》から

鍾馗（しょうき） 中国の魔よけの神。唐の玄宗皇帝の夢に現われ邪鬼を払ったので，その姿を呉道玄に命じて描かせたのが起こりという。その画像を除夜にはった風俗がのち端午に変わり，日本でも端午の幟（のぼり），五月人形に作る。容貌魁偉（ようぼうかいい），黒髭（ひげ），右手に剣を握る。

玩具の鯉幟（天保のころ）

85

菖蒲飾

マコモ　イネ科の多年草。日本全土の沼地や川辺など湿地にはえる。茎は太く高さ1～2メートル，葉も花穂も大型となる。8～10月，円錐状の花穂を出し，上部に雌小穂，下部に雄小穂をつける。小穂は1小花のみからなる。葉を仏事に用い，また編んで菓子などを包む。黒穂病にかかった幼苗は肥厚軟化し，中国では広く食用とする。また，その時期を過ぎて黒粉の出たものをマコモ墨といい，まゆ墨などとする。

イグサ（藺草）　イ，トウシンソウとも。イグサ科の多年草で，日本全土，中国に分布。原野の湿地にはえる。根茎は地中をはい，茎は円柱状で高さ30～60センチ，葉は鱗片状になり茎の基部に数個つく。8～9月，茎の頂に花穂を出すが，最下包葉が長いので，花穂が茎の途中につくように見える。畳表にするものは栽培品種のコヒゲで，茎は細くしなやかで長さ約1.5メートルに達する。主産地は熊本県。

マコモとイグサ（右）

雄花　雌花

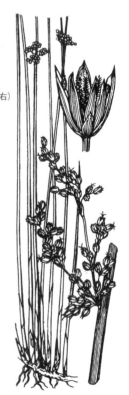

粽(ちまき) 米粉やもち米粉等をこね、ササ、チガヤ、マコモ等の葉で三角に巻いてイグサで結んで蒸した餅の一種。ういろう粽、くず粽、ようかん粽等もある。端午の節供の供物とするが、元来は中国で水神へのささげ物であったのが、汨羅(べきら)の淵に投身した屈原の故事と結びつき、彼の命日である5月5日にその霊をしずめるための供物とされたものである。

チガヤ イネ科の多年草。日本全土の野原や堤防に普通にはえる。長い地下茎から束生する茎は高さ30〜70センチで、節には白毛がある。春に開花。花穂は円錐形で、小穂の基部から出た白い長軟毛に包まれる。若い花穂はツバナといい、甘味があり、食べられる。地下茎は薬用(茅根(ぼうこん))とする。

ショウブ ショウブ科の多年草。北海道〜九州、東アジア、インド、北米の小川や池などの水辺にはえる。太い根茎があり、葉は長さ50〜90センチ。5〜7月、花茎を出し、長さ4〜8センチ、黄緑色の肉穂花序をつける。花は両性。根茎には芳香があり薬用とされ、また、茎葉は菖蒲(しょうぶ)湯に使われる。古くはアヤメと呼ばれた。なお、菖蒲はセキショウの漢名。

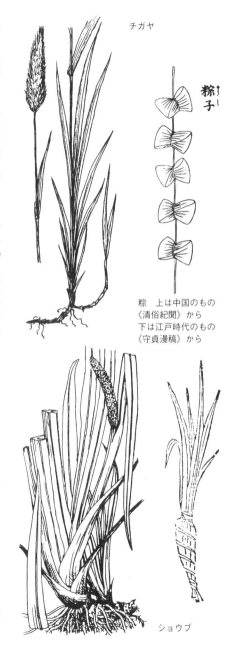

チガヤ

粽 上は中国のもの
《清俗紀聞》から
下は江戸時代のもの
《守貞漫稿》から

ショウブ

水道橋駿河台
《名所江戸百景》
広重画から

下 端午の行事
の一つの流鏑馬

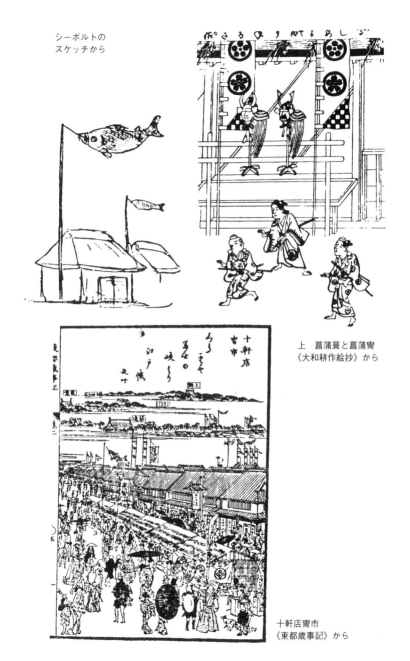

シーボルトの
スケッチから

上　菖蒲葺と菖蒲幟
《大和耕作絵抄》から

十軒店宵市
《東都歳事記》から

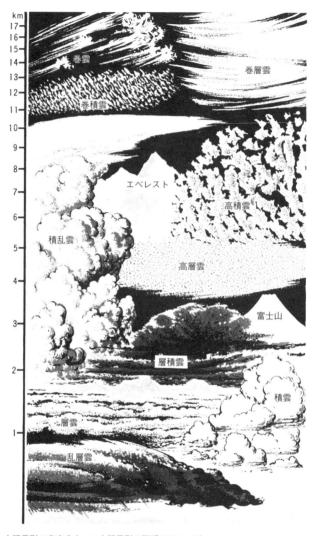

十種雲形の高度分布　＊十種雲形の説明は93ページ

曇（くもり）　雲量と雲形によって天気を判定した場合の一つ。観測時の全雲量が9以上のときを曇とする。

【十種雲形】じっしゅうんけい

国際的に定められた雲形の分類のうち最も基本的な「類」としてあげられている10種。国際名、国際記号が定められている。雲の形を幕状と団塊状に大別し、次に雲の出現する高さ、雲粒が水滴か氷晶かによって次の10種に分類したもの。巻雲Ci, 巻積雲Cc, 巻層雲Cs, 高積雲Ac, 高層雲As, 層積雲Sc, 層雲St, 乱層雲Ns, 積雲Cu, 積乱雲Cb。

氷点（ひょうてん）　氷の融点または水の凝固点。厳密には1気圧のもとで空気で飽和している水と氷とが平衡を保って共存する温度。摂氏温度の0点つまり0℃のことだが、最近では水の三重点より0.01°低い温度を0℃と定める。常温より低い凝固点をもつ物質では、凝固点を氷点ということもある。

【雲】くも

微小な水滴または氷晶からなる雲粒（くもつぶ）が集まって大気中に浮かんで見えるもの。水滴の場合、普通半径10ミクロン程度のものが1立方センチに50～500個浮かんでいる。赤道地方で高度約18キロ、極地方で約8キロが分布の上限で、真珠雲、夜光雲などの特殊な雲だけが20～100キロの超高空に発生する。大気中の水蒸気が凝結して雲粒となるためには、空気が露点温度以下に冷却され飽和または過飽和の状態になることが必要である。この冷却は主として各種の上昇気流中で行われ、空気塊が気圧の低い高層に移動する際の断熱膨張により冷却する。地表面の空気は、上昇すると飽和状態になり水蒸気が凝結して雲が発生する。この高さを凝結高度と呼び、雲の雲底の高さがこれで決まる。雲の成因となる上昇気流には、温暖前線、寒冷前線、低気圧に伴う大規模な暖気の上昇、台風や雷雲などでみられる垂直な熱上昇気流、山を吹き上る風、上空の気流の波に伴う小規模な上昇気流などがあり、それぞれの場合に生じる特有の雲形や雲の分布（雲系）を観測することによって大気の運動状態を逆に推測することができる。雲の発生はどの季節が多いかは、地方によっても差があり一概にはいえない。

霄(あおぞら)と霞(右)
《和漢三才図会》から

雲粒(くもつぶ) 雲を構成する粒子。水滴または氷晶で，大きさは水滴の場合は2〜40ミクロン，氷晶では50〜80ミクロン程度だが，雲形によって粒度分布は異なる。積雲では半径4ミクロンぐらい，雄大積雲になると7ミクロンぐらいのものが最も多い。雲粒の空間密度は1立方センチに数百程度。

天気予報(てんきよほう) ふつうは今日，明日，明後日の天気の予測された状態を示すこと(短期予報)。ほかに週間予報，長期予報(1ヵ月，3ヵ月，季節予報など)がある。また各種の注意報，警報も広義の天気予報といえる。特別なものに，利用者別に出される雷雨予報，航空予報などがある。

天気記号	[天気]
○	快晴
①	晴
◎	曇
⊗	煙霧
Ⓢ	ちり煙霧
⊕	砂じんあらし
⊕	地ふぶき
⊙	霧または氷霧
●ｷ	霧雨

天気記号	[天気]
●	雨
●ｯ	雨強し
⊛	みぞれ
⊛	雪
●⁼	にわか雨
⊛⁼	にわか雪
△	あられ
▲	ひょう
◐	雷雨

巻雲(けんうん)　絹雲とも書く。上層雲の一つ。繊維状に散らばった白い雲で、糸状のもの、布切状のもの、細い帯状のもの、毛髪状のものなどいろいろある。通常5000～1万3000メートルの高さに現われ、雲粒はすべて氷晶である。十種雲形の一つで、国際式略記号はCi。

巻積雲(けんせきうん)　絹積雲とも書く。上層雲の一つ。団塊状の雲で、氷晶からなる。小さな粒状の雲塊が集まって、巻雲状の層または斑の群になっているが、規則正しく並びがちで、海辺の砂上に現われるさざ波形に似た模様に見えることも多い。十種雲形の一つで、国際式略記号はCc。

巻層雲(けんそううん)　絹層雲とも書く。上層雲の一つで、透き通った白いベール状の雲。氷晶からなり、太陽や月にかかる暈(かさ)が現われることが多い。通常5000～1万3000メートルの高さに現われる。十種雲形の一つで、国際式略記号はCs。

高積雲(こうせきうん)　高度2000～7000メートルに現われる雲。十種雲形の一つで中層雲に属する。薄板状か団塊状の雲片が層または斑の群をなし、規則正しく並んでヒツジの群のように見えることもある。白～灰色で一般に影がある。国際式略記号はAc。

高層雲(こうそううん)　2000メートル以上の上空に現われ、灰色または薄青みがかった雲で一様な層をなす。しままたは繊維のような外観を示すことも多い。雲の薄い部分を通して太陽を見ると、すりガラスを通して見るようにぼんやり見える。十種雲形の一つで、国際式略記号はAs。

層積雲(そうせきうん)　下層雲の一種。500～2000メートルの高さに現われる団塊状の雲で、灰色または白みがかった雲塊が層になっている。雲塊はつながっていたり離れたりしていて、規則正しく配列している。十種雲形の一つで国際式略記号はSc。

層雲(そううん)　下層雲の一つ。灰色の層状の雲で、雲底は一様で乱れていない。最も低いところ(地上600メートル前後に多い)に現われる。乱層雲と混同しやすいが、層雲からの降水は霧雨である。十種雲形の一つで国際式略記号はSt。

乱層雲(らんそううん)　下層雲の一種。2キロまでの高度に生じるほとんど一様な暗灰色の雲層。雲底は乱れ、ときにちぎれて片乱雲が生じる。地雨(しとしとと降り続く雨)を伴うことが多い。十種雲形の一つで、国際式略記号はNs。

積雲(せきうん)　十種雲形の一つ。垂直に発達する雲で、その上面はドーム状に隆起しているが、雲底はほとんど水平。ふつう高度約2000メートル付近に発生する。典型的な積雲は晴れた日の日中に発達するが、対流により朝現われて、夕刻に消えることが多い。国際式略記号はCu。

積乱雲(せきらんうん)　十種雲形の一つ。垂直に発達する雲の一種で、形は積雲に似ているが、垂直方向の発達が著しく、その頂は山や塔状に立ち上がり、入道雲と呼ばれる。その上部は氷晶からなり、種々の形を示すが、かなとこ状に広がっていることが多い(かなとこ雲)。一般に驟雨(しゅうう)性の降雨を伴い、ときには雹(ひょう)を降らせる。国際式略記号はCb。

【 バードウィーク 】

〈愛鳥週間〉ともいう。1947年に4月10日を〈バードデー〉(愛鳥の日)に制定。後に5月10日に変更。1950年, 環境庁が野鳥を愛する週間(5月10日～16日)とした。冬鳥が去るが, 野鳥の活動が活発になる季節が来る。

【 留鳥 】りゅうちょう

季節的な移動をせず, ほとんど一年中同じ地域に生息する鳥。日本ではスズメ, カラス, キジ, ヤマドリなどが代表的。留鳥は気候の推移があまりなく, 一年を通じて食物の豊富な熱帯に多い。

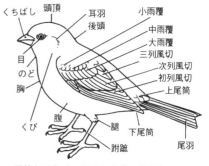

1, 2　コガラ大の鳥用
3, 4　シジュウカラ大の鳥用
5, 6　ムクドリ大の鳥用
7, 8　フクロウ, オシドリ大の鳥用

巣箱(すばこ)　野鳥に営巣・産卵させるために樹木などに取り付ける箱。樹木の空洞を巣として利用する鳥は森林害虫駆除に有益だが, これらの鳥が利用できる老樹が急速に少なくなったため考案された。19世紀ドイツのベルレプシュの創意によるといわれる。普通, シジュウカラ用, ムクドリ用, キツツキ用, フクロウ・オシドリ用があり, 箱や出入口の大きさが違う。日本には巣箱を利用する鳥は約20種くらい。

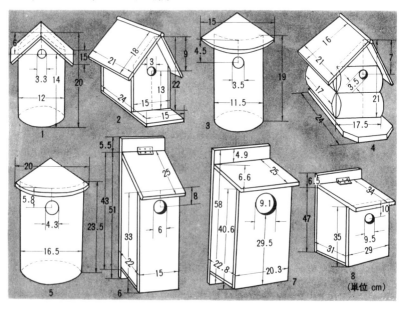

(単位 cm)

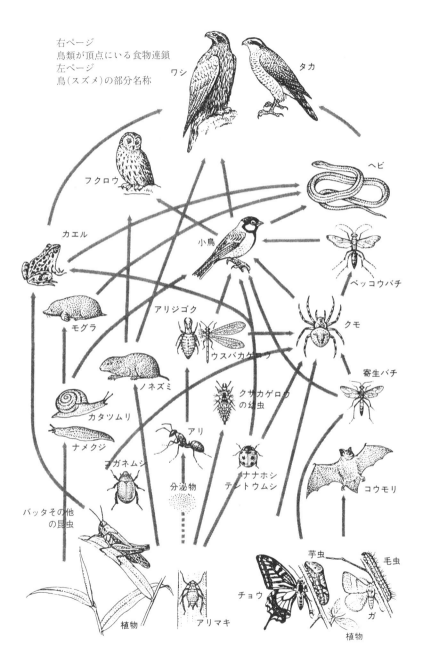

右ページ
鳥類が頂点にいる食物連鎖
左ページ
鳥（スズメ）の部分名称

スズメ

ニュウナイスズメ

スズメ(雀) スズメ科の鳥。翼長7センチ。雌雄同色で頭部は赤茶色，背は褐色で黒斑がある。ユーラシア大陸の中・南部に広く分布。日本では留鳥として全国の人家付近に見られる。軒下，瓦の下などに巣を作るが，時には木の穴や巣箱にも営巣する。秋～冬には竹やぶ等に大群ですむ。収穫期には米も食べるが，春～夏の繁殖期には大量の昆虫，秋～冬には雑草の種子等を食べる。近縁種にニュウナイスズメがある。

ニュウナイスズメ スズメ科の鳥。翼長7センチ。体色はスズメより赤みが強く，雌にはのどの黒斑がない。アジア東部に分布。日本では本州中部以北の雪の多い地方で繁殖し，冬は暖地へ移る。木の穴などに営巣する。スズメよりも澄んだ声で鳴く。

上　ハシボソガラス
下　ハシブトガラス

舌切雀《かくれ里》から

キジ 左雄右雌

キジ（雉，雉子） キジ科の鳥。雄の翼長は22センチほど。尾が長く，日本の固有亜種は体は暗緑色で上胸と背には紫光沢がある。雌は少し小さく，黄褐色地に暗褐色の斑紋を一面に散らす。本州以南の草原や耕地にすみ，地上に巣を作る。食物は木の実，昆虫など。留鳥で周年同じ場所に生息し，雄はケンケンと鳴く。1947年国鳥に指定された。肉は美味で狩猟鳥。

カラス（烏） カラス科カラス属の鳥の総称。全身黒色で大型の種類が多い。南米，ニュージーランド以外に広く分布し，日本には5種。ハシブトガラスとハシボソガラスが各地に普通で，ミヤマガラス，コクマルガラス，ワタリガラスが冬鳥として渡来する。雑食性で腐肉，魚，ネズミ，穀物などを食べる。知能は鳥類中最も高い。

ハシブトガラス

ヤマドリ キジ科の鳥。翼長21〜22センチ。雄の尾はひじょうに長い。頭部，背面は普通，赤銅色だが，羽色によっていくつかの亜種が区別されている。日本固有種で本州以南に分布。低地〜低山の林に留鳥としてすみ，地上で植物の種子，昆虫などをあさる。繁殖期には雄は翼をふるわせてドドドドという音を出して雌を呼ぶ。くさむらのくぼみ等に営巣。

ヤマドリ

97

【漂鳥】ひょうちょう

渡り鳥に比べて小規模の季節移動をする鳥をいう。日本では夏に山地で繁殖し、冬は平地で越冬するウグイス、ムクドリ、ヒヨドリなどがいる。北海道・東北などで繁殖し、南日本に漂行して越冬するものも多い。

ヒヨドリ

ヒヨドリ　ヒヨドリ科の鳥。翼長13センチ。青灰色で尾は長い。日本全土，朝鮮半島南部，台湾などに分布し，北方のものは冬，南へ渡る。低山の林に多く，枝上に小さい巣を作る。冬は平地に漂行。木の実，花蜜，果実などを好み，昆虫も食べる。ピーヨピーヨと鳴く。

ハイタカと
コノリ(右)

ハイタカ　ワシタカ科の鳥。翼長雄21センチ，雌25センチ。背面が青灰色，腹面は白色で褐色斑が散在。雌は全体に褐色が強い。日本では全土に留鳥または漂鳥として生息し，北海道と本州の森林で繁殖する。高い木の上に枯枝で巣を作り，小鳥やネズミ，昆虫等を食べる。雄をコノリということがある。

オシドリ　カモ科の鳥。翼長23センチ。夏は雌雄ほとんど同色だが雄の冬羽は美しいので有名。東アジアに分布し，日本では全国の山地の湖などで繁殖，冬は暖地へ移る(留鳥または漂鳥)。欧州へも移入され野生化している。大きな木の穴に営巣し，木の実，穀類などを食べる。番(つがい)が小群で生活する。

オシドリ
右が雄

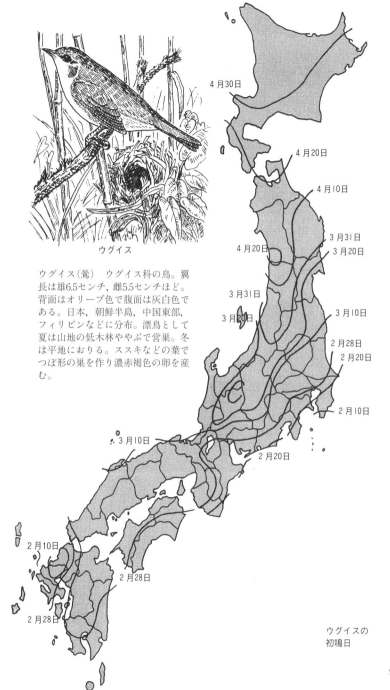

ウグイス

ウグイス（鶯） ウグイス科の鳥。翼長は雄6.5センチ，雌5.5センチほど。背面はオリーブ色で腹面は灰白色である。日本，朝鮮半島，中国東部，フィリピンなどに分布。漂鳥として夏は山地の低木林ややぶで営巣。冬は平地におりる。ススキなどの葉でつぼ形の巣を作り濃赤褐色の卵を産む。

ウグイスの初鳴日

旬(しゅん) 魚類,野菜,果実などの最も美味な時期をいう。多くは漁獲量や収穫量の多い出回り期がこれに当たるが,必ずしも一致せず,魚では脂ののった生殖期直前の場合が多く,野菜では収穫の初めのころがよい。

筍(たけのこ) タケ類の地下茎に生ずる若芽。食用。モウソウチクは良質のたけのこを生じ最も一般的。ほかにマダケ,ハチク,中部・東北地方のチシマザサ(ネマガリダケ)などがある。先端が地上に出たころ掘り出し地下茎の接着部から切り取る。まずゆでてあく抜きをしてから調理する。味は淡泊で吸物,煮物,あえもの,たけのこ飯,メンマなどにする。

上 《西遊記》橘南谿著から
　　孟宗竹

【 春の野菜 】はるのやさい

生産の形態や,流通の変化によって従来の旬の感覚は変わりつつあるが筍(たけのこ)や山菜が春を知らせる。ウド・ニラ・アサツキなどの香りの野菜が収穫される。

アスパラガス

ワサビ

タマネギ

タマネギ　ヒガンバナ科の二年生野菜。西アジアの原産といわれる。茎は直立した円筒形で高さ50～100センチになり下方はふくらむ。葉は濃緑色で、白い球状花を茎先端につける。鱗茎は大型で刺激臭があり料理の味をよくするので肉・煮込料理などに重用される。春まき型と秋まき型があり、日本へは明治の初め欧米から渡来。また紫色の改良種、小型のプチオニオンなどがある。

ワサビ　アブラナ科の水生多年草。北海道～九州に分布し、冷涼な気候と日陰を好む。葉は束生して柄が長く、心臓形でわずかに鋸歯（きょし）がある。4月ごろ、花茎を生じ、総状花序に小型の白色花をつける。根茎は節のある円筒形で、各節には葉痕（ようこん）があってゴツゴツしている。高さ20～40センチ。流水を用いたワサビ田で栽培される普通の沢ワサビ（水ワサビ）のほか、畑で栽培される畑ワサビがある。根茎には特有の香気と辛味があり、香辛料として賞味される。すりおろして鮨をはじめ日本料理、またワサビ漬として用いる。

タケノコ
（モウソウチク）

フキ　キク科の多年草。本州〜沖縄，東アジアの暖帯に分布し，山地の路傍にはえる。葉は長い葉柄があり，やや円形で幅15〜30センチ，花後地下茎の先に出る。雌雄異株。早春，多くの鱗片状の包葉をつけた花茎を出す。雌株の頭花は径7〜10ミリ，糸状の白い小花からなり，雄株の頭花は黄白色の筒状花からなる。葉柄とふきのとうと呼ばれる若い花茎は食用または薬用とする。本州北部以北に分布するアキタブキは全体が非常に壮大で，葉柄は約2メートル，葉はややかたく，径1.5メートルにもなる。

ラッキョウ　中国〜ヒマラヤ地方原産といわれるヒガンバナ科の多年草。葉は鱗茎から束生し線形で淡青緑色。鱗茎は卵状披針形で帯紫色または汚白色を呈する。秋に高さ40〜50センチ内外の中空の花茎を出し紫色の花を散形につける。排水良好の地を好む。鱗茎は特有のにおいがあり，おもに甘酢漬けなど漬物として利用。

アキタブキ

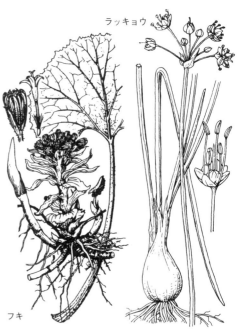

ラッキョウ

フキ

ソラマメ

ソラマメ 西アジア原産といわれるマメ科の一〜二年生の野菜。古くから栽培されてきた。高さ40〜80センチ，葉は羽状複葉で，春，葉腋に微紫色を帯びた蝶（ちょう）形花を開く。さやには3〜4個の種子があり，扁平で大きく，緑〜褐色。大粒の一寸，おたふく，小粒の房州早生（ぼうしゅうわせ）などの品種がある。世界各地で栽培，日本では愛媛，千葉などが主産地。豆をゆでたり煮て食べるほか，お多福豆としたり，油で揚げてフライビーンズとしてビールなどのつまみとする。

ウド ウコギ科の多年草。日本全土，東アジアに分布し山野にはえる。高さ1.5メートルほどになり，茎は太く，羽状複葉を互生する。小葉は卵形で鋸歯（きょし）がある。8月，小さな淡緑色の5弁花が散形に集まってつく。若い芽，茎は特有の香りと風味をもち，食用とされる。春の代表的な山菜であり，また，野菜として古くから栽培される。低温で発芽する寒ウドと，春，気温上昇とともに発芽する春ウドがある。溝，穴蔵，小屋掛け，盛土などを利用して，若い茎を軟白して（軟化栽培）食用にする。春の季節ものとして，生食，酢の物，煮物などにされる。

ウド

エンドウ(豌豆) 西アジア～南欧原産のマメ科の野菜。茎は約1メートルに達し先端は巻きひげとなる。冷涼な気候を好み、耐寒性が強いが、連作には不適。さやが柔らかい品種の未熟な果実をサヤエンドウという。また、さやのかたい品種の成熟した種子をムキエンドウといい、煮豆(うぐいす豆)、醸造用原料とし、未熟な緑色の種子をグリンピースとして食す。茎や葉も緑肥、飼料として利用される。主産地は北海道。

エンドウ

ニラ

アサツキ

カリフラワー

キャベツ

キャベツ 甘藍(かんらん)、タマナとも。欧州原産のアブラナ科の一〜二年生の野菜。ふつう葉は幅広く、濃緑色で無毛、中心部の葉は重なって球状となる。花はナタネに似、淡黄色4弁で、高い花茎上に総状につく。食用とするものでは花茎の出る前に収穫する。品種が多く、球の形は丸形、尖形(せんけい)、扁球形などがあり、色も白色、濃緑色、赤紫色など数百品種。各地の気候、収穫期、品種の差異などから、栽培法は春まき、夏まき、秋まきに大別される。主産地は愛知、群馬、千葉など。生食するほか、漬物などにする。

アサツキ ヒガンバナ科ネギ属の野菜。古くから栽培され、日本各地に野生化もしている。葉は青緑色で細い円筒形。分げつが多く、長卵形の鱗茎を結ぶ。9月中旬に分球を定植する。発芽した地上部は冬に枯れるが、春になると新葉を出す。この新葉、鱗茎を汁の実、和物(あえもの)、薬味にする。

カリフラワー ハナヤサイとも。欧州西海岸原産のアブラナ科の野菜。葉は楕円形で根ぎわから茎につき、茎頂についた乳白色の花蕾(からい)を食用にする。花蕾は無数の小花に分かれ、多肉化する。タンパク質、鉄分に富む。品種も多く、一般に冷涼な気候を好む。

タイ（鯛）　タイ科の魚の総称であるが、普通にはマダイをさす。体は側扁し、赤色地に青緑色の小斑点が散在、全長は1メートル以上に達する。日本〜南シナ海などに分布。定着性の近海魚で肉食性。4〜6月に産卵のため沿岸に来遊する。一本釣、延縄（はえなわ）、ごち網などで漁獲。古来、海魚の王といわれ、刺身、塩焼、うしお、浜焼、鯛みそなどとして賞味される。ほかにキダイ、クロダイ、チダイなど。またコショウダイ、フエフキダイなどのように、タイ科以外にも一般にタイといわれるものが多い。

鯛網漁《日本山海名産図会》から

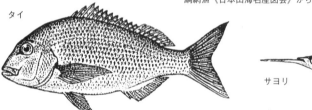

タイ

サヨリ

【春の魚】はるのさかな

桜の咲くころに産卵のために内湾の浅いところに来る鯛を桜鯛（サクラダイ）といい、珍重される。春を告げるニシン、魚偏に春と書けば鰆（サワラ）、そして初鰹の季節がやって来る。

アイナメ　アイナメ科の魚。地方名はアブラメ、シジュウ、ネオなど。全長30センチ以上になる。北海道南部以南の日本沿域岸の磯場にすむ。すむ場所により体色は黄、褐色などさまざま。磯釣（いそづり）の対象魚で美味。クジメ、ホッケなど近縁のものが数種ある。

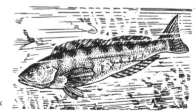

アイナメ

トビウオ トビウオ科の魚の総称。地方名アゴ, タチウオなど。日本近海にも20数種おり, いずれも胸びれがよく発達し, 消化管などは形が単純で飛ぶのに都合がよい。最大種のハマトビウオは全長50センチ, 体重1キロ以上にもなる。低温を好み, 表面水温20℃以下の水域にもすむ。八十八夜のころから種子島あたりでとれ始めるホソトビ(全長28センチ), ツクシトビウオ(全長30センチ)などは, 7〜8月には北海道南部にも北上する。その他夏季に日本近海にくるものはアキツトビウオ(ホントビとも), アヤトビウオ, アカトビなど。一般に卵は糸状の突起をもち, これで海藻などにからみつく。流し刺網などで漁獲され, 塩焼, フライ, 大型のものは刺身にもされる。また干物としても出荷される。

トビウオ

サヨリ サヨリ科の魚。地方名ヨド, スズ, クスビなど。トビウオ, サンマに近縁。全長40センチに達する。下顎が非常に長く, 先端はだいだい色をなすのが特徴。北海道〜中国東岸, 台湾に分布する。沿岸性でしばしば汽水域にも入り, 小群をなして表層を泳ぐ。4〜8月に粘着性の卵を産む。すし種, 刺身, 吸物などにされる。近縁種のクルメサヨリ(全長20センチ)は汽水〜純淡水域にもすむ。

ニシン ニシン科の魚。地方名カド, カドイワシなど。全長30センチ余。腹部は側扁し, 背びれと腹びれがほとんど対在する。茨城県以北の北太平洋に分布。また湖沼にすむもの, 利根川などに遡上(そじょう)するものもある。寒流性の回遊魚で, 春, 産卵に接岸する時漁獲されるものが多い。現在の産額は, 明治, 大正の盛時に比べ激減している。鮮魚として, また身欠きニシン(乾燥品), 燻製(くんせい), 塩漬などにして食用。卵巣は数の子として賞味される。近年はロシアなどからも輸入される。

ニシン

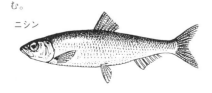

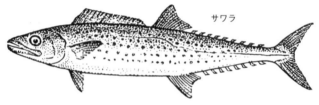
サワラ

サワラ　サバ科の魚。若魚をサゴチまたはサゴシといい、成魚はサアラともいう。全長1メートル。体は側扁し、背面には青褐色の斑紋が散在。日本〜東シナ海、豪州に分布。4〜6月と10〜11月に多く漁獲され、冬季は寒ザワラとして喜ばれる。刺身、照焼などにして美味。近縁種のヨコシマサワラ、ウシサワラなども美味。ただし、遠洋でとれるカマスサワラ（オキザワラとも）は全長2.2メートルにもなるが、味は劣る。

上　江戸のカツオ売り
右　サワラの漁獲
　　《日本山海名産図会》から

カツオ

カツオ（鰹） サバ科の魚。地方名マガツオ，カツ，若魚はトックリなど。全長1メートルにも達する。体は紡錘形で，背側は暗青色，腹側は銀白色。全世界の暖海に分布。日本では太平洋側に多い。北半球では春になると北方へ回遊する。遊泳力が強く，時速100キロにもなる。カツオ釣船により一本釣で漁獲。鮮魚は刺身その他にして賞味されるほか，鰹節，なまり節，缶詰などに多量に消費される。

鰹節つくり

鰹節（かつおぶし） カツオの肉を煮てあぶり，乾燥・かびつけ等の工程を経て作った燻（くん）乾製品。特有のうま味をもち，だし汁等料理に使用される。うま味成分の一つはイノシン酸のヒスチジン塩。三枚におろし，さらに二つ割りにして，背側を雄節（おぶし），腹側を雌節（めぶし）という。これを本節というのに対して，小さいカツオを腹背に割らずに二つ割りのまま製したものを亀節という。削り節はソウダガツオやサバを用いた雑節を機械で薄く削ったものが多い。

イカナゴ イカナゴ科の魚。多くの地方で小型のものをコウナゴと呼ぶ。全長25センチに達する。体は細長く、腹びれがない。日本各地沿岸に分布。5センチ以下の幼魚は、4月ころ淡路島沿岸などで多量にとれ、煮干やつくだ煮にされる。成魚は北日本に多く、てんぷらなどに向く。

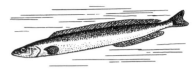
イカナゴ

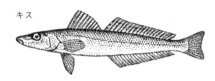
キス

キス キス科の魚。地方名シロギス、キスゴ、シラギスなど。全長35センチに達する。背側は淡黄灰色。北海道南部以南の日本〜中国、フィリピンなどに分布。内湾性で沿岸の砂泥底にすむ。釣の対象として人気があり、刺身、塩焼、てんぷらによい。近縁のアオギスはやや大型だが味は劣る。

カジキ マカジキ科とメカジキ科の魚の総称。東京などではマカジキのみをいうことが多い。マカジキは地方名ナイラゲ、ハイオなど。全長3.8メートルに達する。上顎が伸びて剣状の吻(ふん)を形成する。背面は黒紫青色、腹面は銀白色。インド洋、太平洋温暖部に分布し、突ん棒(つきんぼう)、マグロ延縄(はえなわ)などで捕獲する。肉は淡紅色、刺身になる。シロカジキ(シロカワカジキ、シロカワとも)は、カジキ類中最大で全長4.5メートルに達する。太平洋、インド洋の温暖部に分布。胸びれを倒すことができない。刺身にして美味。バショウカジキは地方名バショウ、バレン。全長3.32メートル。インド洋、太平洋の温暖部に分布。他のカジキ類より沿岸に近づく性質がある。

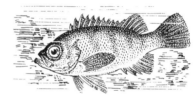
メバル

マカジキ

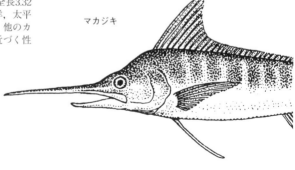

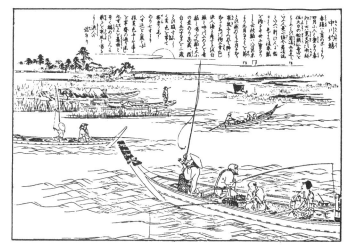

江戸時代のキス釣

メバル メバル科の魚。地方名テンコ，モバチメなど。全長20〜30センチ。体色は生息場所によって異なるが，普通褐色地に不明瞭な暗色斑がある。日本各地〜朝鮮半島沿岸に分布し，きわめて普通。卵胎生。惣菜(そうざい)用でかなり美味。

キビナゴ キビナゴ科の魚。地方名はキミナゴ，キミイワシなど。全長10センチほどになり，細長い。背側は淡青色，体側に銀白色の縦帯がある。本州中部〜熱帯の海に分布。外洋性だが，産卵期には大群をなして海岸に近づく。生食のほか煮干や干物に加工する。釣の餌にもなる。

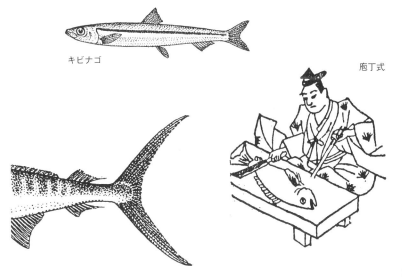

キビナゴ

庖丁式

ホーライ　夏の女神

夏

えごよみ 夏

夏の星座　時の記念日　梅雨　梅雨前線　雨　雷電　夕立　アジサイ　ナメクジ　カタツムリ　カエル　カビ　七夕　タケ　ササ　昆虫　セミ　トンボ　朝顔　金魚　蚊帳　蚊　浴衣　夏至　土用　花火　ホタル　生物発光　ウナギ　クラゲ　海水浴　盆　夏鳥　夏の野菜　夏の魚

夏（なつ）　天文学では夏至（6月22日ころ）から秋分（9月23日ころ）まで，節気では立夏（5月6日ころ）から立秋（8月7日ころ）の前日まで，慣習上は6〜8月をいう。

【 夏の星座 】なつのせいざ

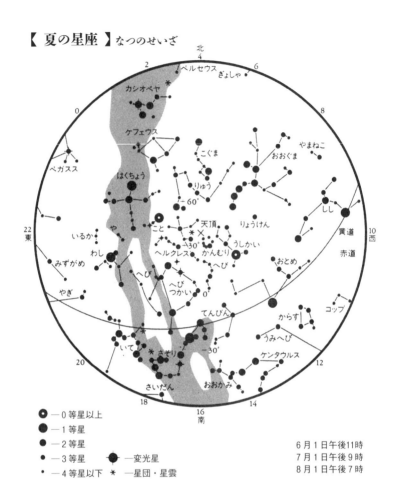

6月1日午後11時
7月1日午後9時
8月1日午後7時

夏の星座　夏の夜空の主役の天の川は、北から東寄りにカーブし、南へ流れる。こと座のベガは織女、わし座のアルタイは彦星である。その他、ヘルクレス座、へびつかい座、さそり座、いて座、たて座、はくちょう座が見られる。

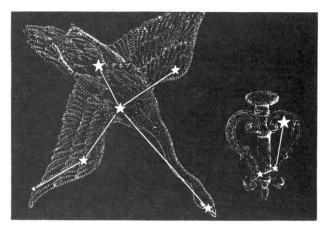

はくちょう座とこと座（右）

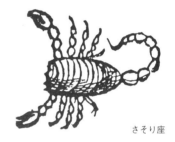

わし座

℔ Scorpius

さそり座

さそり座

いて座

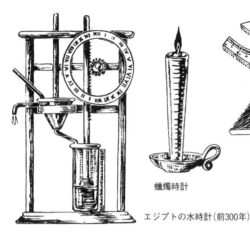

日時計

蠟燭時計

エジプトの水時計（前300年）

砂時計
（8世紀）

時（とき）　辰刻とも書く。日本の時刻の単位。日本で完全な形で知られる最古の時刻制度は延喜式で、1日を12時、1時を4刻に分け、時は十二支で表わした。各時に鼓鐘を打って知らせたが、その音の数が江戸時代に入って九つ〜四つという時の呼称になった。江戸時代には不定時法（太陽の出入の時点を基準にして昼夜の時間を等分する制度）で行われ、また時の真中を半と呼び（たとえば九つ半）、1時を4分割（子の一つ、丑の三つなど）または3分割（上刻、中刻、下刻）し、また時を刻とも呼んだ。

漏刻（ろうこく）　中国で発明・使用された水時計。管でつながった四つまたは三つの箱を階段状に並べ、いちばん上の箱に水を満たし、順に流下して最後の箱から流出する水を、矢を浮かべた容器に受け、矢の高さから時刻を知る。箱を並べるのは水の流出速度を一定にするためである。古く日本に伝わり、日本書紀によれば天智10年（671）漏刻を置いたという。大宝令では漏刻博士を置いて漏刻を管理させたが、平安末期に漏刻も漏刻博士も絶えた。

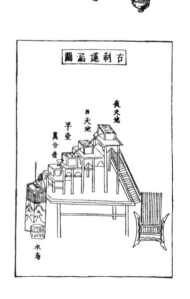

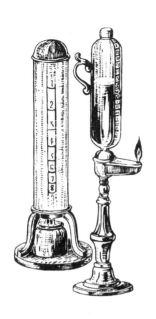

【 時の記念日 】
ときのきねんび

6月10日。時間の貴重さを思い、時刻を守る念を深める趣旨で1920年に制定。671年、天智天皇のときに水時計(漏刻(ろうこく))を置き、時刻制度を定めた日(旧4月25日、新6月10日)を記念する。

和時計(わどけい) 時計は土圭とも書き、自鳴鐘ともいう。西洋から伝来した時計をもとに、江戸時代、日本で製作された機械時計。1549年来朝のザビエルが、51年大内義隆に献上したのが機械時計伝来の最初とされるが、のちその製作技術も伝えられ、日本の不定時法時刻制度に合わせた独特の時計が作られた。調速機構には棒てんぷと冠形脱進機を用い、精度はあまりよくないが、工芸的価値もあって、大名などに珍重された。技術的な発展がなかったため、幕末に作られた万年時計を最後の傑作として、明治以後は廃滅した。和時計には、台上に置いておもりを動力とする櫓(やぐら)時計、ぜんまい動力の置時計である枕時計、おもりを動力とし、柱に掛けて用い、錘の降下につれてこれに付けた指針が板状の文字板を指示する尺時計、携帯用の印籠(いんろう)時計などの種類があり、時打機構を備えていたものもある。

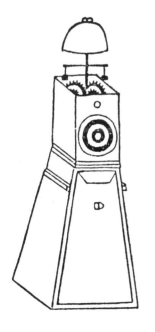

上　火時計2種
下　和時計
左ページ下
漏刻《初学天文指南》から

梅雨前線（ばいうぜんせん）　梅雨のころ日本の南岸付近にほぼ東西にのびて停滞する前線。この北側にはオホーツク海付近に高気圧が停滞して寒冷な空気を南に送り，南側では小笠原高気圧があって温暖多湿な空気を北上させ，両者のぶつかる前線帯では連日曇が続き雨が降る。前線上を1000～2000キロの間隔で低気圧波動が東進することが多い。前線の生成機構は上空に必ず現われる梅雨ジェット気流と関係が深いとされる。これはジェット気流がヒマラヤ・チベット山塊で2分された南側の分流で，2分した流れの中間にオホーツク高気圧を切離高気圧として抱きこむ形となっているもの。

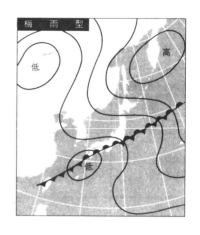

入梅（にゅうばい）　暦では雑節の一つ。太陽が黄経80°を通過する時で，現行暦の6月11日ころ。気象学では梅雨に入る日をさし，暦の入梅が標準になるが，地域，年によりかなり異なる。

蛇の目傘（じゃのめがさ）　雨傘の一種。元禄ごろに始まったといい，中央と端まわりを青土佐紙，中間を白紙で張り，開くと蛇の目模様が現われる。近世を通じて広く用いられ，青紙部分の表骨を黒漆塗にした黒蛇の目，中央とまわりに渋を塗った渋蛇の目，周辺だけ墨色にした奴（やっこ）蛇の目などもあった。明治以後はおもに婦人用に用いられたが，現在はほとんど見られない。

明治中期の雨具

【梅雨】ばいう

「つゆ」とも。6月から7月にかけて中国の揚子江流域から日本の南部にかけて特に顕著に現われる季節的な雨。年によりその期間に長短があり、入梅、梅雨明けの日付も一定しない。暦の入梅は太陽が黄経80°を通過する日(6月11～12日)で、特に気象学的意味はないが、日本の南岸の地方ではこのころに梅雨に入ることが多い。梅雨明けは日本の南岸では通常7月中旬ごろ、東北地方で7月下旬。北海道は梅雨がはっきり現われる年とそうでない年がある。梅雨現象は気象学的にみると梅雨前線が南岸沿いに停滞することに対応する。梅雨前線帯は通常、5月ごろ台湾と硫黄島を結ぶ緯度帯に現われ、一進一退しながら季節的に北上し、盛夏季には沿海州方面まで北上する。したがって梅雨は南ほど早く始まり、早く明ける。沖縄の梅雨は「夏ぐれ」と呼ばれる。小笠原の梅雨も5月が最盛期。梅雨の語源は梅の実の熟するころの雨、または「黴雨」でカビの雨を意味するという。「つゆ」は露、あるいはカビなどのため物が「ついゆ(わるくなる)」に由来するといわれ、陰暦5月ころの雨なので五月雨(さみだれ)の称もある。

走り梅雨(はしりつゆ)　本格的な梅雨(ばいう)に入る前の悪天。普通5月中に数日間天気のぐずつくことをいう。

返り梅雨(かえりづゆ)　戻り梅雨とも。一度梅雨が明けたようになって何日も暑く乾いた晴天が続いたあとに、再び天気がぐずつくこと。

五月雨(さみだれ) 旧暦5月(太陽暦ではほぼ6月)に降る雨。梅雨と同じもの。

送り梅雨(おくりつゆ) 梅雨が明けるころの雨。強くたくさん降ることが多く,雷を伴うこともある。梅雨の末期には梅雨前線が陸地の上で活動するので大雨や集中豪雨が起こりやすい。

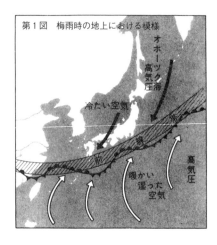

第1図 梅雨時の地上における模様

第2図 梅雨時(地上は第1図)の気象配置の垂直断面。その時の高層では東寄りの気流が見られる(第3図)。

第2図 梅雨時気象配置の垂直断面

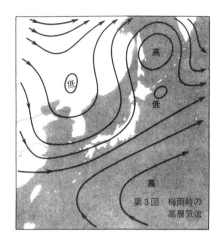

第3図 梅雨時の高層気流

雨《和漢三才図会》から

雨滴(うてき) 半径100ミクロン以上の雲粒(くもつぶ)。雨粒(あまつぶ)とも。霧雨の雨滴は直径0.5ミリ以下、普通の雨は直径1～2ミリ、雷雨の大粒の雨は直径3ミリぐらい。東京で観測した最大の雨滴は約0.2グラムで、球形ならば直径7ミリだが、通常雨滴は0.5ミリ以上になると上下に押しつぶされた楕円体になり、大きくなると分裂して直径5ミリ以上のものはほとんどない。落下速度は小粒なもので毎秒2メートル、大粒は10メートル、通常4～6メートル。

氷晶説(ひょうしょうせつ) 雲粒から雨滴への成長過程を説明する降水理論のうち、冷たい雨が発生する原因を説明する最も有力なもの。上空の気温0～-15℃の雲は通常過冷却水滴の雲粒からなり、-15～-20℃では過冷却水滴の雲粒と氷晶が混在し、-20℃以下ではほとんど氷晶からなる。過冷却水に対する飽和蒸気圧は同温度の氷に対するものより大きいから、過冷却水滴の雲粒の多く存在する部分に氷晶が現われると過冷却水滴は蒸発し、氷晶が成長、落下する。落下する氷晶は昇華でさらに成長するほかに雲粒との衝突、捕捉でも大きくなり、雲底を離れて落下する。これがとけずに落ちたものが雪であり、途中とけて落ちたものが雨とされる。

【雨】あめ

雨のもとになる雲を形成する上昇気流の起こり方により、地形性降雨、前線性降雨、低気圧性降雨、不安定驟雨(しゅうう)、収束気流性降雨、対流性降雨に分けられる。日本は雨が多く平均年降水量は約2000ミリ。冬は日本海を渡る北西季節風のため日本海側に降水量(おもに雪)が多く、風下の太平洋側は雨が少ない。春は低気圧の通過数が多いので全国的に雨が多く、特に東海道以西の南斜面に多い。南岸に前線が停滞して春の長雨(なたね梅雨)が日本の南部に降り続く年もある。梅雨期の雨は西日本で最も多く、東日本がこれに次ぎ、北日本は顕著でない。しばしば梅雨前線豪雨になる。梅雨明け後の盛夏季は相対的な乾季で雨は少なくなるが、雷雨や台風によって一時的に多量の雨が降る。冬とは逆に、南東季節風の卓越する夏は、風上側の太平洋側で多く降り、風下側の日本海側では少ないが、そのコントラストは冬ほど明瞭ではない。秋の前半は秋雨と台風による雨が降り、後半は秋晴が多くなる。秋の雨は東日本、北日本に相対的に多い傾向がある。

雨量(うりょう)　雨の水量。雨が降ったとき地面での流失、地中への浸透、蒸発などないと仮定する時たまる深さ。ふつう単位はミリメートルで測る。雪などを含む場合は降水量という。

日本の平均降水量の分布
上左　春　上右　夏
下左　冬　下右　秋
白色部　0〜150ミリ
斜線部　150〜300ミリ
黒色部　300ミリ以上

雨量計(うりょうけい)　雨量を測る器具。通常漏斗(ろうと)状の受水器、貯水びん、たまった雨水を移し替えて雨量を読みとる目盛のついた細長い雨量枡(ます)などからなる。受水器の縁はナイフの刃形で、直径約20センチ。

右上は温暖前線による雨で、暖かい気流が冷たい気流の上へ上昇してゆくときは、持続性の雨が降る。右下は寒冷前線による雨で、冷たい空気が暖かい空気を押し上げるときは、驟雨性の雨が降る。

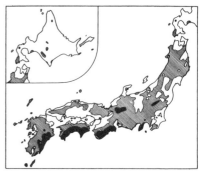

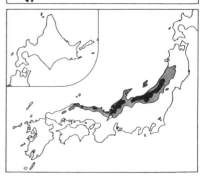

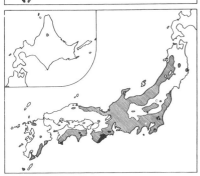

百葉箱(ひゃくようばこ)　ひゃくようそうとも。地上での気象観測のため露場に設置する通風のよい小屋形の木箱で，中に温度計，湿度計などを収めるもの。二重のよろい戸で四方を囲み，開閉戸は北面させ，外側は白ペンキで塗り，温度計をつるす位置はほぼ地上1.5メートル。日本の形式では容積1メートル角，床の地上高1メートル。

雷と雷の持ちもの(上)
雷珠，雷鑽，雷鎚など
《和漢三才図会》から

【雷】かみなり

電光，雷鳴など激しい放電を伴う大気中の電気現象。積乱雲，火山大噴火や大規模の火災，砂漠のあらしなどの強い上昇気流によって発生する。発生環境によって熱雷，界雷，渦雷(うずらい)に分類。一つに見える雷雲は直径5〜10キロの柱状セルが幾つか集合したもので，幼年期のセルは毎秒2〜3メートルの上昇気流が支配する。成年期のセルは雷雨活動の中心で雲頂は1万メートル以上に達し，上部は氷晶雲であり，上昇気流は強く毎秒30メートルにもなる。降雨により冷たい下降気流も存在する。老年期のセルは下降気流が支配する。雷雲内の電荷分布は，幼年期セルは雲頂が正，雲底が負，成年期は雲頂が正，中層部に大きな負電荷，雲底が正，老年期は雲頂が正，雲底が負に帯電している。雷雲内の−5〜−40℃くらいの温度の層で電荷が発生する。正と負の電気が発生する機構は，水滴分裂や氷粒の摩擦分裂による帯電，水と氷が接した層で帯電，塩化ナトリウムなど電解質溶液の凍結・融解に伴う帯電など諸説があるが，温度の異なる2種の氷(霧氷とそれより低温の氷晶)の接触・分離による帯電説が最も確からしい。この場合温度の高いほうが負，低いほうが正に帯電する。正電荷と負電荷は重力の作用，雷雲内の上昇・下降気流による氷晶や水滴の移動によってそれぞれ特定の部分に集積する。

雹（ひょう） 降水の一種で、直径5ミリ以上の大きさの氷の粒。透明なものと不透明な数層をもつものがある。発達した積乱雲から多くは雷雨に伴って降る。雲頂から降下する雪の結晶に多くの過冷却雲粒が凍りついてできるもので、途中強い上昇気流のため長時間雲中に支えられると大きな雹に成長し、ときに直径10〜20センチを超える。降る範囲は数キロ程度で狭いが農作物や人畜に被害を与える。

雷雨（らいう） 雷鳴や電光を伴って降る雨。強い上昇流によって成長した大粒の雨や時には雹（ひょう）が降ることもある。一般に大きな速度で移動し、熱雷の場合は毎時30〜40キロ、渦雷（うずらい）の場合はそれ以上の速さで通過する。

上　雹《和漢三才図会》から
下　藤に降る雨《東都歳事記》から

電光(でんこう)　稲妻(いなずま),稲光(いなびかり)とも。雷(らい)放電(雷(かみなり))における発光現象。雷放電は大気の絶縁破壊とともに起こる大規模な火花放電で,多く雷鳴を伴う。最初の放電が約50メートル進行したのち,次の放電が前の放電で電離された経路をたどってさらに50メートル進む。こうして次々に放電が起こって地上に達する。これを階段型先駆雷撃という。階段型先駆雷撃が地面に到達すると,ただちに地面から雲底へ帰還雷撃が起こる。こののち,矢型雷撃が地面に直進し,帰還雷撃と組み合わさって多重雷撃を形成する。1回の雷放電で地面に流れる電気量は約20～30クーロンで,雷撃の進行速度は,先駆雷撃で毎秒200キロ,帰還雷撃で数万キロ,矢型雷撃で数千キロくらい。

落雷(らくらい)　雷雲の下部と地面とを両電極として起こる電光現象。雷雲から地面へとんでくる先駆雷撃によって始まるのが普通であるが,逆に地面から先に発する場合もある。落雷は地上の高い突起や電気伝導度の高いもののところに起こりやすい。

上　《日本橋之白雨》安藤広重
右　稲妻《和漢三才図会》から
下　下界へ落ちた雷《畔の落穂》から

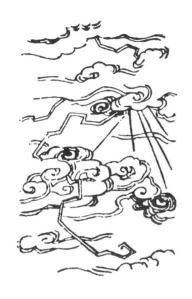

夕立(ゆうだち) 晴れた夏の日の午後などに急に曇ってきて激しく降る大粒の雨。積乱雲が通過するときに起こり，雷雨の場合が多く，短時間でやむ。夏の小笠原高気圧が退き，大陸方面から冷気団が南下してきたときの不連続線に沿って降りやすい。

驟雨(しゅうう) にわか雨または村雨(むらさめ)とも。急に降り出してまもなくやんでしまう雨。対流性の雲から降る。層状の雲から降る雨が持続性をもつのに対し一時的なのが特徴。降ったりやんだりを繰り返す場合もある。夏の夕立や雷雨，寒冷前線が通過するときに降る雨など。

雷雨の鼻(らいうのはな) 雷雨通過時における気圧変化の型。天気予報に従事する人たちが使う言葉。雷雲が接近すると気圧は徐々に低下するが，初めの寒冷な気塊が到着すると気圧は急に上昇する。この気圧上昇は短時間で，直ちに再下降して雨が降り始める。この気圧ピークをいう。

雷雲(らいうん) 電光，雷鳴，激しい雨または雪，雹(ひょう)をもたらす雲で，雄大積雲または積乱雲。雲頂の高さは数千メートルから1万メートル以上。その中に強い上昇気流が存在する。小さな雷雲セルからなり，それぞれの雷雲セルは上昇気流，下降気流をもつ対流系を形成している。雷雲の上部は氷晶雲からなる。

雷鳴(らいめい) 雷(らい)放電によって生ずる音。放電経路にある空気は瞬間的に1万℃程度に熱せられて爆発的に膨張し，衝撃波を生ずる。ゴロゴロと聞こえるのは，多重放電であること，放電経路の各部分で音を発すること，その音波が大気中で屈折・反射することなどにより，到達時間に差ができるためである。雷鳴の到達距離は通常20キロ，最大50キロ。

アジサイ(紫陽花) ガクアジサイを母種として改良されたアジサイ科の落葉低木。庭木や鉢植とし，また切花にも使う。栽培にはやや湿地で半日陰地がよく，さし木でふやす。高さ1〜2メートルになり，葉は対生し卵形で大きく，厚く光沢がある。初夏，若枝の先に球状の散房花序をつける。花はすべて装飾花であり，花弁のように見えるのはがく片で，3〜5個あり大きく，初め白く後に青紫色になる。欧米で改良されたセイヨウアジサイ(ハイドランジア)の葉はアジサイより小型で光沢は少ないが，花序は大きく，装飾花が淡紫，紫，淡紅，紅白など変化に富むが，色彩は変化しない。

ガクアジサイ 関東南部，伊豆半島，紀伊半島，四国南部などの沿海地にはえるアジサイ科の落葉低木。葉は厚く，倒卵形。アジサイの母種で，全体によく似るが，がく片，花弁ともに5枚の両性花が花序の中央に集まり，装飾花が周囲につく点で異なる。これに似たヤマアジサイは山地にはえ，葉が楕円形で薄く，花は普通白い。ともに庭木とする。

ヤマアジサイ

ガクアジサイ

ヤハズアジサイ

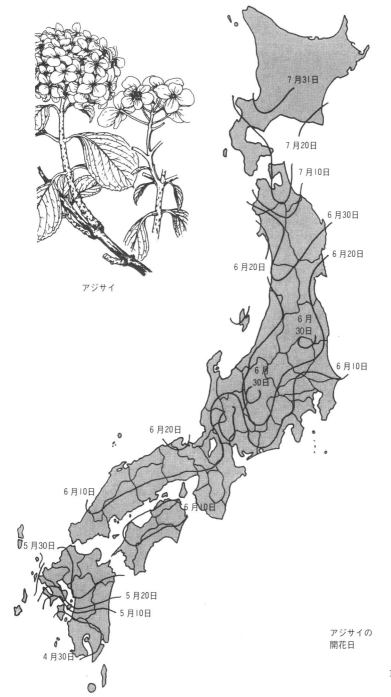

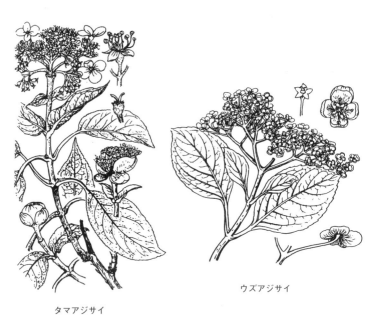

タマアジサイ

ウズアジサイ

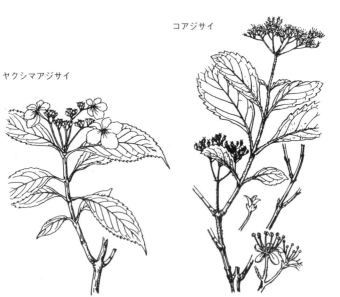

ヤクシマアジサイ

コアジサイ

ナメクジ

ナメクジ 腹足綱ナメクジ科の軟体動物。体長6センチほどで殻を全く欠き、汚れた灰褐色。触角は2対で、後触角の先端に眼がある。日本全土、朝鮮半島、中国に分布。昼間は陰湿な場所にひそみ、夜間活動する。また山地には近縁のヤマナメクジ(体長15センチ)がすむ。コウラナメクジ(コウラナメクジ科)は体長7センチ、体の前端近くに外套(がいとう)膜の笠をかぶる。欧州原産だが、日本でも主として台所にすむ。

左上はヒダリマキマイマイ
下はセトウチマイマイ
右はクチベニマイマイが土中に卵を産んでいるところ

カタツムリ(蝸牛) デンデンムシ、マイマイなどとも。有肺類に属する一群の陸生巻貝の総称。殻は右巻のものが多く、体はいつも粘液で湿っている。外套(がいとう)腔壁に血管が網状に走り肺の働きをする。乾燥すると体を殻の中に縮め、殻口に薄い膜を張る。雌雄同体。多くは土中に卵を産む。関東地方ではミスジマイマイとヒダリマキマイマイが、関西地方ではクチベニマイマイとニシキマイマイとが代表的。またオナジマイマイやウスカワマイマイは日本全土に分布し、野菜等を食害する。

カタツムリ(セトウチマイマイ)の体

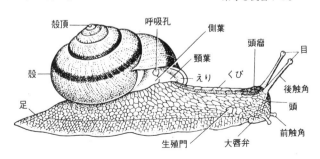

【 カエル 】蛙

両生綱無尾目の総称。頭部と胴部が連続している。四肢、特に後肢が発達し、陸上での跳躍力、水中での遊泳力がすぐれる。幼生はオタマジャクシで、発達した尾をもつが、変態後は消失する。皮膚は分泌腺に富み、常に湿っている。排出腔に水をたくわえるものが多い。呼吸は肺と皮膚とで行われるが、幼生では鰓(えら)による。多くの種には鳴嚢(めいのう)があり、繁殖期の雄は特に盛んに鳴く。卵生で、大半は体外受精を行う。静水中に産卵するが、陸上や樹林の枝に卵塊を作って、その中に産卵するものもある。また体に着けたり、鳴嚢内に保護したり、産卵習性はきわめて変化に富む。皮膚に毒腺をもつものもある。現生種は22科2600種、日本で約33種が知られる。

カジカガエル 単にカジカとも。アオガエル科。体長3～7センチで雌が大きい。背面は暗灰褐色で前後肢には黒褐色のしまがある。本州、四国、九州の固有種で、四肢の各指の吸盤が発達し、山間の渓流にすむ。古来雄の美しい鳴声が喜ばれ、飼育される。6～8月に石の下に産卵。岡山、山口両県下の生息地では天然記念物。

アマガエル アマガエル科およびミナミアカガエル科に属するカエルの総称。平地や低山地にすみ、樹上性。ハエ、クモなど小さい昆虫を捕食。雄の咽喉(いんこう)には声嚢があり、雨が近づくと盛んに鳴く。四肢の指先には吸盤が発達し、体色は上面緑色、下面白色。周囲の色彩に応じて灰褐色、濃褐色に変化する。

トノサマガエル アカガエル科。体長6～9センチ、日本の代表的な低地性のカエルで、本州、四国、九州、朝鮮半島、中国に分布。関東平野には少なく、この地方でトノサマガエルと呼ばれているものはダルマガエルの場合が多い。体色は緑～褐色で、斑紋とともに変異がある。池や水辺、水田に多く、危険が迫ると底の泥にもぐる。産卵期は5～6月で、このころ雄は両ほおにある鳴嚢で盛んに鳴く。卵塊は球形、1000～4000個を産卵。準絶滅危惧(環境省第4次レッドリスト)。

トノサマガエル

アマガエル

モリアオガエル アオガエル科。体長5〜9センチ，雌のほうが大きい。体背面は緑色の濃淡があり，個体により赤褐色の斑紋がある。指の吸盤は発達し，樹上性。4〜7月，雌は水辺に突き出た枝に泡(あわ)状の卵塊を産み，孵化(ふか)したオタマジャクシは水中に落下する。本州，四国，九州の山地に分布し，岩手県八幡平市大揚沼，福島県双葉郡平伏沼の繁殖地(いずれも天然記念物)が有名。

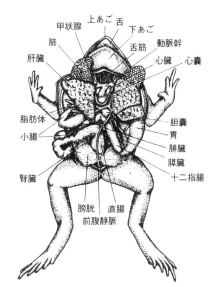

カジカガエル

ウシガエル 一般に食用ガエルの名で知られる。アカガエル科の1種。背面は褐色または緑〜暗緑色で黒褐色の斑紋がある。体長15〜20センチ，原産地は北米南東部で，1918年日本に移入され，現在各地に分布。平地の池に多く，夜間，ウシに似た大きな声で鳴く。昆虫・魚介類を捕食。食用に供され，近年では逆に米国に輸出される。オタマジャクシは12センチに達し，越冬して翌年変態する。

ウシガエル

モリアオガエル

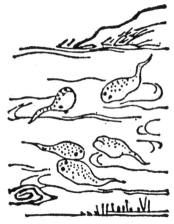

オタマジャクシ　カエルの幼生。頭胴部は丸みを帯び，四肢を欠くが，尾は側扁して発達する。魚類によく似た生理的機能をもって水中生活に適し，常に鰓(えら)で呼吸。成熟すると，変態してまず後肢が，次に前肢が生じ，尾は次第に体内に吸収されて消失。ウシガエルなどは幼生のまま越冬。カエル以外の両生類の幼生のこともいうが，この場合変態しても尾を失わないことが特徴。

オタマジャクシ
《和漢三才図会》から

ヌマガエル　ヌマガエル科。体長4〜7センチ。体の背面は灰褐色で黒斑が点在し，地方によって色彩，斑紋に変異が多い。中部以南の日本各地，台湾，東南アジアに広く分布。水田付近に多く，低い山地の流れにもすむ。夏季，静水中に産卵。

ヌマガエル

ヒキガエル

ヒキガエル　ガマとも。ヒキガエル科に属する両生類の総称。ニホンヒキガエルは体長10〜15センチ，本州，四国，九州に分布。体色は黄褐〜暗褐色。背面には多くの隆起があり，自衛のため目の後方にある耳腺から神経毒のブホトキシンを分泌する。平地や山地の湿地に多く，繁殖期以外水には入らない。卵塊は長いひも状で，春から初夏に産卵。オタマジャクシは黒色で小さい。

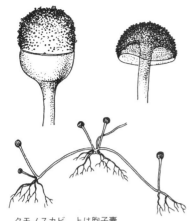

クモノスカビ　上は胞子嚢

クモノスカビ　接合菌類ケカビ科のカビ。有機物の多い土の表面，植物体などにつく。クモの巣状に広がる菌糸の所々に節（ふし）があり，そこから仮根と，先端に球状，黒褐色の胞子嚢をつけた数本の子嚢柄をつける。胞子のほか，接合子もつくる。菌糸間に接合により接合胞子ができる。この属のカビは，アミロ法によるアルコール製造や有機酸発酵などに利用される。

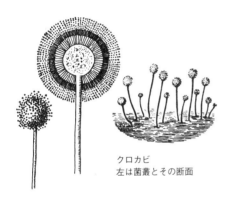

クロカビ
左は菌叢とその断面

クロカビ（黒黴）　不完全菌類コウジカビ属のカビ。コウジカビに似ているが菌叢（きんそう）は黒い。動植物上にはえる病害菌であるが，一方有機酸をつくり，デンプン糖化，タンニンやペクチン分解力もあり，クエン酸，グルコン酸，インキ製造などに利用される。

コウジカビ
中は断面，右は胞子

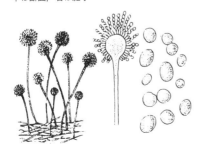

コウジカビ（麹黴）　デンプンを含む有機物に生じる不完全菌類コウジカビ属のカビ。黄緑色，後に褐色の菌叢（きんそう）をつくる。菌糸から上端が球状にふくれた分生子柄を出し，表面に1列の分生子梗（こう）を放射状につけ，それぞれの上に球状の分生子を鎖生する。デンプン，タンパク質の分解力が強く，古くから種麹（たねこうじ）の形で培養されてきた。日本酒，みそ，醤油などの製造に利用。

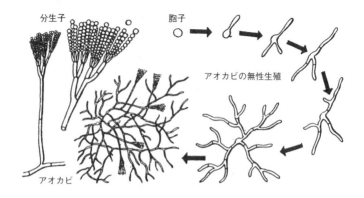

アオカビ（青黴） 不完全菌類アオカビ属の総称。果実，パン，茶殻などにはえ，分岐した菌糸上に多くの分生子柄を生じ，その先は数回分岐してほうき状をなし，先端に球状の分生子をつける。菌叢（きんそう）は青色を帯びる。有機物を腐敗させ，黄変米の原因となるものもあるが，チーズ，有機酸，ペニシリン製造用の種類もある。

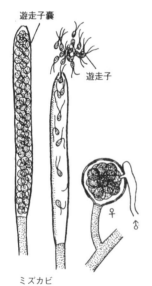

ミズカビ 鞭毛菌類のうち水中の有機物，動植物体につく卵菌類をいうが，狭義にはミズカビ属の諸種をさす。しきりのない無色の菌糸を水中にのばして造卵器と造精器をつけ，また無性器官である細長い遊走子嚢ができて2本の毛のある遊走子を無数につくる。養殖魚類を冒すこともある。

【 カビ 】黴

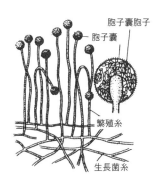

ケカビ
左　立ち並ぶ繁殖糸
右　胞子嚢の拡大図

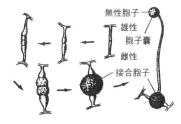

ケカビ
雌と雄から接合胞子ができる

菌類の中で本体である菌糸の集まりが著しく目だち、繁殖器官の子実体が微小であるか、これを欠くものをいう。鞭毛菌類（ミズカビ等）、接合菌類（ケカビ等）、子嚢菌類（アカパンカビ等）、不完全菌類（ミズムシキン等）など、菌類の主要分類群すべてに見られ、淡・海水中、空中、地中、動植物体上など、いたるところに生じる。菌糸は集まって菌叢（きんそう）をつくり、糸状、綿状、クモの巣状などとなり、つくり出す色素により赤、紫、黄、青、緑色などを呈する。生長が速く、その適温は15～20℃で、湿度が高く高温の梅雨期などには著しく目だつ。カビの有機物分解力は自然界の浄化に役だち、また各種カビの特性を利用して食品や薬品などの製造工業に多用するが、有毒成分をもつカビが食品などに繁殖して有機物を腐敗させたり、人体や栽培植物に寄生してこれらを冒すなどの害も少なくない。

ケカビ

ケカビ（毛黴）　接合菌類ケカビ科のカビ。草食動物の糞（ふん）、生物死体、食品などに発生。菌叢（きんそう）は光沢のある銀灰色で、細かく分岐した菌糸から長い毛髪状の胞子嚢柄を出す。別に性の異なる菌糸が接合し、接合胞子を作る有性生殖も行う。食品を腐敗させる害菌だが、デンプン糖化力が強いものはアルコール製造に利用される。

【七夕】たなばた

陰暦7月7日およびその日に行われる星祭の行事をいう。都会では陽暦7月7日に行う所が多く，月遅れの地方もある。中国の牽牛と織女の伝説が，日本固有の棚機女（たなばたつめ）（棚に設けられた機によって神の来臨を待ち，神とともに一夜を過ごす聖なる乙女（おとめ））の信仰と習合して成立したとされる。6日の夜，五色の短冊に歌や字を書いて七夕竹に結び，手習いや技芸の上達を祈る。七夕竹を7日に川や海に流すのを七夕送りといい，青森のねぶたはこの変形である。

上　七夕
　　《和漢三才図会》から
左　七夕の飾り付け
　　元禄時代風俗

左《沢村小伝次の七夕》
丹絵　鳥居清信　1698
下　竿灯

江戸時代の七夕風景
《東都歳事記》から

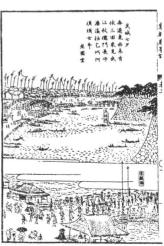

139

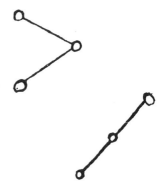

左から天河,織女,彦星
《和漢三才図会》から

乞巧奠(きこうでん)「きっこうでん」とも。中国における七夕(たなばた)行事。乞巧とは牽牛・織女の2星に裁縫技芸の上達を祈り,奠とは物を供えて祭る意。唐代では飾りたてた櫓(やぐら)を庭に立て乞巧楼といった。この星祭が日本に伝わり,最初の乞巧奠が755年清涼殿の庭で行われた。

右 七夕《徳川盛世録》から
下 乞巧奠《清俗紀聞》から

140

天の川（あまのがわ） 銀河ともいう。古代中国では漢水の気が天に上って銀河になったと考えて銀漢，河漢と呼び，日本に伝わって天河，天漢などの字が使われた。銀河を川に見立てることは世界の諸民族に共通してみられ，ギリシア神話では女神ヘラの乳がほとばしってできたといい，ガラクシアス（乳の川）と呼んだ。英語のMilky Wayはこれに由来。

織女（しょくじょ） 星に関する中国伝説の女主人公。織姫（おりひめ）。天の川の東に機（はた）を織る織女の孤独を天帝があわれみ，西側の牽牛（けんぎゅう）にとつがせたが，機織を怠るので1年に1度（旧暦7月7日）だけ逢瀬（おうせ）を許した。織女が川を渡る際，鵲（かささぎ）が橋となるという。この伝説から七夕（たなばた）の行事が起こった。星の名としてはこと座のα星ベガの漢名。

上　鵲（カササギ）の橋
下　七夕踊（江戸時代）

牽牛（けんぎゅう） わし座のα星（アルタイル）の漢名。天の川を隔ててこと座のα星（ベガ，織女星）と対する。和名彦星。

【 タケ 】竹

イネ科で木質多年生の茎をもつものの総称。熱帯～温帯に多く，約30属500～1000種。葉身は披針形，花は毎年開花せず，かなり長い周期があって，まれに開く。ときに全群落が一斉に開花し，花後に全部枯れることがある。日本では，モウソウチク，マダケ，ハチク，クロチクなどが最も普通に見られ，観賞用とされるほか，茎は建材など，芽はたけのこ(筍)として食用とされる。また，タケの小型のものは一般にササといわれるが，明確な区別はない。植物学的には，ササはたけのこの皮(稈鞘)が生長しても落ちず，茎についているものをいう。

【 ササ 】笹

一般にタケの小型の種類の総称であるが，明確な区別はない。茎を利用するものをタケ，葉を利用するものをササといったといわれる。ササ類は日本には非常に多い。葉で食物などを包んだり(チマキザサ)，観賞用(クマザサ)とされるものがある。笹と竹は松，梅とともに瑞祥として紋章に使用。

右 六枚笹
左 三枚笹

《竹林の不二》葛飾北斎

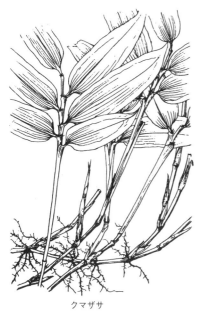

クマザサ

クマザサ（隈笹）　日本南西部に野生するが、ふつう社寺、庭園などに植栽されるイネ科のササ。高さ0.6〜1.3メートル。葉は枝先に4〜7枚掌状につき、狭長楕円形で先はとがる。葉身は薄くて革質、裏面は白っぽい。冬には縁が枯れて白色となり美しい。まれに紫緑色の花をつける。なお熊笹はチシマザサなど山地にはえる大型のササの俗称。

チシマザサ　ネマガリダケとも。イネ科のササ。北海道、本州の日本海側の山地落葉樹林下に大群落をなしてはえる。茎は上部で分枝し、葉は白い縁どりがない。茎は高さ1〜2メートルで無毛、葉は狭楕円形でつやがあり、まれに紫色の花が開く。たけのこは山菜として食用。

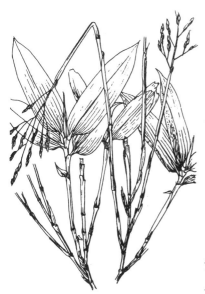

チシマザサ

リュウキュウチク

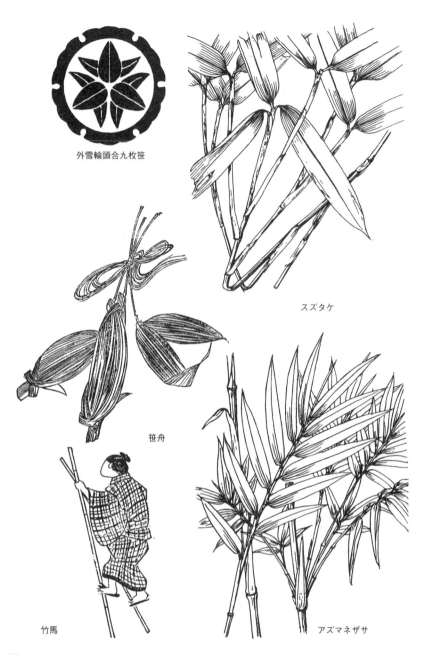

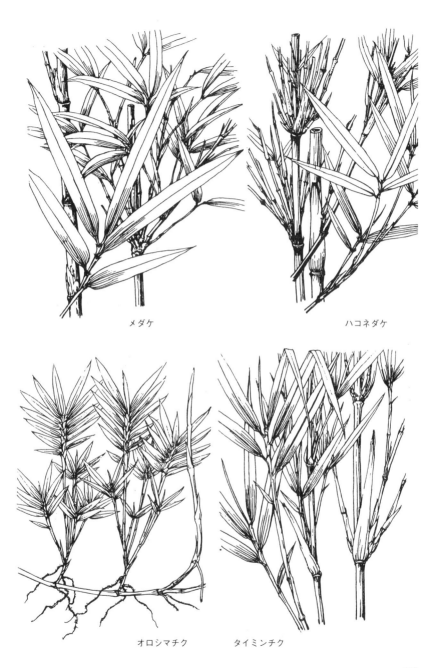

《竹抜き五郎》
鳥居清倍から

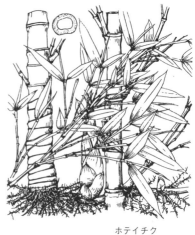

ホテイチク

チョウシチク

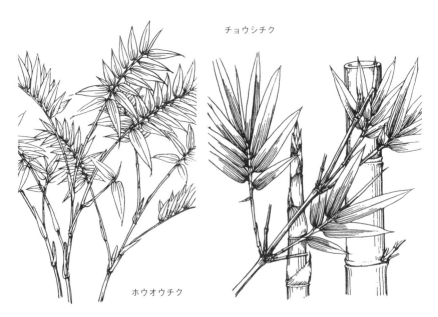

ホウオウチク

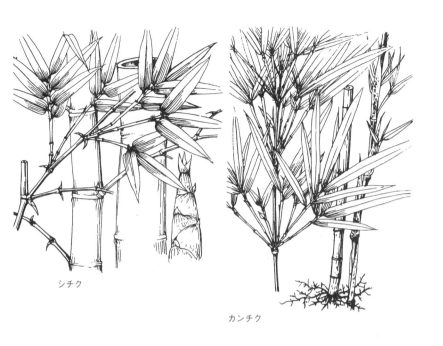

シチク

カンチク

クロチク

リョクチク

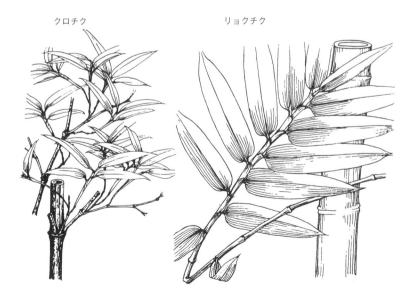

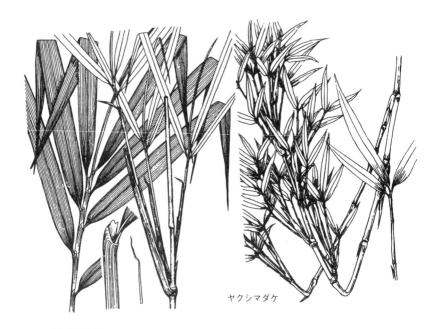

カンザンチク

ヤクシマダケ

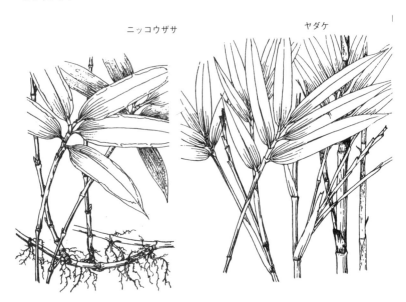

ニッコウザサ

ヤダケ

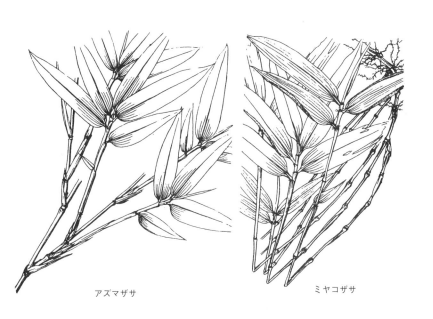

アズマザサ

ミヤコザサ

チュウゴクザサ

《雨夜の宮参り美人》鳥居春信
傘と提灯に竹が使われている

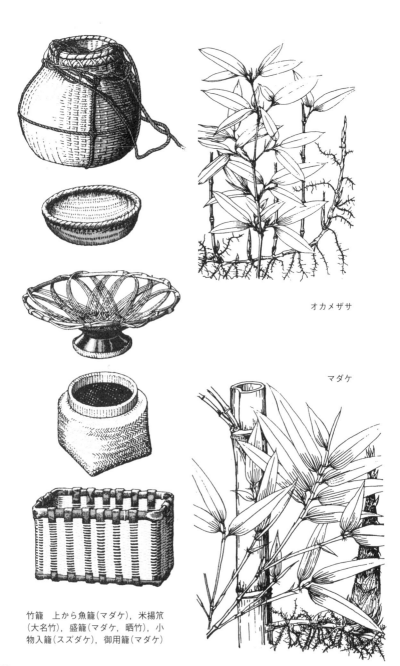

竹籠 上から魚籠(マダケ),米揚笊(大名竹),盛籠(マダケ,晒竹),小物入籠(スズダケ),御用籠(マダケ)

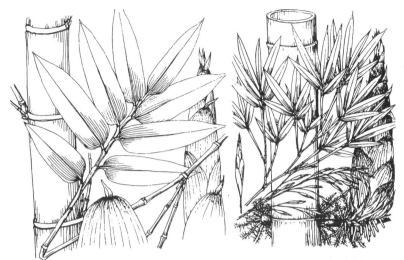

上　マチク
右　モウソウチク

ハチク

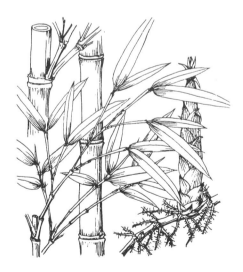

モウソウチク(孟宗竹)　イネ科。中国原産で，日本には古く渡来，北海道南部以南の各地に広く栽植される。茎は太く，円筒形で肉は厚い。葉は小枝に2〜8枚つき披針形で小さい。まれに開花。たけのこは美味で食用とされ，市場に出るものの大部分は本種。茎を細工物，床柱，箒(ほうき)などとする。

マダケ　ニガタケとも。イネ科のタケ。中国原産といわれ，本州以南の各地に広く栽植される。茎は直立し中空で径10センチ内外，節はやや高く，各節から2本の枝を出す。葉は枝先に5〜6枚つき，披針形で長さ8〜12センチ，葉鞘(ようしょう)の肩毛は長い。たけのこは5月下旬に出，皮には毛がなく，黒色の斑点がある。まれに開花して枯死。茎はかごなど，たけのこは食用となる。

【昆虫】こんちゅう

昆虫綱に属する節足動物の総称。きわめて種類が多く、既知種は約100万種、確認されている生物種の半分以上を占める。他の節足動物と同様にかたいキチン質の外骨格でおおわれ、体は多くの環節よりなり、常に頭、胸、腹の3部分が明瞭に区別される。胸部は前・中・後部に分かれ、各部に一対ずつの肢があり、中胸と後胸に各一対の翅(はね)をもつものが多い。頭部には一対の複眼と2〜3個の単眼があるが、単眼を欠くものも多く、単眼だけをもつものもある。翅も特有の器官で、胸部側板を形成した脚の上基節を起源とする先駆構造物が変化したものと考えられている。呼吸器は胸部に2対、腹部に8対ある気門。血液は背脈管で各部へ送られる。無翅(むし)昆虫では成虫も幼虫も全く同様な形(無変態)だが、脱皮につれて翅芽が発達し最後の脱皮と同時に翅が生じるもの(不完全変態)、幼虫、蛹(さなぎ)、成虫と完全変態を行うものがある。現在、昆虫はほとんどすべての陸上に分布し、南極大陸にも露岩地に微小な種類が発見され、陸から遠く隔たった海上にすむ種類もあり、数千メートルの高空にも微小な種類が浮遊する。

昆虫採集　打落し法

採集網　中は四つ折、右はばね式

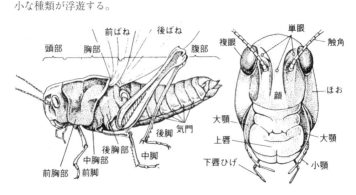

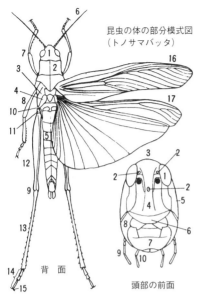

背面図　1.頭部　2.前胸
3.中胸　4.後胸　5.腹部
6.触角　7.前胸　8.中脚
9.後脚　10.基節　11.転節
12.腿節　13.脛節　14.跗節
15.つめ　16.前ばね　17.後ばね

頭部の前面図　1.複眼
2.単眼　3.頭頂　4.顔
5.ほお　6.頭楯(とうじゅん)　7.上唇　8.大顎
9.小顎　10.下唇ひげ

昆虫の頭部・口器

益虫(えきちゅう)　人間生活の側からみて有用・有益な昆虫およびその他の虫類をいう。害虫に対する。便宜的な呼び名で、絶対的なものではない。カイコ(絹糸)、ミツバチ(蜂蜜(はちみつ)・蜜蠟(ろう))、ラックカイガラムシ(シェラック)等のように直接に有用な生産物を供する有用昆虫と、花粉の媒介や害虫の天敵として間接的に役だつ有益昆虫に分けられる。

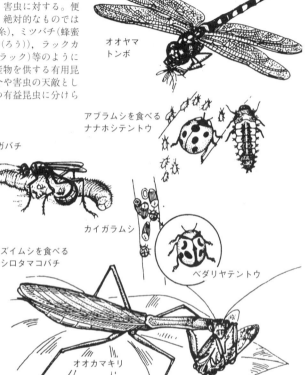

オオヤマトンボ

アブラムシを食べるナナホシテントウ

ジガバチ

カイガラムシ

ズイムシを食べるシロタマコバチ

ベダリヤテントウ

オオカマキリ

左　養蚕《訓蒙図彙》から

右ページ
害虫(がいちゅう)　益虫に対する。人間にとって有害とみられる小動物、昆虫およびその他の虫類をいう。シラミ、トコジラミ、ノミ、カ、ハエ等のように、人体に直接・間接(病原体の媒介など)の害を与える衛生害虫や、メイチュウ、ヨコバイ等のような、農作物に直接・間接の害を及ぼす農業害虫などがあり、現在その発生予察、駆除予防に多大の努力がはらわれている。

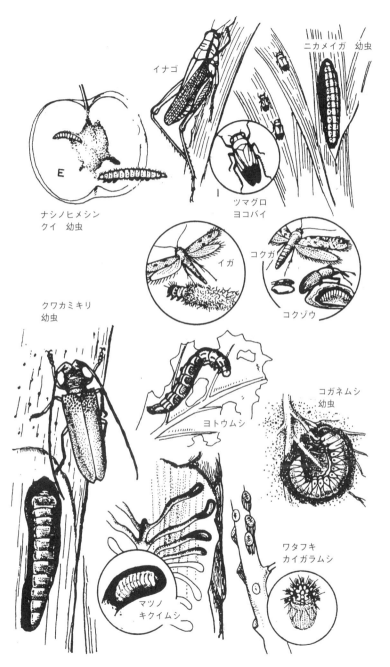

【セミ】蟬

半翅(はんし)目セミ上科に属する昆虫の総称。全世界に約2000種,熱帯地方に多く,日本には30余種いる。前翅は長大。口吻(こうふん)は長くて樹液を吸うのに適する。大部分の種類では雄の腹部に発音器があり,種類によって特有な発音をする。卵は枯枝,ときに生木の幹や果実に産みつけられ,年内または翌春に孵化(ふか)して,地上に落下,地中に入って木の根から汁を吸って成長。地中生活のため幼虫期間の不明なものが大部分で,日本ではアブラゼミとミンミンゼミが約7年を要することが確かめられただけであるが,北米には17年もかかる種類が知られる。成虫の寿命は10日内外で,雄は短命である。大部分の種類は夏に現われるが,春に現われるもの(ハルゼミ)や晩秋に現われるもの(チョウセンケナガニイニイ)もある。

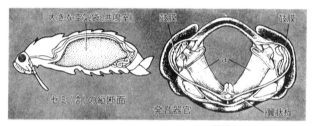

aは鼓膜をふるわせる発音筋

ジュウシチネンゼミ　　　　　　　　　ヒグラシ

ヒグラシ　半翅(はんし)目セミ科の昆虫。体長(翅端まで)雄48ミリ,雌45ミリ内外,雄の腹部は大きな空洞で共鳴室となる。成虫は年1回6月下旬～8月に発生。北海道南端部～九州に分布し,低山地や丘陵地の林間に多い。日の出前と日没時または曇天時にカナカナ……と美しい声で鳴く。

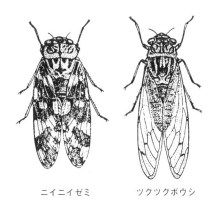

ニイニイゼミ　　　　ツクツクボウシ

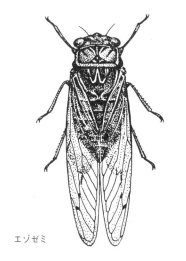

エゾゼミ

セミの抜殻《和漢三才図会》から

ニイニイゼミ　半翅(はんし)目セミ科の昆虫。体長(翅端まで)35ミリ内外、暗黄緑色に黒斑がある。日本全土に普通で、朝鮮半島、中国〜マレー、ボルネオに広く分布する。成虫は6月下旬から出現し9月ごろまでみられる。南西諸島には近縁種が4種、朝鮮半島と対馬には晩秋に現われるチョウセンケナガニイニイがいる。チョウセンケナガニイニイは絶滅危惧Ⅱ類(環境省第4次レッドリスト)。

ツクツクボウシ　半翅(はんし)目セミ科の昆虫。体長(翅端まで)45ミリ内外、暗黄緑色、黒斑がある。北海道南端部〜九州、中国、台湾に分布するが、中部・東北地方の日本海側では局地的に分布。成虫は7月下旬〜10月に現われ、雄はオーシツクツク、オーシツクツクと鳴く。

エゾゼミ　半翅(はんし)目セミ科の昆虫。翅端まで67ミリ内外、だいだい色の紋のある大きなセミで、翅は透明。日本全土、朝鮮半島に分布。山地のアカマツ林に多く、ギーと鳴く。成虫は7〜9月に現われる。松に多いのでマツゼミと呼ぶ地方もある。

ハルゼミ　半翅(はんし)目セミ科の昆虫。マツゼミとも。北海道を除く日本の特産種だが寒冷地にはいない。体長(翅端まで)35ミリ内外。黒色，ときに胸背に暗黄褐色の斑紋が現われる。成虫は4～5月に出現するのでこの名がある。好んで松林にすみ，ゲーゲーと鳴き，合唱する性質がある。

チッチゼミ　半翅(はんし)目セミ科の昆虫。日本産セミ類中の最小種で体長(翅端まで)20ミリ内外。黒色，背面中央に2個の小さい暗黄斑がある。北海道を除く日本の特産。低山地に多く，7月下旬～10月に現われ，チッチッ……と鳴く。北海道には別種エゾチッチゼミがいる。

ミンミンゼミ　半翅(はんし)目セミ科の昆虫。体長(翅端まで)62ミリ内外，黒地に緑紋があるが個体変異が多い。成虫は7月上旬～9月下旬ごろまでに現われ，ミーンミンミンと鳴く。幼虫は約7年間地中で過ごす。日本の特産種で，ほぼ全土に分布。北海道弟子屈町和琴の発生地は天然記念物。寒冷地に多く，西日本では山地に見られる。

クマゼミ　半翅(はんし)目セミ科の昆虫。日本産のセミ類中最大で体長(翅端まで)65ミリ内外。黒色で光沢がある。太平洋側では東京以西，日本海側では福井県以西，台湾・中国～東南アジアに分布する。真夏に現われ，シャーシャーとやかましく鳴く。

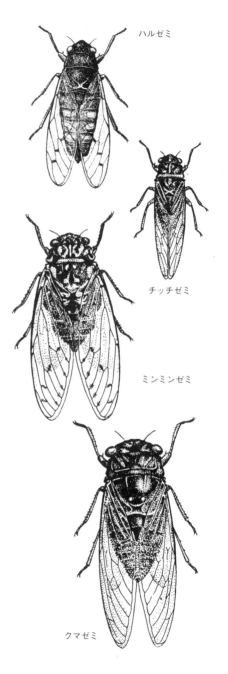

ハルゼミ

チッチゼミ

ミンミンゼミ

クマゼミ

アブラゼミ

アブラゼミ 半翅（はんし）目セミ科の昆虫。翅端まで55〜60ミリ。体は黒〜褐色，翅は不透明な暗赤褐色。7〜8月ごろに多く，ジワジワ……と油をいるような音で鳴く。幼虫は6年間地中で生活し，産卵から7年めに地上に出る。日本全土，朝鮮半島に最も普通。

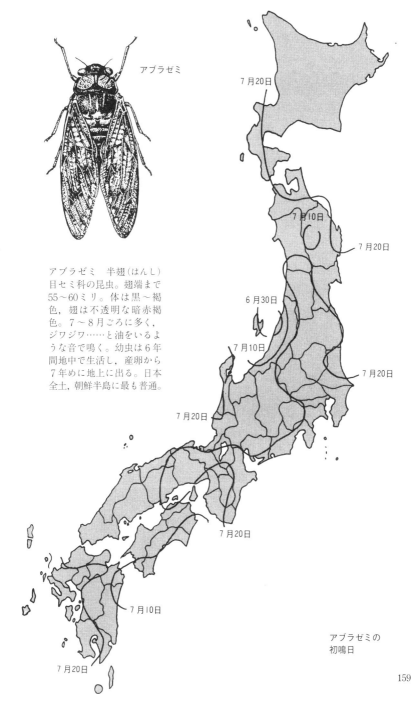

アブラゼミの初鳴日

【 トンボ 】蜻蛉

トンボ目に属する昆虫の総称。不完全変態。成虫は翅を背面に重ねてたたむことができず、飛ぶ時には前後翅が別々に運動する。複眼は大きく、触角はごく短い。雄の生殖器は他の昆虫とは異なり、腹部第2、3節と第9節にあり、特異な姿勢で交尾する。幼虫(ヤゴ)は大部分水生、まれに水辺の湿った泥土中やミズゴケ中にすむものもある。一世代の所要年数は短くて約半年、長ければ数年で、ムカシトンボでは7年を要する。成虫は主として発生地の水辺に生活するが、成熟するまでに移動をする種類が多く、平地と高山を往復するものや、毎年風によって南から北に移動するものもある。前後翅の形がほぼ同様の均翅類、形の異なる不均翅類、その中間のムカシトンボ類とに分けられる。全世界に約5000種、偶産種、飛来種を含め日本に約200種を産する。

トンボの一生

ヤゴ トンボ目の幼虫の俗称。大部分は水生、一部は湿地の泥中にすむ。下唇が長い捕捉器になり普通は顎の下にたたみこまれるが、他の昆虫、オタマジャクシ、小魚などが近づくとこれを伸ばして捕えて食べる。均翅類は腹端にある3枚の気管鰓(さい)で呼吸し、他のトンボ類は体内にある呼吸器で水中の酸素を呼吸する。水中生活の期間は多くは1～2年。

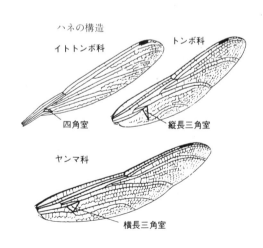

シオカラトンボ　トンボ目トンボ科の昆虫。体長50ミリ内外，雌と未熟な雄は鮮黄色，腹背に2黒条があり，ムギワラトンボと俗称されるが，老熟した雄は白粉で鉛白色になり，シオカラトンボといわれる。日本全土，東アジアに分布し，晩春〜秋に各地に普通。

ムカシトンボ

ムカシトンボ　トンボ目ムカシトンボ科の昆虫。日本の特産。体長50ミリ内外，黒地に黄斑がある。体はサナエトンボに近く，翅の構造はイトトンボに近い。成虫は5〜6月ごろ渓流上に見られ，止まるときには翅を半開にするかまたは全く閉じる。幼虫は渓流の石下にすみ，成虫になるまでに7〜8年を要する。分類上均翅亜目と不均翅亜目の中間に位置する特異なもので，ヒマラヤに1種現存するほかは欧米から化石種が知られるのみ。

サナエトンボ　サナエトンボ科の昆虫の総称。コサナエトンボともいわれ，体長40ミリ内外，黒地に緑黄色の斑紋がある。晩春〜初夏の早苗取りのころに発生するのでこの名がある。日本全土に分布。後者は日本に約30種，いずれも黒地に緑黄色斑があり，オニヤンマに似るが，水平に止まる。

トンボで遊ぶ子供
《都風俗化粧伝》から

ムカシトンボ

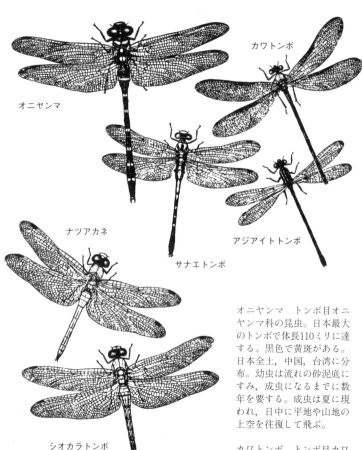

オニヤンマ　トンボ目オニヤンマ科の昆虫。日本最大のトンボで体長110ミリに達する。黒色で黄斑がある。日本全土，中国，台湾に分布。幼虫は流れの砂泥底にすみ，成虫になるまでに数年を要する。成虫は夏に現われ，日中に平地や山地の上空を往復して飛ぶ。

カワトンボ　トンボ目カワトンボ科の昆虫。体長55ミリほど。金緑色で雄は老熟すると白粉を生じる。雄の翅はだいだい色型と透明型とあるが，雌は透明型がほとんど。だいだい色型は地方によって変化がある。晩春〜初夏に小川や渓流のあたりに見られる。カワトンボ科はトンボの中では原始的で，熱帯に種類が多い。日本にはほかにハグロトンボ，アオハダトンボなど。

イトトンボ　トウスミトンボとも。イトトンボ科およびその近似の科に属する昆虫の総称。日本ではイトトンボ科，ヤマイトトンボ科，アオイトトンボ科など27種を産する。小型のトンボで細長く，前後翅はほぼ同形，基部は柄状にくびれる。池沼やゆるい流れの付近に見られる。

アキアカネ

アカトンボ 標準和名はアカネ。トンボ科アカネ属のトンボの総称。中型の種類ばかりで，初夏から発生し，その多くはだいだい色で，晩夏〜秋に老熟し真紅となる。幼虫は池沼や水田で育ち，1年で成虫となる。日本にはアキアカネなど約20種を産する。

《日本人》創刊号の扉

ハッチョウトンボ トンボ目トンボ科の昆虫。日本産トンボ科中の最小種で，体長18ミリ内外。アジア東・南部に広く分布し，日本では本州以南にすむが，局所的。雄はだいだい色，老熟すると赤くなる。雌は黒色で褐色や黄色の斑紋がある。成虫は6〜7月に出現，湿原の沼沢地に多い。名古屋の八丁畷(なわて)に多産したのでこの名がある。

ショウジョウトンボ

ショウジョウトンボ トンボ目トンボ科の昆虫。体長50ミリ内外。雌と未熟な雄の体はだいだい色であるが，老熟した雄は美しい深紅色になる。暖地の種類で，北海道以外の日本〜東洋の熱帯に広く分布。初夏から秋にかけて池沼の周辺に多い。アカトンボ類に似るが，分類上は全く異なる。

ハッチョウトンボ

163

アサガオ（朝顔） ヒルガオ科のつる性一年草で，熱帯アジアの原産といわれる。茎の高さ1〜3メートル，葉ともに細毛があり，葉は互生し深く3裂する。花は葉腋に1〜3個つき，がく片は5枚，漏斗（ろうと）状の花冠で，花色は白，赤，紫など，早朝開花し午前中にしぼむ。奈良時代に唐から輸入され，種子を牽牛子（けんごし）と称し，薬用（下剤）とされていたが，江戸時代以降は一般に観賞用として栽培され，多くの園芸品種が作られている。大輪種のほかに，花型の変化した変り咲き（いかり咲，獅子（しし）咲，キキョウ咲，采（さい）咲，台咲など），葉型の変化したもの（丸葉，トンボ葉，クワ形葉，糸柳葉など）や斑入（ふいり）葉などがある。その豊富な変化性のために遺伝の研究材料にも使われる。栽培は，5月上旬に種子をまき，小苗を鉢に移して仕立てるが，用土，肥料，水やりなどに注意を要する。

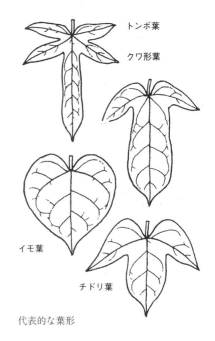

代表的な葉形

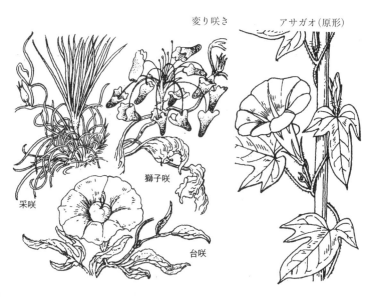

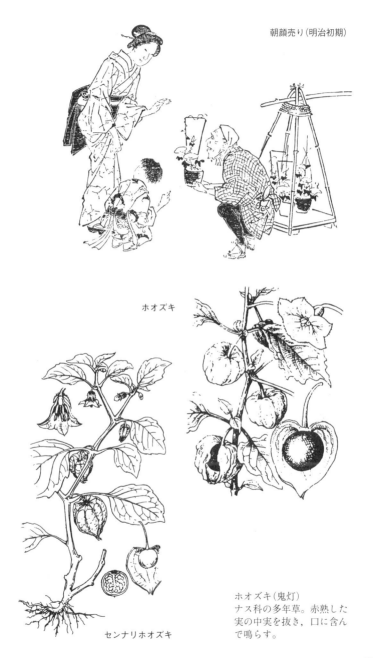

朝顔売り(明治初期)

ホオズキ

センナリホオズキ

ホオズキ(鬼灯)
ナス科の多年草。赤熟した実の中実を抜き、口に含んで鳴らす。

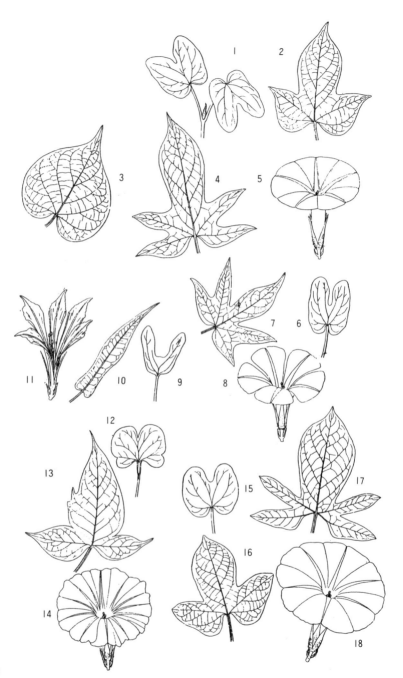

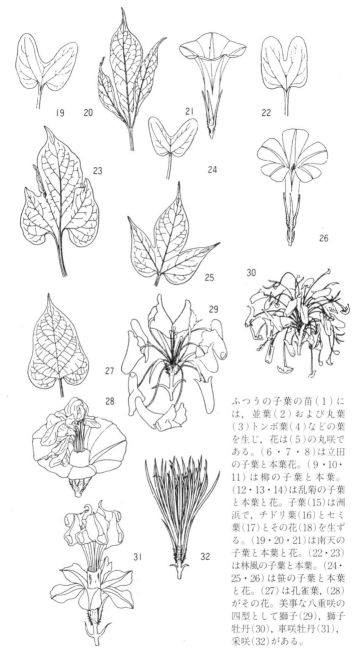

ふつうの子葉の苗(1)には、並葉(2)および丸葉(3)トンボ葉(4)などの葉を生じ、花は(5)の丸咲である。(6・7・8)は立田の子葉と本葉花。(9・10・11)は柳の子葉と本葉。(12・13・14)は乱菊の子葉と本葉と花。子葉(15)は洲浜で、チドリ葉(16)とセミ葉(17)とその花(18)を生ずる。(19・20・21)は南天の子葉と本葉と花。(22・23)は林風の子葉と本葉。(24・25・26)は笹の子葉と本葉と花。(27)は孔雀葉、(28)がその花。美事な八重咲の四型として獅子(29)、獅子牡丹(30)、車咲牡丹(31)、采咲(32)がある。

フナと各種のキンギョとの
系統と交配関係

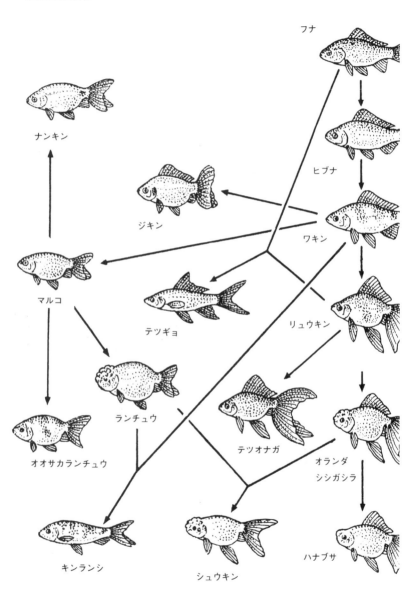

キンギョ（金魚） フナを観賞用に改良した飼育品種。原産地は中国。晋代に赤いフナが発見されたのが最初で，宋代から飼育され始めたといわれる。日本には室町時代に明から輸入されたのが始まり。交雑や突然変異の結果，多くの品種ができた。おもな特徴は，体色は赤や黄だいだいを基色とすること，ひれの形や長さが変化に富むこと，脊椎骨が前後に萎縮して体形が変わっているものや頭部に肉瘤をもつものがあることなどである。

孵化(ふか)直後は無色で，成長とともにメラニン色素が増加して青黒色となり，さらにこれが退色して成体に近い色となる。有名な品種はリュウキン，デメキン(出目金)，ランチュウ，シュブンキン，テツギョ(鉄魚)，オランダシシガシラ，ワキン(和金)，キャリコ，チョウテンガン(頂天眼)など20余種ほど。観賞魚として最も一般的である。キンギョの養殖は，奈良県大和郡山市，愛知県弥富市，東京都江戸川等が著名。

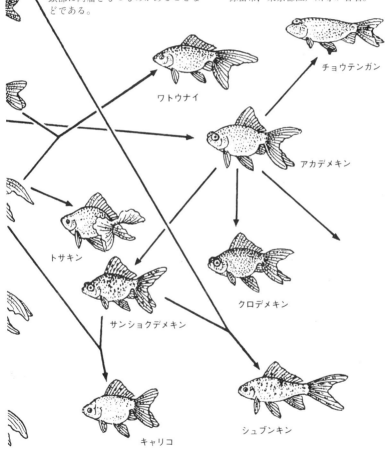

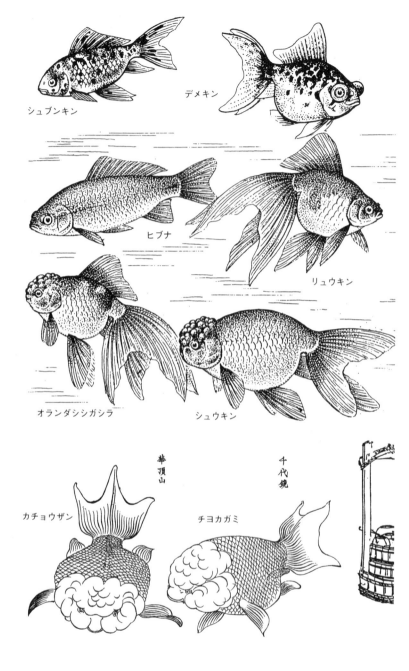

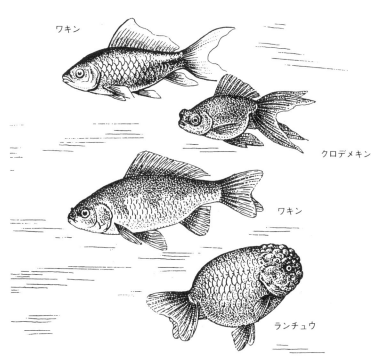

天満天神金魚屋《日本風俗図会》から

金魚売り

【蚊帳】かや

カを防ぐためのおおい。釣蚊帳,ほろ蚊帳,寝台用蚊帳等がある。釣蚊帳が一般に普及したのは室町以降で,当初は天井からつるした井げた形の竿(さお)に,布の上部につけた乳(ち)を通してつったが,のち四隅(すみ)に環のついたつり手をつけるようになった。材料は麻が主で,近江(おうみ),大和,越前等が主産地であった。

除虫菊(じょちゅうぎく) シロバナムシヨケギクとも。西アジア～南欧原産のキク科の多年草で,日本には明治初年に渡来した。高さ30～60センチ。初夏,茎頂に頭花をつける。舌状花は白色,中央の筒状花は黄色で,径3センチ内外。花を乾燥したものを除虫菊花といい殺虫成分ピレトリンを含むので蚊取線香や農薬の原料とする。

蚊帳と蚊帳売り《守貞漫稿》から

《婦人泊り客之図》
喜多川歌麿

ジョチュウギク

蚊取線香(かとりせんこう) カの防除を目的として作られた多くは渦巻(うずまき)状の燻煙(くんえん)剤。有効成分はピレトリン。除虫菊粉または合成ピレトリンに賦形剤として木粉, デンプン等を加えてつくる。なおマット状のパルプなどに有効成分をしみこませたものや液状の有効成分を弱い電熱で暖める電気蚊取器もある。

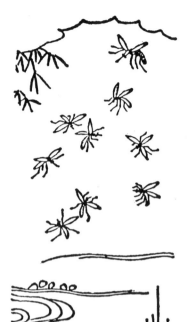

カ（蚊） 双翅（そうし）目カ科に属する昆虫の総称。多くの種類があり，日本には100種以上いるが，衛生害虫と考えられるものはそのうち5分の1くらい。一般に雌だけが吸血するが，雌雄共に全く吸血しないもの，カエル，イモリなどを吸血するものもある。卵は長さ1ミリたらずのものが多く，幼虫（ボウフラ）は汚水やため水などにすみ，4回脱皮して蛹（オニボウフラ）になる。成虫は主として夏に現われ，ヤブカ類のように昼間活動するものと，ハマダラカ，イエカ類など夜間活動するものとがある。吸血に際し，日本脳炎（コガタアカイエカ），マラリア（ハマダラカ）など種々の伝染病を媒介する種類も多い。

イエカ 双翅（そうし）目カ科の昆虫のうち，イエカ属の総称。黄茶色または赤茶色。雌は夜間吸血性，幼虫は汚水中にすむ。アカイエカ，コガタアカイエカなどが代表種。日本脳炎などの伝染病や風土病を媒介する種類が多い。

アカイエカ 双翅（そうし）目カ科の昆虫。体長5.5ミリ内外，暗黄褐色。幼虫は下水，水たまりなど汚水を好み，清水にはすまない。成虫は晩春から初秋にかけて現われ，夜間人畜を吸血するが，一部は成虫で越冬する。吸血に際し，日本脳炎やフィラリア症を媒介する。分布は日本全土，朝鮮半島，中国。

卵 ハマダラカ(左)とイエカ

ボウフラ
ハマダラカ(上)とイエカ

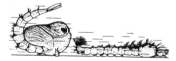

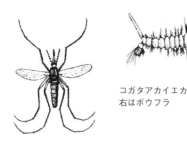
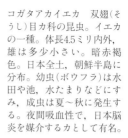

コガタアカイエカ
右はボウフラ

コガタアカイエカ 双翅（そうし）目カ科の昆虫。イエカの一種。体長4.5ミリ内外、雄は多少小さい。暗赤褐色。日本全土、朝鮮半島に分布。幼虫（ボウフラ）は水田や池、水たまりなどにすみ、成虫は夏〜秋に発生する。夜間吸血性で、日本脳炎を媒介するカとして有名。

アカイエカ

ヒトスジシマカ

ハマダラカ アノフェレスとも。双翅（そうし）目カ科ハマダラカ属の昆虫の総称。熱帯地方に多く、日本にはシナハマダラカなど10種ほどがいる。翅に黒白の斑紋があり、吸血時に口吻（こうふん）と体が一直線になり皮膚面に対して一定の角度を保つ点で他のカ類から見分けられる。幼虫は水田、池沼、小川などにすみ、水面と平行して浮かぶ。成虫はマラリアの病原菌を媒介するので有名。

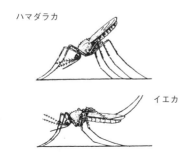

ハマダラカ

イエカ

ヤブカ 双翅（そうし）目カ科ヤブカ属に属する昆虫の総称だが、一般には草むら、山野で刺しにくるカの総称。日本に40余種あり、ヒトスジシマカ（シマカ）、トウゴウヤブカ、オオクロヤブカなどで代表される。成虫は日陰の草むらに多く、雌は主として昼間かたそがれ時に吸血する。幼虫は普通、たまり水に発生するが、オオクロヤブカは肥だめ、キンイロヤブカは水田に発生する。卵塊は作らず、卵で越冬する種類が多い。

【浴衣】ゆかた

近世以前,蒸風呂での入浴の際着用した麻の湯帷子(ゆかたびら)の略。江戸時代以後現在のように裸体で入浴するようになって,浴後に着る木綿の単(ひとえ)を浴衣というようになり,暑中の外出にも用いられるようになった。白地または藍(あい)地の鳴海(なるみ)絞や中形などが多く用いられる。

細川染(ほそかわぞめ) 和服の模様染の一種。多く浴衣(ゆかた)地にするため細川中形ともいう。注染の工程を2度繰り返し2色染にする。藍(あい)の濃淡に染めることが多い。江戸時代に九州の細川家が諸事に慎重なのにちなみ,2度繰り返すところから名付けられたという。

上　浴衣の柄
左から竪枠波　菖蒲革　変り朽木

中形(ちゅうがた)　和服の染模様の一種。小紋に対し中形の型紙で染めたものであるが、江戸時代木綿地に藍(あい)で染め、おもに浴衣(ゆかた)としたため、模様の大小に関係なく浴衣地の通称となっている。長板(ながいた)中形は型付用の捺染(なっせん)板を用いる伝統ある染め方。注染中形は手拭(てぬぐい)中形ともいい布を折りたたんで型付けし注染する。地色を白にして模様を出すのを地白中形、逆に模様を白く出すのを地染中形、2度注染して二色染するのを細川中形(細川染)という。

湯女

左ページ　浴衣の染
上左　長板本染中形
上右　注染差分け中形
下左　愛知県有松鳴海絞
下右　二度染中形(細川染)

【 夏至 】げし

太陽が夏至点を通過する時。毎年6月21日ころ。太陽は最も北(北回帰線上)にかたより，北(南)半球で一年中で昼(夜)が最も長くなる。冬至の対。この日欧州では夏至の火をたき，燃える輪をころがして衰え始める太陽の力を引き戻そうとし，綱引や模擬戦をして夏と冬，善と悪の闘争を象徴する。古代ローマでは平民や奴隷の歓楽の祭日であり，英国や北欧では恋の祝祭日であった。また魔女や妖精などの超自然的存在が地上に姿を現わし，水や草花が異常な呪力(じゅりょく)をもつ日で，水浴や舟遊びなども行われた。キリスト教会はこの民俗的な水の儀礼を洗礼者ヨハネに結びつけ，夏至をヨハネ祭(6月24日)，前夜祭(23日)として祝う。

太陽に住むという金烏

右ページ 蒲焼屋
上 明治初期 下 江戸時代

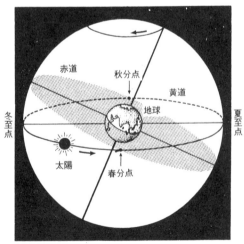

季節 地球の赤道面と黄道面とは約23度30分傾いているので年間を通じて太陽の位置が少しずつ移動し，四季の変化が生ずる。

【 土用 】どよう

雑節の一つ。1年に4回あり,立夏の前18日間を春の土用といい,以下,立秋,立冬,立春の前の各18日間をいう。しかし普通は夏の土用をさし,土用干しをしたり,土用餅を作る。また土用の丑(うし)の日にウナギを食べると暑気にあてられないといい,ウリ,うどんなど「う」の字のつく物を食べるところもある。

瀬田鰻

ウナギ 下は変態の順
レプトケファルスからハリウナギまで

ウナギ(鰻) ウナギ科の魚の総称,またはそのうちの1種をさす。円筒状で全長40〜50センチ。小鱗は皮膚に埋まる。体色は環境によって異なるが,ふつう暗褐色で腹面は銀白色。日本〜中国に分布するが,本州中部以南の太平洋岸,朝鮮半島西部などに多い。欧州産と米国産のウナギの産卵場はバーミューダ諸島南東のサルガッソー海,水深300〜500メートルのところであることが判明している。幼生はレプトケファルスで,変態して親と同形のシラスウナギになり,2〜5月群をなして川を上る。ふつう8年ほど淡水生活をして成熟し,産卵のため海に下る。蒲焼(かばやき)として賞味され,重要な養殖魚である。

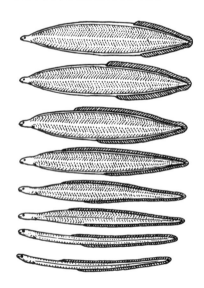

饂飩(うどん)　麺(めん)類の一種。小麦粉に塩を少量加え，水でこねて薄く打ちのばして細く切る。熱湯でゆで，これを煮汁に入れたかけうどん，油揚とネギを入れたきつね，てんぷら，かまぼこなどを入れ小さな土なべで煮るなべ焼うどんなどがある。また乾燥した干うどん，幅を広めに作ったひもかわ(碁子麵(きしめん))，細めに作った冷麦(ひやむぎ)，素麺(そうめん)などがある。

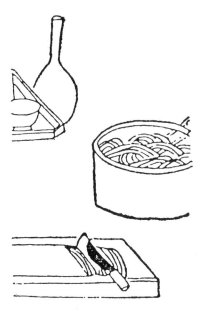

《和漢三才図会》のうどんの図

ウリ(瓜)　キュウリ，マクワウリ，メロンなど，ウリ科キュウリ属の植物の果実の通称。広義にはスイカ属，ユウガオ，ヘチマ属，カボチャ属なども含む。また日本原産のものには，カラスウリ属，食用にはならないがスズメウリ属，ゴキヅル属などがある。

マクワウリ

マクワウリ　インド～中央アジア原産といわれるウリ科の一年草。高温乾燥を好み，栽培は容易，日本でも古くから栽培されていた。茎はつる性で巻きひげがあり，葉は互生しハート形で浅い切れ込みがある。花はふつう雌雄異花で黄色。雄花は花柄上に2～5個集合して着き，雌花は孫づるの1～2節目に着生。液果は球形または長円形で表皮は平滑。夏，淡緑色，黄緑色，白色などに熟す。果実を生食。

【ホタル】蛍

ホタル科およびその近縁の科に属する甲虫の総称。特に発光する種類をさす場合もある。甲虫類としては前翅や体がやわらかく，雌では全く翅のない種類もある。幼虫，成虫ともに腹端に発光器があるが，成虫が昼間活動する種類では発光器は退化。幼虫は普通，暗く湿った場所にすみ，カタツムリ類を食べるが，水中にすむものもある。発光は発光細胞内にあるルシフェリンとルシフェラーゼが酸素と作用して起こり，完全な冷光。幼虫や蛹（さなぎ）の発光は明滅しないが，成虫は明滅し，光り方は種類によって異なる。全世界に約2000種あり熱帯に多い。日本には約50種，そのうち発光するのはゲンジボタル，ヘイケボタルなどの数種に限られる。

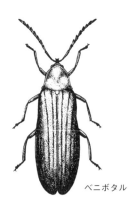

ベニボタル

ヘイケボタル　ホタル科の甲虫。日本全土，千島，朝鮮半島，中国東北，シベリア東部に分布。体長9ミリ内外。黒色，前胸背は桃赤色，中央に黒条がある。腹端の2節（雄），または1節（雌）が発光する。幼虫は水田や沼などにすみ，成虫は7〜8月に発生。発光はゲンジボタルより弱く，明滅する間隔も長い。

明治のころの蛍狩の様子

胸部

ヘイケボタル　　ゲンジボタル

ゲンジボタル

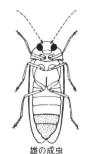

幼虫　　さなぎ　　雄の成虫

ゲンジボタルの一生

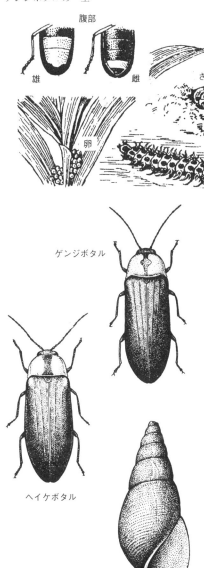

ゲンジボタル ホタル科の甲虫。体長15ミリ内外。黒色で胸は赤い。本州〜九州、対馬に分布。卵、幼虫、蛹（さなぎ）、成虫ともに発光する。成虫の発光器は雄では第6，7節に，雌では第6節だけにある。幼虫は清流中にすみ，カワニナなどを食べる。成虫は5月下旬〜6月下旬に現われる。近年農薬により激減した。発生地のうち滋賀県米原市長岡（特別天然記念物）などが有名。

カワニナ カワニナ科の巻貝。高さ3センチ。幅1.2センチくらい。殻は黄緑色または黄褐色だが，多くはよごれて黒色。成貝は殻頂部がとれてなくなっているものが多い。北海道南部〜台湾，朝鮮半島の河川湖沼などにすむ。卵胎生。ホタルの幼虫の餌になる。また，ハイキュウチュウの第1中間宿主。近似種にチリメンカワニナ（関西），ヒタチチリメンカワニナ（関東）など。

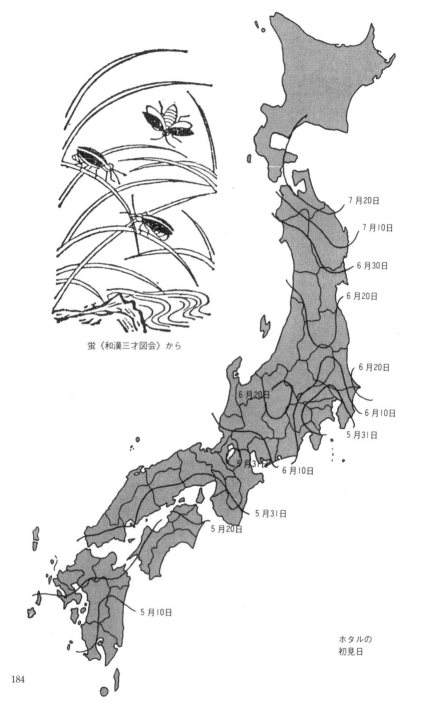

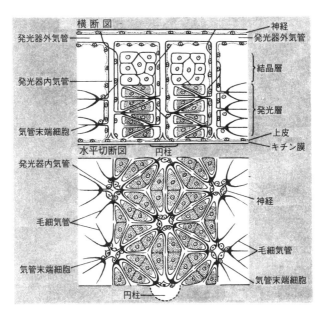

ホタルの発光器

ハダカイワシ

【 生物発光 】
せいぶつはっこう

生物体による発光現象。酸化発光の一種で，ルシフェリンがルシフェラーゼの触媒作用によって酸素またはATPと結合する際に光子を放出して，光を生じる。色は黄，緑，青が多く，ほとんど完全なルミネセンスである。ヤコウチュウ，ホタルイカ，ウミホタル，ホタル，マツカサウオなどおもに動物に多く，細菌類，さらにツキヨタケ，ナラタケなどの植物にみられる。自分で発光するもののほかに発光細菌の寄生によるものも少なくない。

ハダカイワシ　ハダカイワシ科の魚の総称。すべて深海性。豆電球のような発光器を体表にもつ。個体数が多く，夜間に浮上するものもあって，魚類や海獣の食物として水産上重要。概して全長20センチ以下の小魚が多い。この科の一種であるハダカイワシは全長20センチ，体は淡黒色で下顎に3個の黒い横帯がある。相模湾などで多量に漁獲されることがあり，惣菜（そうざい）用のほか，はんぺんの材料にされる。

ホタルイカ　軟体動物ホタルイカモドキ科。形はスルメイカに似て、体長は5センチくらい。全身に無数の発光器をもつ。日本海全域、北海道以南～熊野灘の200～1000メートルの深海に生息し、5月ころの産卵期には海岸近くに来遊。特に富山湾の大群の来遊は有名で、魚津市の群遊海面は特別天然記念物。惣菜（そうざい）用。

ヤコウチュウ（夜光虫）　渦鞭毛植物門ヤコウチュウ科の原生動物。体は球形で直径1～2ミリ内外。原形質が中心部から周囲に向かって網目状に伸びる。色素体はなく、鞭毛が1本と触手が1本。波などにゆられるとその刺激で発光するためこの名がある。日本近海に最も普通なプランクトンの一種。春～初夏に異常増殖して赤潮をおこすことがある。

ウミホタル　ウミホタル科の甲殻類。2枚のキチン質でできた半透明の殻をもち、殻長8ミリ、体長3ミリくらい。本体は殻の中に収まるがエビに似ている。夏～秋に海岸近くに現われ、上唇（じょうしん）部から分泌された発光物質は海水に触れると青白く光る。太平洋沿岸の浅海に分布。

ヒカリボヤ　尾索網ヒカリボヤ科の原索動物。群体で海面を浮遊し、発光する。群体は20センチくらいになり透明。個虫は3～8ミリくらい。

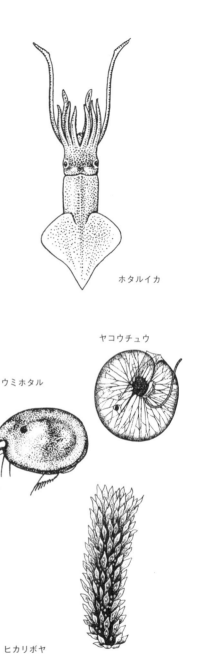

ホタルイカ

ヤコウチュウ

ウミホタル

ヒカリボヤ

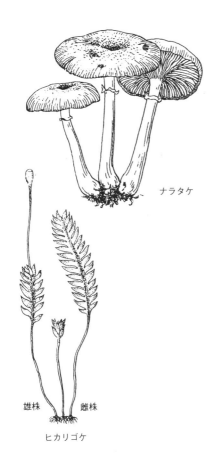

ナラタケ

雄株　雌株

ヒカリゴケ

ナラタケ　キシメジ科のキノコ。世界に広く分布し、日本ではナラなどの広葉樹の根元に群生する。かさは径5〜15センチ、ほぼ平らに開き、飴色から黄褐色、はじめ中央部に鱗片があるが後に平滑となる。ひだは白色、柄につばがある。食用菌であるが、林木を腐朽させる害菌でもある。菌糸の束は黒色の針金状で、若い時は発光する。

ヒカリゴケ　ヒカリゴケ科の微小なコケ植物蘚類。本州中部以北の洞穴や大木の根元など、薄暗いところに生育。糸状の原糸体はほぼ球状の細胞からなり、各細胞がレンズのように弱光を反射し、全体としてかすかなエメラルド色に光る。生長した植物体は光を反射せず、白緑色で高さ約1センチ。埼玉県東松山市吉見町の吉見百穴のヒカリゴケ発生地、長野県佐久市の岩村田ヒカリゴケ産地、東京都千代田区の江戸城跡のヒカリゴケ生育地は天然記念物に指定。

マツカサウオ

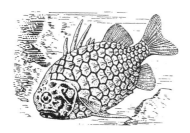

マツカサウオ　マツカサウオ科の魚。地方名シャチホコ、ヨロイウオ、エビスなど。全長15センチ内外。鱗が堅くて大きく甲を形成する。下顎の先端近くには発光バクテリアが寄生した発光器が1対。本州中部以南、フィリピン、インド洋を経て、南アフリカにまで分布。かなり美味。かまぼこ原料にもなる。

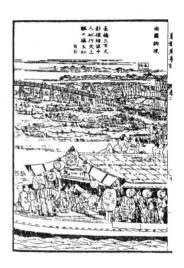

江戸時代の納涼, 川開きの様子
上は《東都歳事記》から

川開き（かわびらき） 納涼季節の開始を祝う行事。花火をあげるなど各地で行われる。特に東京両国の川開きが名高く盛大をきわめた。もと旧5月28日～8月28日が隅田川の夕涼みで，その初日の川開きには，屋形船などがこぎ出され，玉屋，鍵屋が大花火や仕掛花火を打ち上げた。

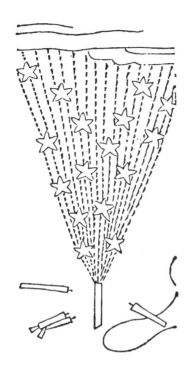

花火(はなび) 火薬類の燃焼,爆発の際に発する光,火花,火の粉,音響,煙などを観賞するためにつくられた火工品。構造や用途により,打上花火,仕掛花火,玩具(がんぐ)花火(吹出し,線香花火,ねずみ花火,かんしゃく玉など)に大別される。打上花火は打上筒により発射され上空で点火するもので,菊花などの円形の模様を表わす割物(わりもの)と,二つに割れて発光剤,発煙剤などをパラシュートでつり下げたりするポカ玉(吊物)に分けられる。日本ではふつう球形の紙製の殻で包む。仕掛花火には,色火剤を紙管に詰めたものを並べておき一瞬のうちに点火して図形や文字を表わす枠(わく)仕掛,火の粉を高所から降らせる滝仕掛,次々に星を打ち出す乱玉など各種のものがある。中国では宋代ごろから,ヨーロッパでは14世紀後半のフィレンツェで行われたのに始まるという。日本に伝わったのは16世紀半ばの鉄砲伝来の後だが,江戸時代に盛んになり,両国の川開きなどの呼び物になって,花火の技術も独特の発達をみた。

打上花火の構造
左は割物,右はつり物

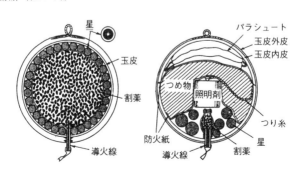

【 クラゲ 】水母

刺胞(しほう)動物と有櫛(ゆうしつ)動物のうち、浮遊生活に適するクラゲ型の動物の通称。ハチクラゲ、ヒドロクラゲ、クシクラゲ類に分けられる。マミズクラゲなどの少数の例外を除き、普通は海生。体の大部分が無色透明の寒天質で、椀(わん)を伏せたような形のものが多い。下縁には触手が並ぶ。主食は小型の動物プランクトン。普通、雌雄異体で、卵は付着生活をするポリプを経て、無性生殖的に出芽によってクラゲになる。クシクラゲ類は雌雄同体で、ポリプの時期をもたない。エチゼンクラゲ、ビゼンクラゲなどは食用。刺胞毒はタラシンとコンゲスチンで、刺されるたびに抵抗性が弱くなって敏感になり、人命にかかわる場合もある。

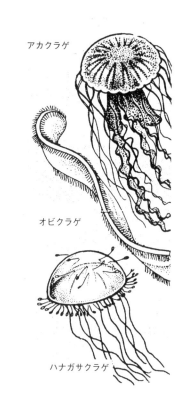

土用波(どようなみ) 夏の土用ごろ日本の太平洋岸に起こる大波。遠方海上の台風によって起こされたうねり。

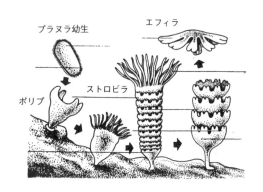

ミズクラゲの無性世代

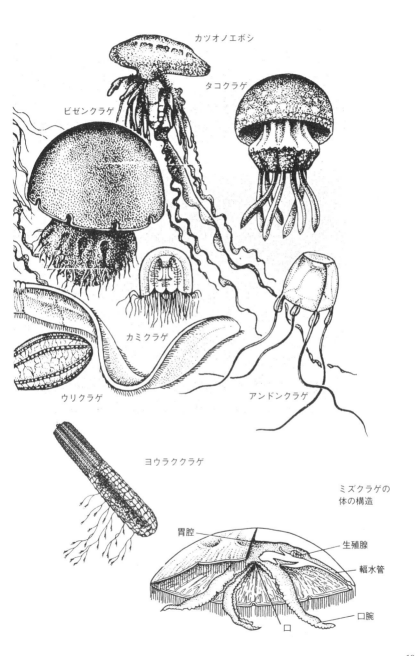

カツオノエボシ　刺胞(しほう)動物カツオノエボシ科。暖海性のクラゲの一種で，直径10センチ内外のコバルト色の浮袋(気胞体)が水面上に浮かび，その下にそれぞれ特殊化した個体が集まって群体をつくる。触手の毒性は強く，刺されると皮膚が火ぶくれのようになって非常に痛い。俗に電気クラゲともいう。

ビゼンクラゲ　刺胞(しほう)動物ビゼンクラゲ科。傘は半球状で直径20〜30センチ，ときに100センチに及ぶ。寒天質は厚くて堅い。8本の口腕には多くの付属器と触手がある。有明海，瀬戸内海，黄海，東・南シナ海に産する。かつて瀬戸内海でたくさんとれた。食用。

カミクラゲ　刺胞(しほう)動物タマウミヒドラ科。傘は釣鐘状で高さ10センチ，直径6センチくらい。淡緑色で透明。傘の全縁から触手がたれ下がり，頭髪のようなのでこの名がある。クラゲ類中，体の構造が最も発達している。日本特産で，本州〜九州沿岸の内湾に冬〜春に見られる。

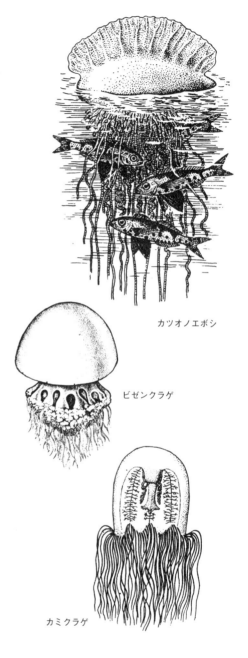

カツオノエボシ

ビゼンクラゲ

カミクラゲ

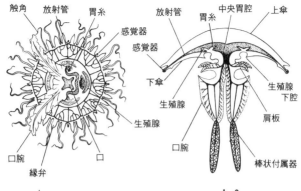

旗口クラゲの腹面 / 根口クラゲの縦断面

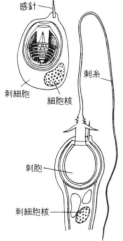

刺細胞と発射の状態(右)

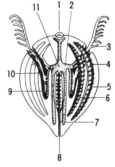

クシクラゲの一般体制
1. 感覚器 2. 水管系 3. 触手 4. 櫛枝
5. 卵巣 6. 精巣 7. 口道 8. 口
9. 触手根 10. 触手鞘 11. 胃

ハチクラゲの放射体制
1. 間輻 2. 口腕 3. 触手 4. 縁弁
5. 感覚器 6. 主輻

刺胞(しほう) 刺胞動物(クシクラゲ類を除く)の体表(特に触手)や胃腔内面にある特別な構造物。これがあるため腔腸動物は刺胞類とも呼ばれる。刺細胞内で形成、保持され、主としてケラチン様の繊維性タンパク質からなるものとされる。餌になる動物などが触手や体壁に触れると、この刺胞から毒性をもった刺糸がとび出して、相手の体に刺さる。カツオノエボシは刺胞の毒性が特に強い。

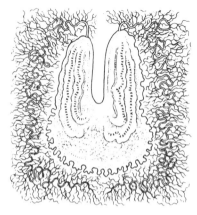

コトクラゲ　有櫛(ゆうしつ)動物有触手綱。体長10〜14センチ，幅6〜9センチでU字形。左右の突起の先端の孔から羽状の触手を出す。体色は黄・乳白・淡紅と変異があり，濃紅のいぼ状突起をもつものもある。泳ぐ能力がなく，体の溝の内側でウミエラなどに付着して生活する。

コトクラゲ

ミズクラゲ　刺胞(しほう)動物ミズクラゲ科。傘は円盤状で平たく，直径は20〜30センチ。寒天質は柔らかい。傘の縁には短い触手が密生。日本近海に最も普通な種類で，冬〜夏に湾内などによく出現する。利用価値はない。雌では褐色あるいは紫色の4個の生殖腺をもち，その形からヨツメクラゲの名もある。

ミズクラゲ

オビクラゲ

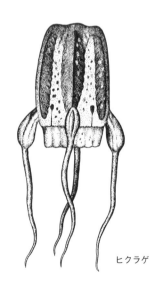

ヒクラゲ

エチゼンクラゲ

アカクラゲ

アンドンクラゲ

エチゼンクラゲ　刺胞（しほう）動物ビゼンクラゲ科。傘は半球状で直径1メートル，重さ150キロにもなる。寒天質は厚くてかたい。淡褐色で傘の縁は褐色。朝鮮半島の南岸や中国の沿岸に産し，海流にのって夏には日本海を北上，北海道まで分布する。タイの釣餌に用い，食用にもする。

アンドンクラゲ　イラ，タコテレレンとも。刺胞（しほう）動物アンドンクラゲ科。傘は立方形で無色，高さ3〜3.5センチ。寒天質は薄いがかたい。4本の触手は傘の倍くらいの長さで淡紅色。触手の刺胞には毒があって刺されると痛い。8〜9月に日本各地および台湾沿岸に見られる。

アカクラゲ　傘の模様からレンタイキクラゲともいう。刺胞（しほう）動物オキクラゲ科。傘の直径は9〜12センチ，半球状で表面に16本の赤褐色のしまがある。本州〜台湾に分布。触手には強い毒をもった刺胞があり，人を刺す。小魚などを捕えて食べる。

ギンカクラゲ
a.全体（頂面図）　b.小栄養体
c.生殖体　d.感触体

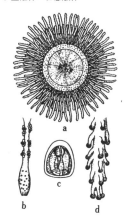

【 海水浴 】かいすいよく

近代の海水浴は18世紀後半英国のR.ラッセルがその医療効果を宣伝してブライトンの海岸に施設をつくり，実行したのが始まり。日本では1881年に医師後藤新平が愛知県千鳥ヶ浜に最初の海水浴場を開き，以後庶民の夏のレクリエーションとして普及した。

あおり足

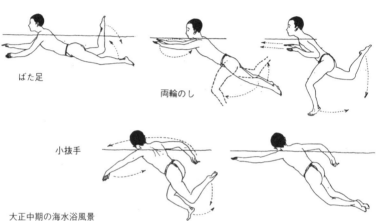
ばた足　　両輪のし　　小抜手

大正中期の海水浴風景

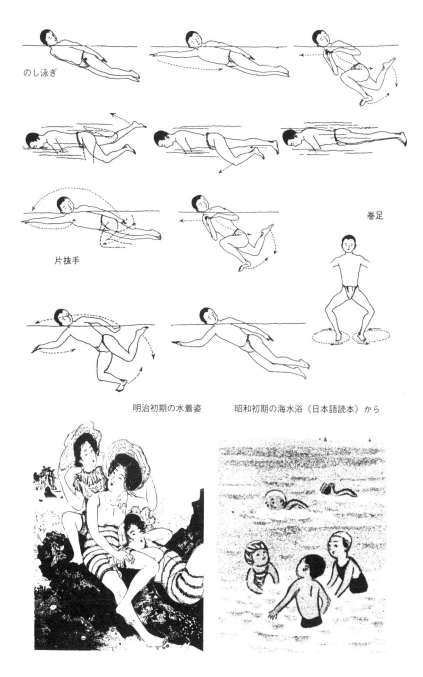

のし泳ぎ

片抜手

巻足

明治初期の水着姿　　昭和初期の海水浴《日本語読本》から

【盆】ぼん

7月15日を中心に行われる祖先の霊をまつる行事をいい、盂蘭盆（うらぼん）の略語とされるのが通説だが、日本各地の行事の中には仏教以外の古い信仰の形をとどめているものが多い。死者、精霊を「みたま」としてまつるだけでなく、現存の親を「いきみたま」とし、魚をとって供え、もろこいはい、生盆（いきぼん）、ぼんざかななどと称する。「ぼん」とは、これらをのせて供した器の名に由来するともいわれる。また、盆の期間も6月晦日から7月16日までの長い間だったと考えられ、正月行事に匹敵する大切な行事であった。

盆棚　上は室内の飾り

切子灯提
左　《守貞漫稿》から
右　《和漢三才図会》から

盆踊（ぼんおどり）　盂蘭盆（うらぼん）の7月15日を中心に，老若男女が大勢参加して，広場や道路でおどる踊り。盆に訪れてくる精霊を迎えて慰め，送る風習（神送り）に発した踊りと考えられている。踊りの形式は念仏踊から出て，小町踊や伊勢踊などの影響を受けたものとされる。全国的に分布するが，形態はさまざまである。

盂蘭盆（うらぼん）　サンスクリット語ウランバーナ（倒懸）の音訳で，7月15日を中心に死者の霊をまつる行事。インドで夏安居（げあんご）の終わった日，死者がうけるさかさづりの苦悩を払うため供養したのが起源。現在では各地で種々の行事がある。

盆市《東都歳事記》から

【夏鳥】なつどり

春に越冬地から渡来して繁殖し秋に去るもので，日本ではツバメ，ホトトギス，カッコウ，オオルリ，ブッポウソウなど。

ツバメ(燕)　ツバメ科の鳥。翼長11センチ。翼は大きくて尾羽も長く叉(また)状。背面は光沢のある藍黒色，腹面は白い。ユーラシア大陸，北米大陸に広く分布・繁殖。日本には夏鳥として渡来し，全国各地の人家の軒先などに泥と唾液(だえき)で巣を作る。飛んでいる昆虫を主食とし，古来益鳥として保護されている。冬は南方へ去るが，浜名湖畔など各地で越冬するものも知られる。近縁のコシアカツバメは西日本に多い。

コシアカツバメ

イワツバメ

ハリオアマツバメ

カッコウ(郭公)　カッコウ科の鳥。カッコーカッコーと鳴くのでこの名がある。翼長22センチ。背面は灰青色，尾は長く暗色で白斑が並ぶ。ユーラシア大陸の中南部およびアフリカ南部で繁殖。日本には九州以北に夏鳥として渡来し，繁殖。冬は南方へ去る。ガの幼虫を好んで捕食。自分で巣を作らずオオヨシキリ，ホオジロ，モズ等に托卵し，ひなを育てさせる。

アマツバメ　アマツバメ科の鳥。翼長18センチ，ツバメに似るが，翼が長く，腰は白い。シベリア東部，中国，台湾，ヒマラヤなどで繁殖し，冬は南へ渡る。日本には夏鳥として渡来し，全国の高山や海岸の断崖の割れ目などに営巣。空中を飛びながら昆虫をとる。飛翔(ひしょう)速度は速い。

カッコウ

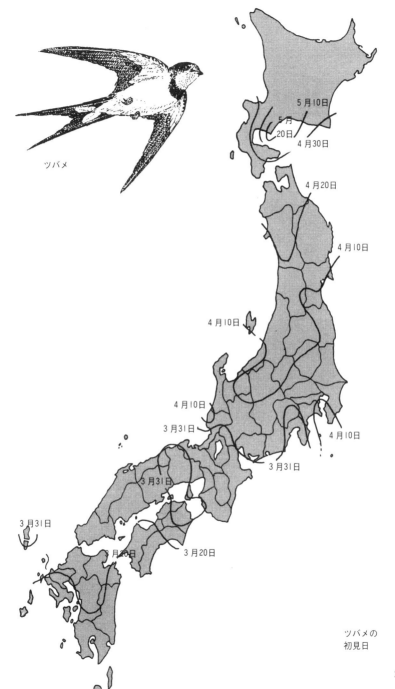

アカショウビン

アカショウビン カワセミ科の鳥。翼長12.5センチ。日本，朝鮮半島，東南アジア等に分布。日本では全国に夏鳥として渡来し，低山の川沿いの森林で繁殖する。巣は枯木の穴などに作られる。カエル，魚を食べ，キョロロロロと大声で鳴く。

オオヨシキリ

ヨシキリ ヨシキリ科の鳥。日本にはオオヨシキリ（翼長8.5センチ），コヨシキリ（翼長5.5センチ）の2種が夏鳥として渡来。両種とも背面は淡褐色で腹面は黄白色，水辺のヨシ原，低地〜山地の草原にすみ，椀形の巣を作る。本州中部以南に多いのはオオヨシキリで，繁殖期にはヨシなどに止まってギョッ，ギョッとさえずるためギョウギョウシ（行々子）の名があり，またカッコウの仮親としても知られる。

メボソムシクイ

ヨタカ

ヨタカ ヨタカ科の鳥。翼長21センチ。全体褐色で黒，褐色，灰，黄褐色などの不規則な斑紋がある。アジア東・南部に分布。日本には夏鳥として渡来し，九州以北の低地〜山地の林で繁殖する。巣は作らず，草原などの地上に2卵を産む。夜行性で夕方から活動し，飛びながらコガネムシ，ガなど大型の昆虫を捕食。日中休むときには木の枝に並行してとまる。キョキョキョ…と続けて鳴く。

ホトトギス

ホトトギス（杜鵑，不如帰）カッコウ科の鳥。翼長16センチ，尾羽は長く13センチほど。背面は石盤灰色で腹面が白く，暗褐色の横斑が並ぶ。中国，ヒマラヤ，スマトラ，ボルネオ，スンダ列島等に分布。日本には夏鳥として全国に渡来し，低地～山地の林に単独で生活。渡りのときは市街地にも姿を現わし，「テッペンカケタカ」と聞こえる声で繰り返し鳴く。チョウやガの幼虫を主食。自分では巣を作らず，おもにウグイスの巣に托卵する。

ホトトギスの初音《東都歳事記》から

ムシクイ　ムシクイ科の鳥。ウグイスに似た形や色彩をもち，翼長6～7センチ。アジア中・北部で繁殖する。日本には夏鳥として渡来し，北海道，本州，四国に分布。メボソムシクイは亜高山帯の針葉樹林に多く，チョリチョリと鳴く。より低山にすむセンダイムシクイはシッピチジー，エゾムシクイはヒーツーキーと鳴く。渡りの時には市街地でもさえずりをきく。おもに樹上で生活し，昆虫を主食。巣は地上のくぼみに作られる。

ブッポウソウ

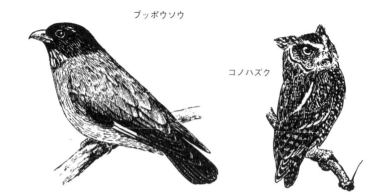

コノハズク

ブッポウソウ　ブッポウソウ科の鳥。翼長19センチ。くちばしと脚は赤く、体は青緑色。アジア東・南部に分布し、北方のものは冬、南へ渡る。日本には本州、四国、九州に夏鳥として渡来。低地～低山の林にすみ、木の穴を巣とする。ギッギッゲゲゲッと飛びながら鳴く。セミ、コガネムシ等大型昆虫を捕食。和名は仏法僧の意だが、ブッポーソーと鳴く鳥はコノハズクであることが1935年判明した。絶滅危惧ⅠＢ類（環境省第４次レッドリスト）。

コノハズク　フクロウ科の鳥。翼長14センチの小型のミミズク。背面は褐色で、黒や黄褐色の斑がある。ユーラシア大陸中部以南に分布し、日本では全国に繁殖するが多くない。おもに針葉樹の林にすみ、樹洞を巣とする。主として昆虫を捕食。冬は南方に渡るものと日本にとどまるものとがある。いわゆる「声のブッポウソウ」として有名。

ブッポウソウ
江戸時代の絵から

鳥類の足

キツツキ

オオバン

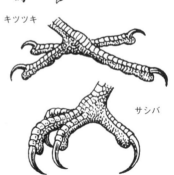

サシバ

オオルリ

オオルリ ヒタキ科の鳥。翼長9.5センチ。雄は背面が青，ほおと頸の下面は黒く，腹面は白。雌は背と頸が褐色。アジア東部で繁殖。日本には夏鳥として全国に渡来し，冬は東南アジアへ移る。渓流に沿った林に多く，崖の割れ目に営巣する。雄のさえずりは美しく，ウグイス，コマドリとともに三鳴鳥に数えられる。おもに昆虫を食べる。

サシバ

サシバ タカ科の鳥。翼長33センチ。背面と上胸部は赤褐色。腹面は赤褐色と白との縞（しま）模様。アジア東部に分布。本州，四国，九州の低山の林に夏鳥として渡来し，秋に大群をなして南方へ渡る。高木上に枝を集めて巣を作り，5〜6月ころ2〜5個の卵を産む。おもに小型哺乳（ほにゅう）類や小鳥，ヘビ，カエル，バッタ等を捕食。ピックィーまたはキンミーと鳴く。絶滅危惧Ⅱ類（環境省第4次レッドリスト）。

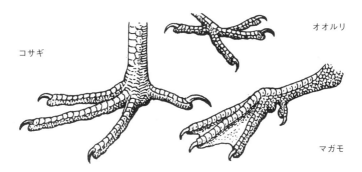

オオルリ

コサギ

マガモ

205

【 夏の野菜 】なつのやさい

高温で多湿な日本の夏は植物の季節で,収穫される野菜も多種にわたる。ナス,トマト,ジャガイモ,ピーマンなどナス科の野菜やキュウリ,トウガンなどウリ科の野菜が登場する。

キュウリ インド北西部原産で,古くから栽培されるウリ科の一年生の野菜。茎は細長く,巻ひげで他物にからみ,雌雄異花で,ともに花冠は黄色で5裂。果実は円柱状で,果皮には多数のいぼがある。品種が多く,華南系,華北系,それらの雑種系,欧州系に大別される。ビニールハウスによる促成栽培,抑制栽培などの普及により,一年中出まわっている。品種や栽培法の違いで苦味を感ずるものがあるが,これはククルビタシンCによる。生食するほか,漬物などとする。

胡瓜の紋

キュウリ

トウガン

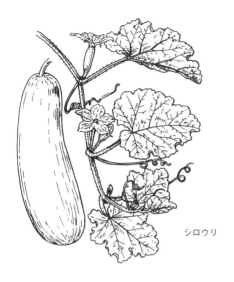

シロウリ

左ページ《人倫訓蒙図彙》から八百屋

トウガン(冬瓜) トウガとも。熱帯アジア原産のウリ科の一年生野菜。葉は掌状で茎は長くはい、巻きひげがある。花は黄色。果実は円形～楕円形で、径30～50センチ、重さ7～10数キロに及ぶ。高温性で、日本へは古く中国から渡来しおもに関東以西の暖地で栽培。夏に果実を収穫し、吸物、煮付などにする。

シロウリ ウリ科の一年生の野菜。マクワウリの一変種で、全体によく似ているが、果実は大きく、長さ20～30センチ、芳香や甘味がない。普通栽培のほか早熟・抑制・促成栽培がある。いずれの場合も孫づるの第1,2節に着果させるようにつるのしんをつむことが重要。浅漬、奈良漬とする。

エダマメ

枝豆(えだまめ) ダイズを完熟前に、さやつきのまま収穫したもの。またその目的のため栽培されるダイズ。品種は多いが、ダイズ品種と一致しないことが多い。ゆでて酒のつまみなどにする。

インゲンマメ(隠元豆) 熱帯アメリカ原産のマメ科の野菜。つる性のものと,つるのない矮(わい)性のものとがある。花色は白または淡紅。種子の形,色は変化が多い。柔らかいさやをおもに食用とする品種(ケンタッキーワンダーなど)と,豆を食用とする品種(金時など)に大別され,約200品種。煮豆や菓子の原料とする。隠元が日本に伝えたのは別種のフジマメともいわれ,関西ではフジマメをインゲンといい,本種をサンドマメという。

インゲンマメ

ナガナス

ナス ナスビとも。インド原産のナス科一年生の野菜。高さ60～100センチ,葉は楕円形。淡紫色の花を葉腋に1～数個つける。果実は長円筒形,球形,卵形など種々あり,色はふつう黒紫色であるが白,黄,緑などもある。高温性で乾燥には弱い。日本へは古く中国を経て渡来し,丸ナス,卵形ナス,長ナスなど地方により多くの品種群に分かれた。一般に温床で3ヵ月ほど育苗してから定植する。果実は焼いても煮てもよく,特に鴫焼(しぎやき)は美味。塩漬,みそ漬,からし漬にしてもよい。

タマゴナス

センナリナス

ジャガイモ

ジャガイモ 馬鈴薯(ばれいしょ)とも。アンデス温帯地方原産のナス科の多年生作物。日本へは16世紀末にジャワのジャカルタから渡来したのでジャガタライモとも呼ばれる。地下茎の先端に肥大した芋を形成する。葉は3～4対の小葉からなる複葉。花は白，黄，淡紫色等となるが，結実することはまれ。果実はトマトに似る。芋は多量のデンプンをたくわえ，食用となる。男爵，農林1号，メークイーン，紅丸など品種も多い。冷涼な気候を好み，生育期間も短いので，栽培適地はひじょうに広く，また年間を通じて作られる。主産地はロシア，ポーランド，ドイツ，米国。日本では北海道。欧米では主食とするところもあるが，日本では蒸したり煮て食用とするほか，マッシュポテト，ポテトチップなどとし，またデンプンをとる。なお食用にあたっては芽や緑色部に多いソラニンの中毒に注意。

ショウガ ジンジャーとも。インド、マレー原産のショウガ科の多年草。葉は披針形で深緑色、夏〜秋、開花するが、日本ではまれにしか花が咲かない。根茎は灰色または黄色で、屈指状となる。栽培は普通春に植え付け、秋、収穫。このほか、促成栽培、軟化栽培などがある。根茎を干し、粉末にした干しショウガ、梅酢漬にした紅ショウガ、茎を5〜7センチつけたままの芽ショウガなどがあり、薬味、料理の付合せなどにする。

ミョウガ（茗荷） 熱帯アジア産のショウガ科の多年草。本州以南に自生し、栽培もされる。高さ50〜100センチで、茎は斜めに立ち葉鞘（ようしょう）が巻き合う。葉は2列に互生し、広披針形。夏、根茎から花穂を生じ、淡黄色の花を開く。半日陰の腐植質の多い粘質地を好み、軟化栽培することが多い。花序（花ミョウガ）や春の若茎（ミョウガ竹）には特有の強い辛味と香味があり、漬物、汁の実、刺身のつまなどにする。

ショウガ

ピーマン トウガラシのフランス語に由来。甘味種大果系のもの。ナス科の野菜でいためもの、サラダなどにする。

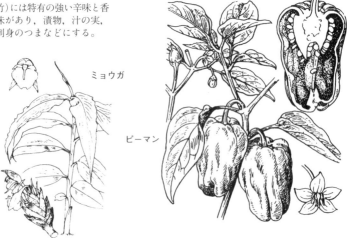

ミョウガ

ピーマン

トマト

トマト　南米原産のナス科の野菜。熱帯では多年草。温帯では一年草。茎には短毛があり、葉は5～9枚の小葉からなる羽状複葉で鋸歯(きょし)がある。夏、数個の黄色花を開く。果実は成熟すると赤色になるが、黄色、白色の品種もある。高温を好み、霜には弱い。初めは観賞用で、食用にされたのは18世紀以後といわれる。日本には18世紀初めに渡来し、昭和になって食用として普及。果実にはビタミンA、B_1、B_2、Cが豊富で、生食のほかケチャップ、ピュレー、ソース、ジュースなどにする。

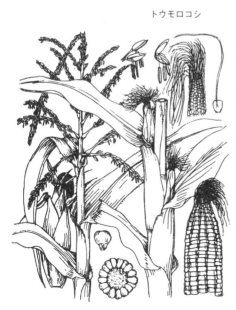

トウモロコシ

トウモロコシ　トウキビとも。南米アンデス山麓原産のイネ科の一年草。高さ2～3メートルで茎は太く円筒形。7～8月茎の先端に雄花穂、中ほどに1～3個の雌花穂をつける。雌花は絹糸状の長い花柱を出し、受精後、萎縮(いしゅく)褐変する。成熟した種実の色は白、黄～赤、赤褐、濃褐、暗紫など種々あり、中央がくぼんだ歯形や球形のものが多い。品種は馬歯(デントコーン)、硬粒(フリントコーン)、軟粒、甘味(スイートコーン)、爆裂(ポップコーン)、糯(もち)などに大別。一般に温暖多雨の地を好む。穀粒はデンプンを多量に含み、生食用のほか、製粉してコーンフレーク、コーンミール、パンや菓子の原料とする。また飼料としても重要。

211

【夏の魚】なつのさかな

夏はアユの解禁(多くの河川で6月1日)で始まる。カワハギやカレイなど白身の刺身,洗いが涼味を呼ぶ。関西ではハモが珍重され,土用の丑(うし)の日にはウナギの蒲焼(かばやき)が賞味される。

オニオコゼ

オニオコゼ　オニオコゼ科の魚。一般にオコゼといえば本種をさす。全長25センチ。背びれのとげは鋭く,毒腺があり,刺されるとひどく痛む。体に鱗がなく,皮膚は弾性に富む。本州中部～東シナ海に分布し,海底にすむ。体色と斑紋の個体変異は著しく,黒,褐,乳白,赤,黄など。卵は分離浮性卵。冬が旬で刺身,椀種などとして賞味される。

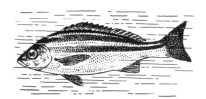

イサキ

イサキ　イサキ科の魚。地方名イサギ,イセギ,イッサキ,ウズなど。全長40センチ。本州中部～東シナ海,台湾に分布。昼間は海藻の多い海底におり,夜間はより岸に近づき遊泳する。卵は分離浮性卵。稚魚は濃密な群をなす。晩春～夏にはなはだ美味。刺身,塩焼によい。釣の対象魚。

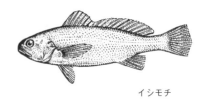

イシモチ

キハダ　サバ科の魚。別名キワダ。地方名マシビ,イトシビ,キンヒレなど。小型の若魚はキメジともいわれる。全長2メートル。世界中の暖海に広く分布するマグロ類。日本海にはまれ。体側に黄色みがあるため黄肌の名があるが,鮮度が落ちるとこの色は消失する。第2背びれとしりびれおよびそれらの副びれは淡黄色。産額が多く,刺身,すし,缶詰などにする。夏,秋に特に美味。

キハダ

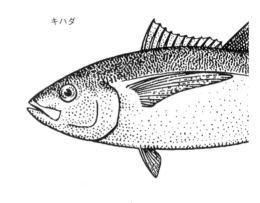

クロダイ タイ科の魚。関西ではチヌと呼ぶ。関東地方では1歳未満をチンチン，2歳をカイズと呼ぶ。全長50センチを超える。体は楕円形で側扁し，暗灰色で腹方は銀灰色。日本，朝鮮半島南部，東シナ海に分布。沿岸性で汽水域にもすむ。雄から雌へ性転換を行うので有名。釣の対象魚として喜ばれ，美味。近縁種に南日本以南に分布するキチヌ（キビレとも）がある。

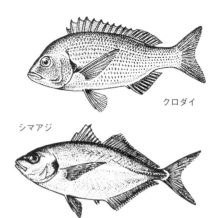

クロダイ

シマアジ

イシモチ ニベ科の魚。別名シログチ。地方名グチ，シラグチなど。全長40センチ余，耳石が大きいためこの名がある。北日本からインド洋まで広く分布し，近海の砂泥底にすむ。5～8月に産卵。煮魚，塩焼によく，大量にとれるのでかまぼこの原料になる。ニベ科の魚の通性としてうきぶくろを振動させてグーグーと音を発する。釣人はニベをイシモチと呼ぶことが多い。

シマアジ アジ科の魚，地方名コセ，コセアジなど。全長1メートル。体高が大きく，著しく側扁。背面は青灰色，腹面は淡く，体側中央に幅広い黄色の縦帯が走る。岩手県以南に分布し，沿岸に多い。高級魚として刺身，すし種などに用いられ，夏季，特に美味。近年ハマチと同様に幼魚を捕えて養殖も行われている。

《人倫訓蒙図彙》から魚屋

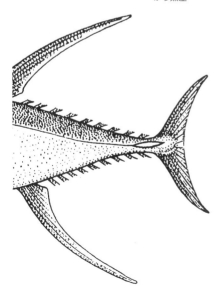

落鮎《日本山海名物図会》から

アユ(鮎) キュウリウオ科の魚。香気があって味がよいので香魚ともいう。地方名アイ。細長く、全長30センチ。小さい円鱗におおわれ、脂びれをもつ。背面は暗緑褐色、腹面は白色。北海道南部～台湾、中国南部、朝鮮半島に分布。河川の上・中流の瀬や淵(ふち)にすみ、各縄張り内の付着藻類を食べる。10～11月に中・下流の川底に産卵。産卵後の親は死ぬ。孵化(ふか)した稚魚は海に下り、プランクトンを食べて越冬する。翌春3～5月に川に上る。琵琶湖や本栖湖などにいる陸封型の小型(10センチ以下)のものをコアユというが、栄養不足のためで、河川に移すと普通のアユ同様に成長する。人工孵化、放流も各地で盛ん。放流には琵琶湖産コアユや海産の稚アユを用いる。代表的な川釣の対象魚で、友釣、どぶ釣、ころがし、鵜飼(うかい)、やななどでとる。

アユ

アユの友釣

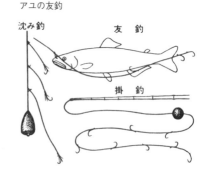

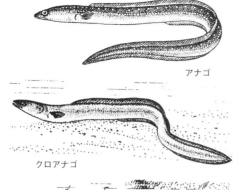

アナゴ

クロアナゴ

アナゴ　アナゴ科の魚。普通マアナゴをさし、東北、北陸ではハモという。ウナギに似て、全長90センチ。ほとんど日本全土に分布。てんぷら、すし種に美味。ゴテンアナゴ、ギンアナゴ、クロアナゴなど、かなり産額の多い類似種がある。いずれも幼形はレプトケファルス。

ギンアナゴ

ゴテンアナゴ

鵜飼漁《美濃奇観》から

ハモ　ハモ科の魚。地方名ハム、ジャハム、ウニハモなど。全長2メートル、ウナギやアナゴに似て細長く、鱗はないが、歯が大きくて鋭い。本州中部以南の太平洋、アフリカ東岸に分布。水深50メートル以浅の砂泥底や岩礁の間にすむ。夏美味で、特に関西では椀種、照焼、湯引(ゆびき)などとして用いられる。

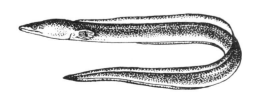

ハモ

215

アジ（鰺）　アジ科の魚。一般にマアジをいう。全長40センチ，背面は青または黄緑を帯び，腹面は銀白色。側線全部にぜんご(特別に大きいとげっぽい鱗)がある。日本全土，朝鮮半島，中国広東省に分布。15センチぐらいになるまで沖合表層で生活し，それ以後沿岸へ近づく。盛んに漁獲され，味もよい。

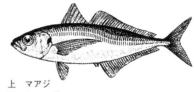

上　マアジ
下　ムロアジ

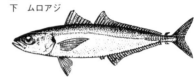

スズキ

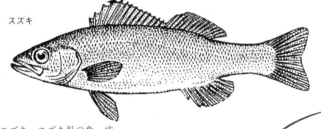

スズキ　スズキ科の魚。成長段階によって多くの地方名があり，東京付近では幼魚をセイゴ，やや大きいものをフッコ，成魚をスズキという。全長最大1メートル。体は側扁し，背面は灰青色，腹面は銀白色。日本各地，東シナ海，南シナ海に分布。沿岸魚で川にも上る。洗い，刺身，塩焼，フライなどにして賞味される。近縁種のヒラスズキは東京ではノブッコとも呼ばれ，体高がやや大きく，下顎の腹面に1列の鱗がある。スズキと同じく食用。

カワハギ

カワハギ　カワハギ科の魚。地方名ハゲ，スブタ，メンボウなど。全長25センチ。腹びれは退化してただ1本のとげになっている。雄では背びれの第2軟条は糸状にのびることが多い。皮膚は堅い。本州中部〜東シナ海に分布。美味で，ちり料理は特に喜ばれる。近縁にウマヅラハギがある。

コチ　コチ科の魚の総称。別名マゴチ，ホンゴチ。全長60センチ。体は縦扁し，頭は特に平たい。体色は淡褐色で，黒褐色の横帯または斑点が散在。本州中部以南の太平洋，インド洋に分布し，近海の砂泥底にすむ。肉量が多く，東京などでは夏に洗いとして賞味される。みそ汁も美味。

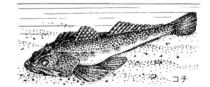

コチ

カレイ　カレイ科の魚類の総称。普通，目が体の右側にあるものがカレイとされる。目は孵化（ふか）当時は普通の魚と同様に両側にあるが，成長に伴って片側に移動する。体は側扁し，有眼側は暗色で周囲の色彩に従って変化する保護色。片側は白い。種類が多く，オヒョウ，マコガレイ，マガレイ，アカガレイ，イシガレイ，メイタガレイ，ヤナギムシガレイなど重要な食用魚がある。

マガレイ

ムシガレイ

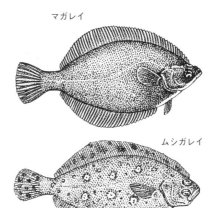

イシガレイ

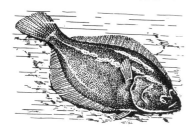

イシガレイ　カレイ科の魚。地方名イシモチガレイ，イシモチガレなど。全長40センチ。舗石状の突起が有眼側に発達する。サハリン〜東シナ海に分布。沿岸性。晩秋〜冬に産卵。ややにおいがあるが，夏は洗いにして美味。煮付，塩焼にもよい。

217

ホーライ
秋の女神

秋

えごよみ 秋

秋の星座 重陽 キク 野生ギク 台風 熱帯低気圧 マツタケ キノコ 毒キノコ 月見 月 運動会 体育の日 秋の七草 鳴く虫 どんぐり クリ 紅葉 カエデ 落葉樹 カキ ナシ 七五三 旅鳥 秋の野菜 秋の魚

秋 天文学上では北半球なら秋分（9月23日ごろ）から冬至（12月22日ごろ）までをいう。節気では立秋（8月7日ごろ）から立冬（11月7日ごろ）の前日まで，日本の慣習では9〜11月をいう。

【 秋の星座 】あきのせいざ

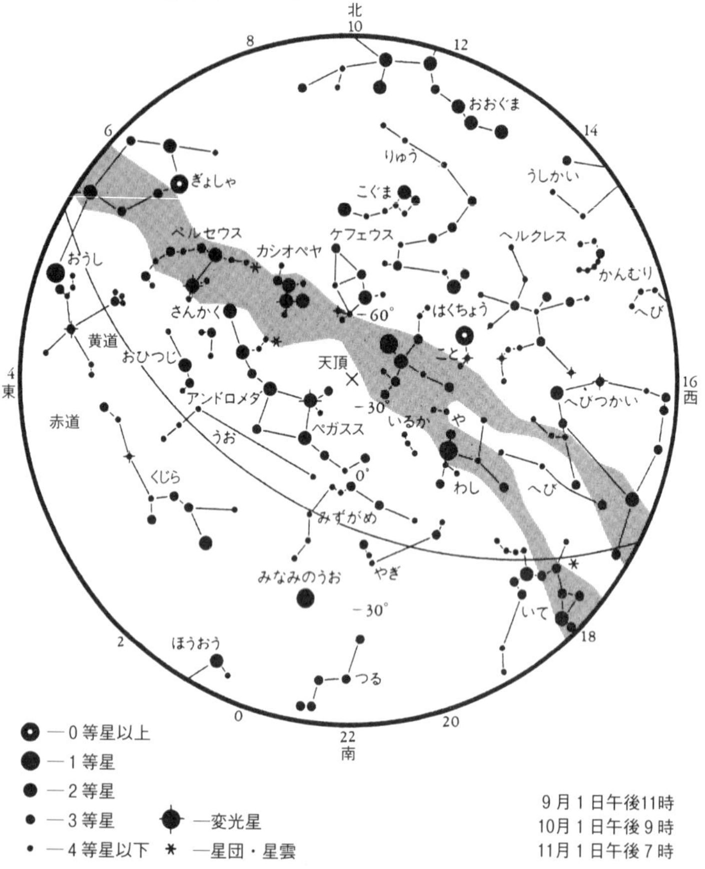

凡例:
- ◉ — 0等星以上
- ● — 1等星
- ● — 2等星
- ・ — 3等星
- ・ — 4等星以下
- ⊛ — 変光星
- ＊ — 星団・星雲

9月1日午後11時
10月1日午後9時
11月1日午後7時

秋の星座　天の川は北東から南西に横切って見える。カシオペア座が昇ってくれば、北斗七星にかわり北極星の指針になる。ケフェウス座、アンドロメダ座、カシオペア座、うお座、ペガスス座、みずがめ座、おひつじ座、くじら座などが夜空を飾る。

みずがめ座

うお座

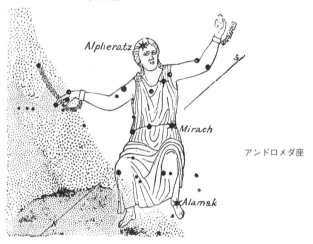

アンドロメダ座

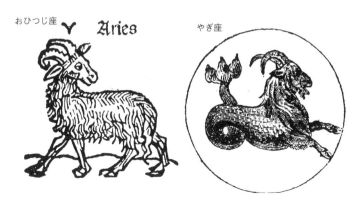

おひつじ座

やぎ座

【 重陽 】ちょうよう

旧暦9月9日の節供。菊の節供とも。陽数の9を重ねためでたい日で，中国ではこの日，茱萸（しゅゆ）を飾り，高所に登って菊酒を飲み，長寿を願い災難を払う風習があった。これが日本にも伝わり，宮中で菊花の宴が行われ，群臣が詩歌を作り，菊酒を賜った。江戸時代には五節供の一つとして最も盛んで，民間でも菊酒を飲み，栗飯（くりめし）をたいたが，明治以後すたれた。

江戸時代の菊合せ
菊合せは二組が菊の花を競い合う物合せの一つ。

コギク

染井看菊《東都歳事記》から

クダモノ

アツモノ

イチモンジ

【キク】菊

キク科の植物中，普通は，花冠の中心に管状花があり，その周囲に舌状花のあるものをキクと呼ぶが，ノコンギク，アズマギク，ミズギク，サワギク，ウサギギクなどはみな所属が違い，植物学上のキクはキク属のものだけをさす。一般に観賞用として栽培するキクは頭花の大小，舌状花の形や色などさまざまであるが，分類学上は1種類でイエギクといわれる。イエギクの由来については諸説があるが，中国に自生するチョウセンノギクとシマカンギクとの交雑に由来し，奈良時代日本に渡来したという。キクの栽培は江戸時代に発達し多くの品種がつくられ，明治以降さらに発展した。

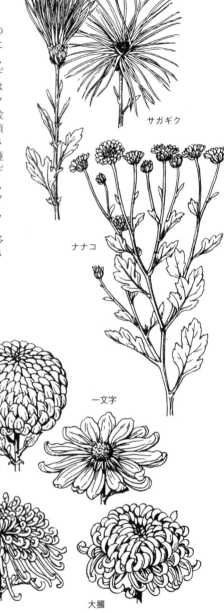

サガギク

ナナコ

野路菊

厚物

一文字

太管

大擂

イエギク　普通はまず頭花の大きさにより大菊,中菊,小菊に,さらに舌状花の形質や姿勢により細かく分けられる。大菊は頭花の径20センチ内外のもの。厚物,管物,広物に分ける。厚物は舌状花が四方から中心をかかえるように組み合い満開時には半球状に盛り上がるもので,外側の弁の姿により摑(つかみ)咲,抱(かかえ)咲,走り付きなどに分ける。管物は舌状花が管状になり,太さにより太管,間管(まくだ),細管に分ける。広物は舌状花が扁平幅広のもので,一重のものを一文字,三重から四重のものを美濃菊という。中菊は頭花の径10センチ内外のもので,舌状花は平弁,管弁,さじ弁(管弁の先が平弁になる)の3種になる。一重で平弁または管弁が車状に平開するものを肥後菊,平弁が中心を囲み立つものを嵯峨(さが)菊,多数の平弁が中心を囲み乱れ咲き,周囲の弁がたれるものを伊勢菊という。小菊は径5センチ以下のもので,平弁,管弁,さじ弁が一重から八重になる。特殊のものに魚子(ななこ)咲やアザミ咲などがある。

チョウジギク

一重懸崖作り

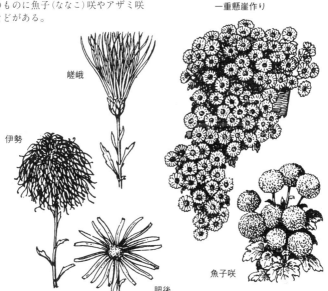

嵯峨

伊勢

肥後

魚子咲

菊の花が皇室の紋章になったのは鎌倉時代以後で、皇室以外の使用を禁止したのは1871年である。天皇家は16花弁の八重菊と定めた。

御紋章

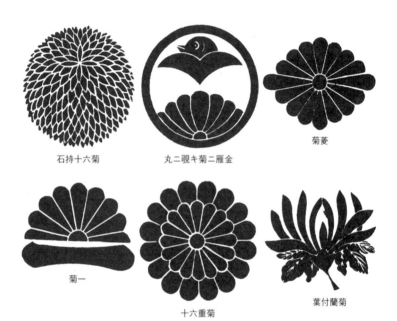

石持十六菊　　丸ニ覗キ菊ニ雁金　　菊菱

菊一　　十六重菊　　葉付蘭菊

蔭三割菊

右ページ　野生ギクの葉形
1. ナカガワノギク　2. イワインチン　3. ミコシギク　4. サンインギク　5. コハマギク　6. イソギク　7. リュウノウギク　8. サツマギク　9. ハマギク　10. アブラギク（シマカンギク）　11. キクタニギク　12. イワギク　13. ノジギク

野生ギク　日本に野生するキク属は，20種内外ある。太平洋側の海辺にはえるものが多く，関東以北から北海道にハマギク，コハマギク，関東から東海道にイソギク，四国から九州にノジギク，四国にシオギク，九州にサツマギク，本州の日本海側にサンインギクなどがある。本州から四国の低山にはリュウノウギクが多く，本州の亜高山にイワインチンがある。また外来種のシュンギクが野菜として，マーガレットなどが観賞用に栽培されている。

野生ギク
左　イワインチン
中　ハマギク
右　サツマギク

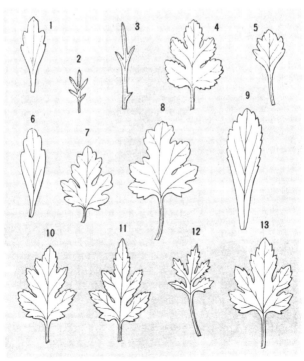

【台風】たいふう

北太平洋の熱帯海上で発生した熱帯低気圧のうち、風力8（風速17.2メートル／秒以上）以上に達した暴風。台風は、第二次大戦後、米国式にアルファベット順の女性名（たとえばジェーン台風）で呼ばれたが、1953年以後はおおむね発生順の番号によって呼ばれ（たとえば6118は1961年に18番目に発生した台風を意味し、この場合は第2室戸台風のこと）、また特に被害の大きかった場合は上陸地点等の名前をとって、伊勢湾台風（1959.9.26）とか、狩野川台風（1958.9.26）とかいった命名が行われる。台風の年間発生数は平均28個であるが、年によって変動が大きく20～40個ぐらいの間を変動しており、このうち平均3個が日本本土に上陸して被害を与える。発生、来襲はともに6～10月に多い。台風は熱帯の海上に発生してから温帯で消滅するまでの間、およそ10～25日に及ぶ寿命をもっており、発生期、成長期、最盛期、衰弱期で、その構造を異にするが、最盛期のおもな特徴は次のようである。1. 直径が数百キロに達する反時計回りの円形の渦巻である。水平の広がりに対し、中心付近の垂直の広がりは十数キロであり、非常に平らな円盤状の渦動風系である。2. 風の最も強いのは渦動の中心から15～20キロぐらい離れたところで、これよりさらに中心に近い部分では風が衰え、雲が切れて青空が見える。この部分を「台風の目」という。3. 台風の中心部は周囲よりは気温が高くなっており、雨は半径およそ400キロ以内で降り、中心付近では毎時10～20ミリの雨が降っている。台風の進む経路は、6～10月以外の季節には発生地からそのまま西に進み消滅するものが多いが、6～10月の台風期のものは北太平洋高気圧の周辺に沿って北上し、日本本土に影響するものが多くなる。6～8月の台風活動の前期に現われるものの中には発生地からそのまま北西に進み、本土に接近して影響を与えるものがある。

右ページ
上　台風の気圧と風速の変化
中　台風のレーダー映像

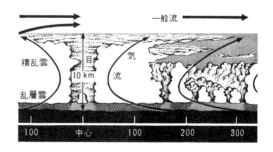

台風の立体構造
縦と横の比率を考えて描いてある。正しい比率で書くと、ずっと平たいものになる。

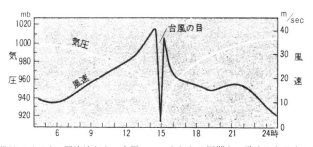

高潮(たかしお) 風津波とも。台風や強い低気圧の来襲により, 海水の水位が異常に高まり陸地に侵入する現象。低い気圧によって吸い上げられた海水が, 暴風とともに海岸に吹き寄せられるために起こり, 満潮やうねりの周期と一致するとさらに水位が高められる。ピークは1回であるが, 湾内で反射すると2回目の高潮が生ずる場合もある。1949年のキティ台風は横浜港内で高さ6メートル以上の高潮を起こした。

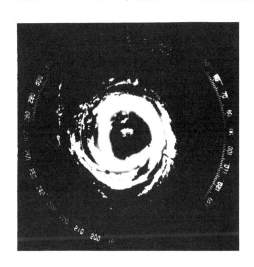

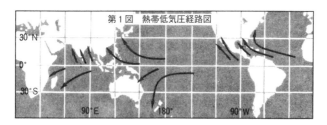

第1図 熱帯低気圧経路図

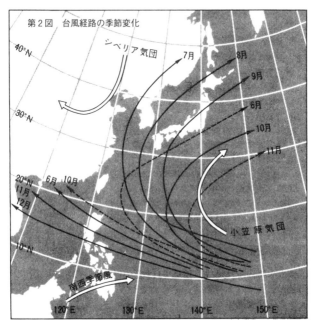

第2図 台風経路の季節変化

熱帯低気圧(ねったいていきあつ) 熱帯地方のおもに海洋上に発生する低気圧。夏季に多く発生。猛烈な暴風雨を伴い,そのエネルギー源は主として水蒸気の潜熱である。海洋性熱帯気団または赤道気団内で発生し,等圧線は円形で前線をもたない。その中心付近では風が弱く天気のよい部分がありこれを目という。発生海域により次の名称がついている。ハリケーン(北大西洋,カリブ海,東経180°以東の北太平洋,南太平洋),台風(経度180°以西の北太平洋,南シナ海),サイクロン(南北インド洋,ベンガル湾,アラビア海),バギオ(フィリピン諸島を襲う台風の別名),ウィリ・ウィリ(豪州近海)。ただしウィリ・ウィリは熱帯低気圧というよりはトルネードに近い性格のものという説もある。南大西洋の熱帯海域は海水温が低いため熱帯低気圧の発生が極端に少ない。日本の気象通報では風力階級7以下,風速毎秒約17メートル未満のものを「弱い熱帯低気圧」,それより強いものを台風と呼んでいる。

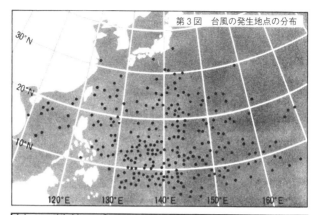

第3図 台風の発生地点の分布

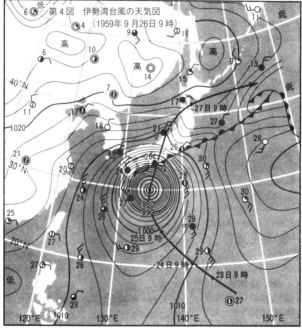

第4図 伊勢湾台風の天気図 (1959年9月26日9時)

左ページ
熱帯低気圧は赤道周辺で発生し,西に移動しながら北上,南下する(第1図)。日本付近に北上した台風は,ジェット気流の影響で進路が変わる(第2図)。

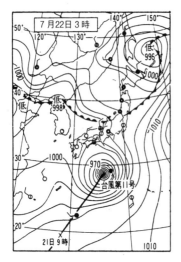
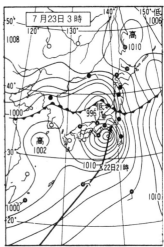

明治時代の水防出初式

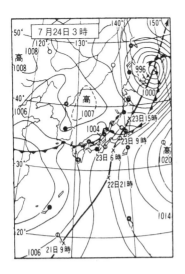

24時間ごとの台風の位置 動きの早い台風の例。はじめは遅い動きで,〈よろめき台風〉と呼ばれたが,急に速度を上げ上陸,24時間後には北海道方面へぬけた。

明治時代の天気図
8月30日の台風を予報している

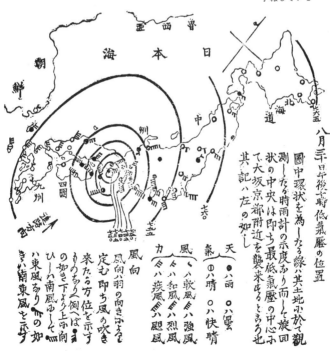

マツタケ キシメジ科のキノコ。日本全土のおもにアカマツ林に発生，花コウ岩地の浅い根につきやすい。ときにクロマツ，エゾマツ，ツガなどにも発生する。日本のほか朝鮮半島，沿海州，サハリンなどにも分布。かさは径20センチ以上にも達し，表面に褐色の鱗被があり，肉は白色，ひだは柄に湾生する。代表的な食菌だが，栽培は困難。吸物，蒸焼などとして食用とする。主産地は広島，岡山，京都など。かおりの主成分はマツタケオールで化学合成も可能。

天満の松茸市《日本山海名産図会》から
左　マツタケ《和漢三才図会》から

マツタケ

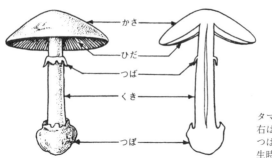

タマゴテングダケ
右は断面　つぼとつばは子実体の発生時の膜の名ごり

【キノコ】

菌類の中で，繁殖器官である子実体が比較的大型のもの，またその子実体のことをいう。子嚢菌類の盤菌類と，担子菌類(サビ菌，クロボ菌類などを除く)が含まれる。担子菌類では胞子が棒状や球状の担子基に一定数ずつつき，それらが集まって子実層をつくる。キノコが長い柄とかさをもち，かさの下面に孔やひだがあることは，限られた狭い部分になるべく多くの胞子をつけ，それらが飛び散るのに都合がよい。キノコの体は寒天質，肉質，紙質，炭質，コルク質などさまざまであるが，一般に寒天質，肉質のものは寿命が短く，炭質，コルク質のものは多年にわたって生長する。キノコは全世界に数千種あり，地中，地上，腐木上または特定の植物に腐生，寄生または共生している。冬虫夏草など昆虫につくもの，サルノコシカケなど樹幹や材について腐朽させるもの，ヤグラタケのように他のキノコに重複寄生するものなど，いろいろなものがある。毒キノコは種類は必ずしも少なくないが，食用キノコにくらべればはるかに少ない。毒成分は消化器，呼吸器，神経，血液などを冒す。毒キノコと食用キノコとの簡単な見分け方はない。

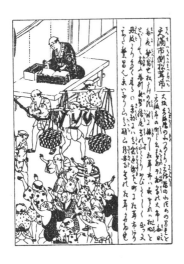

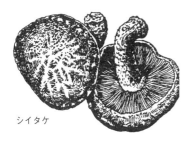

シイタケ

シイタケ(椎茸)　日本〜東南アジアの林内のカシやシイなどの樹幹に発生するキシメジ科のキノコ。全体が堅い肉質。かさは径6〜10センチ，黒褐色で，しばしば亀裂を生じる。中国，日本の代表的な食菌。1〜1.5メートルに切ったシイ，ナラなどのほた木に菌株を植え，湿度が高く，適度に日光の当たるところで栽培。肉厚で半開のドンコ，肉薄で全開のコウシンなどいろいろな品種がある。食品としては生シイタケと干しシイタケがあるが，後者のほうがビタミンDが多く，香味があり，多く用いられる。ともに焼いたり，煮て食用とする。

シメジ 北半球の温帯に分布するシメジ科のキノコ。秋，山地の雑木林に束生または単生する。かさは径2〜8センチで肉厚，表面は灰褐色でなめらか。ひだは白色，球状の胞子を作る。柄は短大で，下半分が特に肥厚する。味はよいが，かおりは少ない。近縁のセンボンシメジは塊茎から多数束生し食べられる。なお，シメジに似ているが，ひだがはじめ白色だがのち桃色になるイッポンシメジ(ニセシメジ)は毒キノコなので注意。

ショウロ 温帯地方に広く分布するショウロ科のキノコ。春と秋，海岸松林内の浅い土中に発生，菌根をつくる。体は1〜5センチの肉質塊状で表面は粘性があり，初め白いがのち黄褐色〜赤褐色，菌糸がまつわる。内部は細かい室に分かれ内面に担子胞子ができる。特有の香りがあり，全体がまだ白いものを米松露，後，黄褐色になったものを麦松露といい，ともに吸物などとして食用にする。

エノキタケ 世界に広く分布するタマバリタケ科のキノコ。林，庭などの広葉樹に束生し秋から早春に見られる。かさは径2〜8センチ，褐色で粘性著しく，ひだは白く，柄は繊維質で，下半部に短毛があり暗褐色。ほた木やおがくずで人工栽培される。市販品はかさが小さく柄が白く長い。「ナメコ」ともいわれるが，ナメコとは別種。美味。

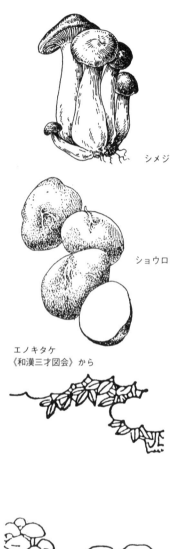

シメジ

ショウロ

エノキタケ
《和漢三才図会》から

マイタケ

マイタケ トンビマイタケ科の大型キノコ。北半球の温帯に広く分布し、山林内のミズナラなど広葉樹の根元にはえる。全体に肉質で太い柄が何回も分枝し、枝先に扁平なかさをつける。かさは径2〜5センチ、上面は灰色で凹凸があり、下面は白色で微小な孔がある。美味な食菌で、近縁にチョレイマイタケ、シロマイタケ、トンビマイタケなどがある。近年栽培可能になった。

ナメコ

ナメコ ナメスギタケとも。日本特産のモエギタケ科の食用キノコ。東北地方の山地に多く、晩秋にブナなどの広葉樹に束生する。かさは径3〜8センチの丸い山形で、粘質著しく、褐色となる。柄は長さ数センチ、淡褐色で上部につばがある。ほた木を用いて栽培もされる。缶詰やびん詰にして市販される。類品にヌメリスギタケがあり、かさに鱗片が著しい。なお、エノキタケをナメコということもある。

クリタケ

クリタケ 北半球の温帯に広く分布するモエギタケ科のキノコ。秋、山林内広葉樹に束生。かさは径3〜8センチ、茶褐色で繊維質。ひだは淡紫褐色で、柄に直生または湾生する。柄は中空で、長さ10センチに達し下半部は褐色、上部は黄白色で不完全なつばの残片がある。美味な食菌。毒菌ニガクリタケに似ているので注意を要する。

237

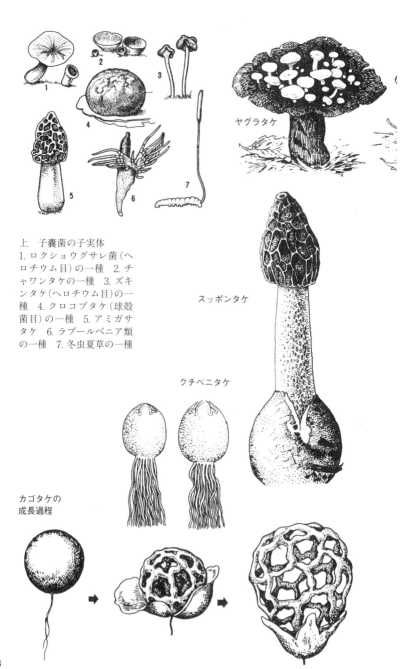

上　子嚢菌の子実体
1. ロクショウグサレ菌（ヘロチウム目）の一種　2. チャワンタケの一種　3. ズキンタケ（ヘロチウム目）の一種　4. クロコブタケ（球殻菌目）の一種　5. アミガサタケ　6. ラブールベニア類の一種　7. 冬虫夏草の一種

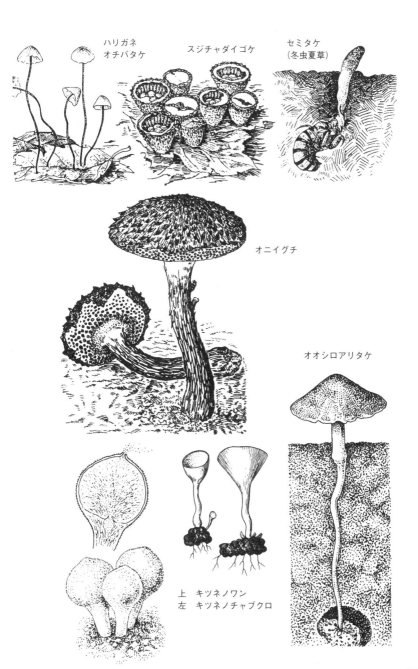

チャワンタケ

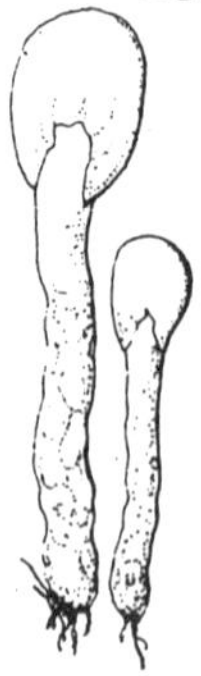

ヘラタケ

テングノメシガイ

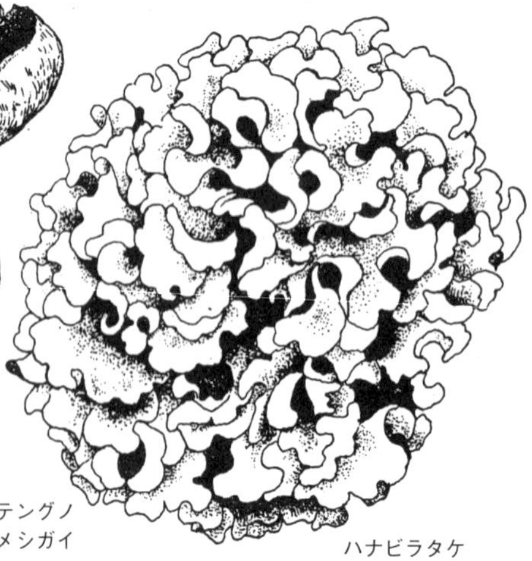

ハナビラタケ

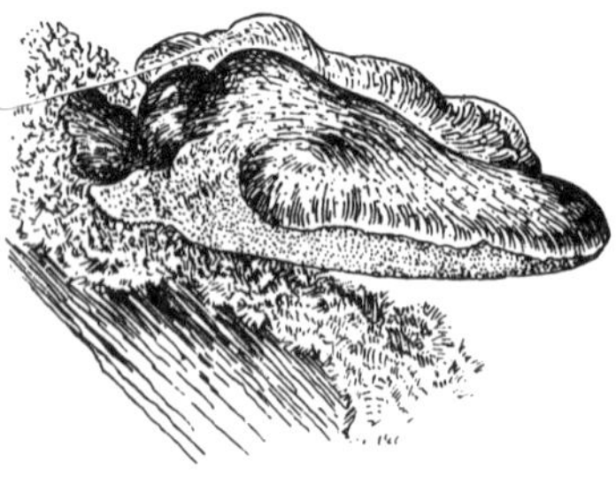

オニフスベ

カンゾウタケ

キヌガサタケの成長

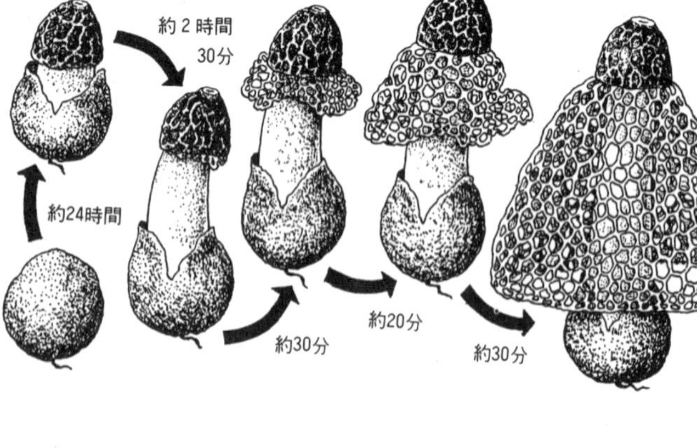

約2時間30分

約24時間

約30分

約20分

約30分

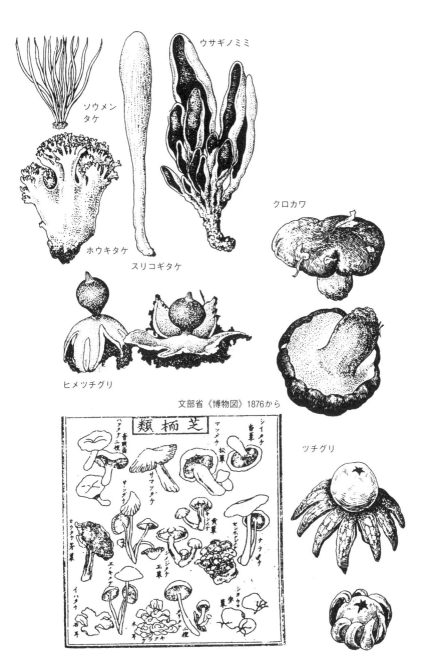

文部省《博物図》1876から

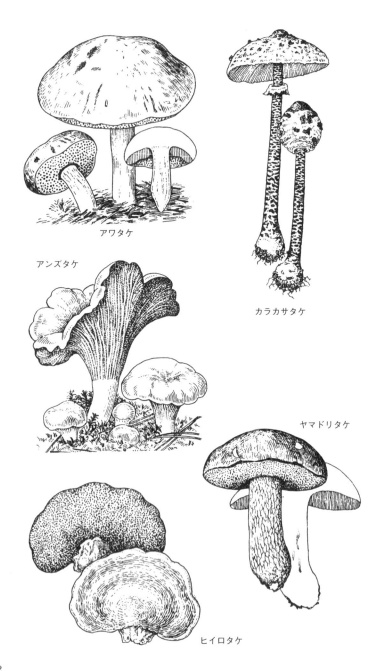

ワライタケ オキナタケ科の小型のキノコ。馬糞(ばふん)など堆肥の上に発生する。柄は細長く、かさは赤褐色で鐘状。ひだは黒色。オオワライタケはフウセンタケ科のキノコで本種より大型、かさは黄褐色で広葉樹に発生する。ともに毒菌で食べると中毒して笑い出す。

ツキヨタケ 日本特産のホウライタケ科の大型キノコ。夏〜秋、ブナの枯木に重なって発生する。かさは半円形で径20センチにもなり、上面は黄褐色で小鱗片があるが、後に平滑、暗紫色となる。肉は厚くて白く、白色のひだは発光する。柄は短くて太く、つば状の隆起がある。毒菌で中毒例が多い。

アセタケ アセタケ科のキノコ。かさは円錐形〜平ら、繊維質、黄褐色、黄色、白色などで、放射状に裂ける。ひだははじめ白いがのち灰褐色。胞子はなめらかなものと、いば状突起をもつものとの2群がある。この仲間は日本に50種ほど知られるが、ムスカリンなどの毒分があり注意を要する。

テングタケ テングタケ科の大型キノコ。かさの裏のひだが純白〜黄色で無色の胞子をつけ、柄の上部につば、下端に壺をそなえたテングタケ属の代表種。高さ30センチ内外、毒菌。

【 毒キノコ 】

毒菌とも。普通食べると中毒を起こすキノコをいう。その毒成分はコリン、ムスカリンなどが代表的で、神経系を冒したり、消化器、血液などに影響を与えるなどの作用がある。毒性の強さは、致死的なもの、致死的ではないが苦痛を伴うものなど種によって異なる。日本では毒キノコは比較的少なく、テングタケ、ワライタケ、ツキヨタケ、アセタケなど。毒キノコと食用キノコの一般的な見分け方はないので注意。

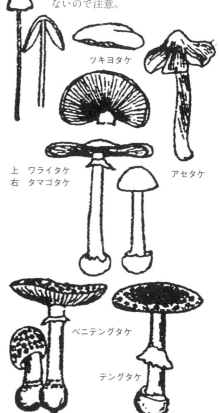

ツキヨタケ

上 ワライタケ
右 タマゴタケ

アセタケ

ベニテングタケ

テングタケ

【月見】つきみ

旧暦8月15日の中秋の名月と, 同9月13日の後の名月を賞する行事。中国の風に習って平安時代に始まり, 宮中で詩歌管弦の催しがあった。江戸時代には民間でも盛んになり, ススキと秋草をいけ, だんご, 枝豆, サトイモ, クリ, カキなどを供えるようになった。信濃の姨捨(おばすて)山, 遠江(とおとうみ)の佐夜ノ中山などが月の名所として知られた。

月待(つきまち) 十五夜, 十九夜, 二十三夜などの月齢の夜, 講員が寄り合って飲食をともにし月の出を待つ行事。二十三夜待が盛んで三夜供養ともいう。集落全員の講や女性のみの講もあり, 村の四つ辻に二十三夜塔が建てられた。日の出を待つ日待と並ぶ物忌(ものいみ)行事。

月見《和漢三才図会》から

湯島二十六夜待

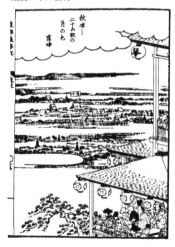

右　昭和初期の月見
　《日本語読本》から
下　月見団子

団子(だんご)　穀類の粉を水でこねて丸めて蒸したりゆでたりしたもの。餡(あん)や黄粉(きなこ)をまぶしたり串(くし)に刺して焼く。本来は神仏の供物で、彼岸団子、死者の枕(まくら)団子など特に仏事に用いることが多い。年中行事には正月の二十日団子、十五夜の月見団子などがある。地方名物も多く、京都賀茂御祖神社のみたらし団子、東京隅田川堤の言問(こととい)団子、岡山の吉備(きび)団子などが有名。

品川二十六夜待《江戸花暦》から

上　月に住むといわれる玉兎
右上　上弦　右下　下弦

良夜墨水看月《東都歳事記》から

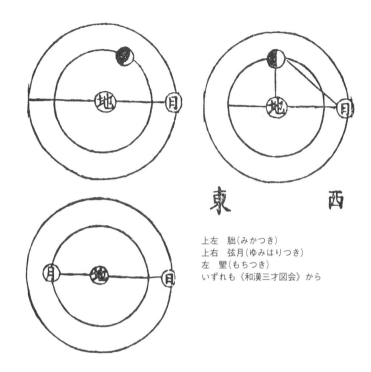

上左　朏(みかつき)
上右　弦月(ゆみはりつき)
左　　望(もちつき)
いずれも《和漢三才図会》から

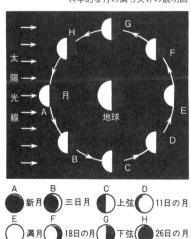

科学的な月の満ち欠けの説明図

A 新月　B 三日月　C 上弦　D 11日の月
E 満月　F 18日の月　G 下弦　H 26日の月

月　太陰とも。地球の衛星。半径1738キロ(地球の約4分の1)、体積は地球の約50分の1、質量は地球の0.0123倍、比重3.35、表面重力は地球の0.17倍。地球からの平均距離は38万4400キロ(地球赤道半径の約60倍)、視半径15'33"で太陽とほぼ等しい。地球のまわりを恒星に対し周期約27.3日(恒星月)で公転しており、太陽光を反射して輝き、周期約29.5日(朔望月)で満ち欠けする。最大光度−12.5等(太陽の明るさの約50万分の1)。公転周期と同じ周期で自転するため、つねに地球へ同じ半面を向けているが、自転軸が公転軸に6°41'傾き、公転軌道面(白道面)も地球公転面(黄道面)に対し5°9'傾いているうえ、太陽引力の作用で月の公転運動が複雑に変動するため地球からは月の全面の59%が見える。

【運動会】うんどうかい

学校などで集団のレクリエーションを目的に行われる日本独特の競技会。1874年に海兵学校で開かれた〈競闘遊戯会〉が最初とされ、85年初代文相森有礼が体育を重視して以来、学校行事として定着。

オリンピック旗（オリンピックき） 1914年クーベルタンが考案した旗。オリンピック大会を通じて五大陸の平和と協力を表わす5色の輪を中央におくので五輪旗とも呼ばれる。青・黄・黒・緑・赤の5色は当時の世界の国旗の基本色を取り入れたもので、五大陸との間に特別の関係はない。オリンピック大会のシンボルとして開催都市に順次引き継がれている。

上　女学生の運動会
　　救護競走
右　昭和初期の小学校の運動会
　　玉入れ，綱引き，達磨転がし
　　《日本語読本》から

五輪旗 輪の色は左から青，黄，黒，緑，赤の順

運動会の図 明治時代の薬(生々丹)の広告から

体育の日(たいいくのひ) 国民の祝日の一つ。もと10月10日。現在は10月の第2月曜日になった。スポーツに親しみ，健康な心身の養成促進が趣旨。第18回オリンピック(1964年に東京で開催)の開会式の日を記念して1966年制定。2020年に名称を「スポーツの日」に改めた。

【 秋の七草 】あきのななくさ

秋に花の咲く草の中から代表的なものを7種選んだもの。万葉集の山上憶良の歌「萩が花尾花葛花撫子の花女郎花また藤袴朝顔の花」による。ハギ，オバナ（ススキ），クズ，ナデシコ，オミナエシ，フジバカマ，アサガオであるが，このアサガオは今のアサガオという説と，ムクゲ，キキョウ，またはヒルガオという説もある。

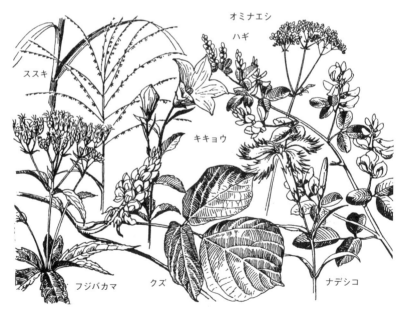

ツユムシ

露　夜間に地上の物体(天然,人工を問わない)が放射で冷却し,それに接する空気の温度が露点以下に下がり,空気中の水蒸気が水滴となって物体の表面に付着したもの。ただし草や木の葉の表面の水滴は他の原因による場合もあり,気象観測上は除く。風の弱い晴れた夜に生じることが多い。

左　露《和漢三才図会》から
下　秋(春も)に現れる天気図型
　　放射冷却が起こりやすく,
　　露や霜が降りることがある

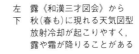

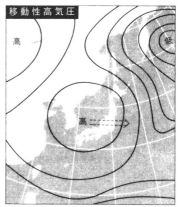

フジバカマ(藤袴) キク科の多年草。関東〜九州，東アジアの暖帯の川岸の土手などにはえる。地下茎は横にはい，茎は多く集まって直立し，高さ1〜1.5メートル。葉は対生し，ふつう3裂し，やや硬い。8〜9月，茎頂に5個の筒状花からなる淡紅紫色の頭花を多数，散房状に開く。秋の七草の一つ。

ススキ(芒，薄) カヤ(茅)とも。イネ科の多年草。日本全土の日当りのよい山野にはえ，しばしば大群落をつくる。高さ1〜2メートルになり，茎は束生し株をつくる。葉の縁には細かくかたい鋸歯(きょし)がある。夏〜秋に白色で，長さ20〜30センチの花穂を出す。小穂の基部には白い毛があり，小穂とほぼ同長。秋の七草の一つでオバナともいう。屋根ふき材料とし，また園芸品種もあり，観賞用とする。

オミナエシ(女郎花) スイカヅラ科の多年草。北海道〜九州の日当りのよい山の草地にはえ，東アジアに分布する。茎は高さ0.5〜1メートル，葉は対生し，羽状複葉で，裂片は細くとがる。夏〜秋，黄色の小花を多数開く。花冠は5裂し，雄しべは4個。秋の七草の一つ。これに似たオトコエシは毛が多く，葉の裂片は広い。花は白く，果実には包葉から変わったうちわ状の翼がある。分布は日本全土。

フジバカマ

ススキ

オミナエシ

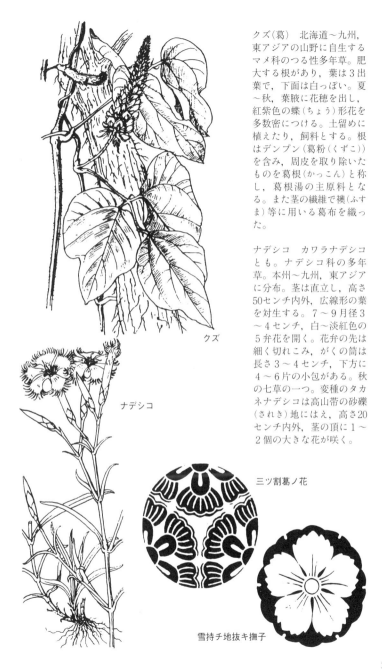

クズ（葛）　北海道〜九州，東アジアの山野に自生するマメ科のつる性多年草。肥大する根があり，葉は3出葉で，下面は白っぽい。夏〜秋，葉腋に花穂を出し，紅紫色の蝶（ちょう）形花を多数密につける。土留めに植えたり，飼料とする。根はデンプン（葛粉（くずこ））を含み，周皮を取り除いたものを葛根（かっこん）と称し，葛根湯の主原料となる。また茎の繊維で襖（ふすま）等に用いる葛布を織った。

ナデシコ　カワラナデシコとも。ナデシコ科の多年草。本州〜九州，東アジアに分布。茎は直立し，高さ50センチ内外，広線形の葉を対生する。7〜9月径3〜4センチ，白〜淡紅色の5弁花を開く。花弁の先は細く切れこみ，がくの筒は長さ3〜4センチ，下方に4〜6片の小包がある。秋の七草の一つ。変種のタカネナデシコは高山帯の砂礫（されき）地にはえ，高さ20センチ内外，茎の頂に1〜2個の大きな花が咲く。

クズ

ナデシコ

三ツ割葛ノ花

雪持チ地抜キ撫子

ハギ(萩) マメ科ハギ属のうち，ふつうヤマハギ類の数種の総称。落葉低木または草本。東アジア，北米に分布。葉は有柄で，3枚の同形の小葉からなり，花は葉腋から出た総状花序につき，花冠は蝶(ちょう)形，紅紫色または白色でときに黄色を帯びる。閉鎖花をつけるものもある。花の美しいのは東アジアの種類に限られる。秋の七草の一つ。古くから日本人に愛され，和歌や俳句によまれている。公園や庭園でよく見られるミヤギノハギは，日本海沿岸の山地にはえるケハギから園芸化されたもの。花が紅紫色ときに白色で長さ約1.5センチ，がくは5裂し，裂片はがく筒より長くて先がとがる。ヤマハギは山地に最も普通の種類で，花は紅紫色，がくの裂片は短い。

ミヤギノハギ

ヤマハギ　　　　　メドハギ

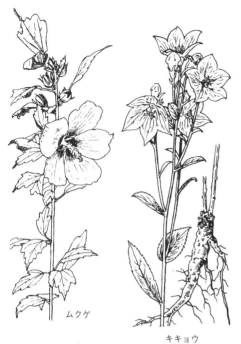

ムクゲ

キキョウ

ヒルガオ

キキョウ(桔梗)　日本全土，東アジアの日当たりのよい山野の草地にはえるキキョウ科の多年草。茎は直立し高さ0.5～1メートル，折ると白汁が出る。葉の裏は白っぽい。夏～秋，鐘状で先の5裂した青紫色の花を開く。二重咲，白花など園芸品種も多い。ゴボウ状の太い根を桔梗根といい，去痰(きょたん)剤などとする。

ムクゲ(木槿)　ハチスとも。東アジア原産のアオイ科の落葉低木。庭木や生垣として栽植される。直立してよく分枝し，木はだは灰白色で，葉は多くは3裂し，不整な鈍鋸歯(きょし)がある。8～9月，葉腋につく花は5弁，径5～6センチで1日でしぼむ。花色は白，紅紫，底紅(宗旦)，また八重咲など園芸品種も多い。さし木でよくつく。

ヒルガオ　ヒルガオ科の多年草。日本全土，東アジアの日当たりのよい平地にはえる。茎はつる性となる。葉は長楕円形で互生し，長い柄がある。7～8月，葉腋から長い柄をのばし，頂に淡紅色で漏斗(ろうと)形の花を1個つける。花は日中に開き夕方しぼむ。まれに結実。近縁のコヒルガオは花が小型で，花柄の上部に縮れた狭い翼があって，5月ごろから開花する。

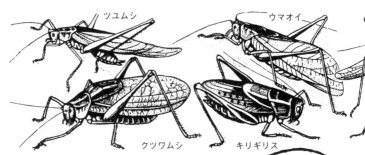

キリギリス　直翅(ちょくし)目キリギリス科の昆虫。体長45ミリ内外，茶色と緑色を混ぜるが個体変化が多い。通常は短翅型が多いが，まれに長翅型が現われる。日本特産種であるが，北海道には翅の長いハネナガキリギリスのみで本種はいない。7～10月に現われ，雄は乾燥した草むらでチョン，ギースと鳴く。鳴虫として著名。古くキリギリスとして俳句や詩歌によまれているものは，コオロギをさすことが多い。

マツムシ　直翅(ちょくし)目コオロギ科の昆虫。関東地方以西の暖地，琉球，台湾に分布。体長(翅端まで)24ミリ内外，淡褐色，扁平で後肢が長い。年1回8月下旬～10月上旬に発生，草むらの根ぎわにすみ，チンチロリンと美しい声で鳴く。卵は雑草などの根ぎわに産みつけられ，卵で越冬する。

クツワムシ　直翅(ちょくし)目キリギリス科の昆虫。鳴声からガチャガチャと俗称。体長(翅端まで)60ミリ内外，緑色と暗褐色の2型がある。暖地に多く，太平洋側で福島県，日本海側では新潟県が分布の北限。7～9月に現われる。

中央の5図は《和漢三才図会》から
左ページ　スズムシ(上)とキリギリス
右ページ　コオロギ(上)とマツムシ(下左)，クツワムシ(下右)

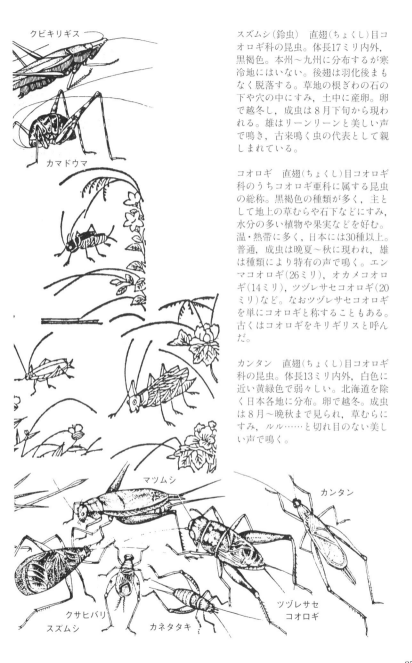

スズムシ(鈴虫) 直翅(ちょくし)目コオロギ科の昆虫。体長17ミリ内外、黒褐色。本州〜九州に分布するが寒冷地にはいない。後翅は羽化後まもなく脱落する。草地の根ぎわの石の下や穴の中にすみ、土中に産卵。卵で越冬し、成虫は8月下旬から現われる。雄はリーンリーンと美しい声で鳴き、古来鳴く虫の代表として親しまれている。

コオロギ 直翅(ちょくし)目コオロギ科のうちコオロギ亜科に属する昆虫の総称。黒褐色の種類が多く、主として地上の草むらや石下などにすみ、水分の多い植物や果実などを好む。温・熱帯に多く、日本には30種以上。普通、成虫は晩夏〜秋に現われ、雄は種類により特有の声で鳴く。エンマコオロギ(26ミリ)、オカメコオロギ(14ミリ)、ツヅレサセコオロギ(20ミリ)など。なおツヅレサセコオロギを単にコオロギと称することもある。古くはコオロギをキリギリスと呼んだ。

カンタン 直翅(ちょくし)目コオロギ科の昆虫。体長13ミリ内外、白色に近い黄緑色で弱々しい。北海道を除く日本各地に分布。卵で越冬。成虫は8月〜晩秋まで見られ、草むらにすみ、ルル……と切れ目のない美しい声で鳴く。

【 どんぐり 】

ブナ科コナラ属植物の果実のうち、果皮が堅く、熟しても外皮が裂けず、下方が総包(殻斗(かくと))に包まれるものの総称。熟すと総包から離れ、地面に落ちる。クヌギ、カシワ、コナラ、カシ類などのものが代表的。

クヌギ 本州～沖縄、東アジアに分布するブナ科の落葉高木。葉は長楕円形で先は鋭くとがり、縁には針状の鋸歯(きょし)がある。雌雄同株。4～5月、黄褐色の花を開く。果実はどんぐりの一種で、丸く、翌年の秋、褐色に熟する。古くはこの実で衣服を染めた。材は木炭、シイタケ栽培の原木とする。

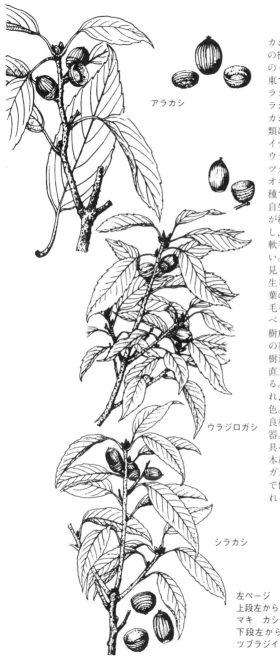

カシ（樫） ブナ科コナラ属の樹木のうち、特に常緑性のものの総称であるが、関東でカシといえば多くはシラカシ、名古屋付近ではウラジロガシ、関西ではアラカシをいう。日本産のカシ類はアカガシ、アラカシ、イチイガシ、ウバメガシ、ウラジロガシ、シラカシ、ツクバネガシ、ハナガガシ、オキナワウラジロガシの9種で、本州〜沖縄の山地に自生する。アカガシは樹皮が緑灰黒色で剝離（はくり）し、新枝葉には黄褐色の長軟毛がある。葉は大きく厚い。アラカシは最も普通に見られ、葉の裏には毛が密生して白い。イチイガシは、葉の裏面にはビロード状の毛を生じ黄白色。果実は食べられる。ウラジロガシは樹皮が灰色でなめらか。葉の裏は白い。ウバメガシは樹形は他と異なり、主幹が直立せず、果実は食べられる。シラカシはよく植栽され、葉は革質で裏は灰白色。材は一般に堅くて重く良材とされ、船舶、車両、器具、木型、農具、大工道具などに用いられる。また木炭にもされ、特にウバメガシの炭は木炭中最も硬質で備長（びんちょう）炭といわれる。

左ページ　どんぐり
上段左から　アラカシ　コナラ　アベマキ　カシワ　クヌギ
下段左から　マテバシイ　スジダイ　ツブラジイ

ナラ（楢） ブナ科のコナラ、ミズナラなどの総称。コナラは北海道〜九州の山野にはえる落葉高木。葉は倒卵形で先はとがり、下面は灰白色、縁には鋸歯（きょし）がある。雌雄同株。4〜5月開花。雄花穂は新枝の下部から出て尾状にたれ下がり、多数の黄褐色の小花をつける。雌花穂は新枝の上部の葉腋に数個つく。果実は長楕円形のどんぐりで、秋に褐色に熟す。ミズナラは北海道〜九州の山地にはえる落葉高木。コナラに比べ葉柄はきわめて短く、鋸歯は大型で鋭く、果実のどんぐりは大きい。ともに材を建築材、器具、船舶用材、薪炭とする。

マテバシイ ブナ科の常緑高木。九州、沖縄の沿海地にはえる。樹皮は暗褐青色。葉は厚く革質で倒卵状楕円形となる。雌雄同株。6月、新枝の葉腋に黄褐色の雄花穂を立て、その上方の葉腋に雌花穂をつける。全体にシイに似るが、果実は楕円形のどんぐりで、殻斗（かくと）が下部のみを包む点で異なる。

カシワ（柏） 日本全土、東アジアの山野にはえるブナ科の落葉高木。葉は枝先に集まって互生し、倒卵形で軟毛が密生、縁には波状の鈍い鋸歯（きょし）がある。雌雄同株で春に開花する。果実は球形のどんぐり。樹皮からタンニンをとり、材は器具、建材、または木炭に、葉は柏餅に用いる。

コナラ

マテバシイ

カシワ

【クリ】栗

ブナ科クリ属の果樹。落葉性の高木で，6月，新枝の葉腋から花穂を出し，先に雄花，基部に雌花をつける。果実は1～3個集まっていがに包まれる。8～10月に熟す。主要な栽培種には，中国原産のシナグリ，日本原産のニホングリなどがある。シナグリは輸入され，甘栗，天津栗の名で市販される。ニホングリの品種は200以上といわれるが，クリタマバチの被害のため，現在は耐虫性をもつ品種に統一。代表的なものに，森早生（もりわせ），銀寄（ぎんよせ），岸根（がんね），丹波など。主産地は茨城。材は杭（くい），枕木（まくらぎ），シイタケ原木とする。

猿を撃つ栗《猿蟹合戦》から

クリ 花と果実

クリの実は堅果でいがに包まれている。下図はクリの花と実の成熟の関係。

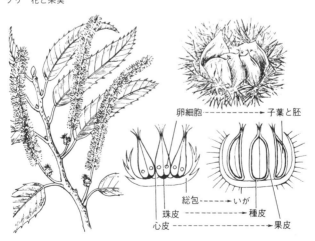

【 紅葉 】こうよう

気候の変化のため，葉中に生理的反応が起こって，緑葉が赤，黄，褐色に変わること。ムクロジ科などで著しい。これは秋，気温の低下につれ離層ができ，物質の移動が困難となって糖類が蓄積され，アントシアンなどの色素が形成されるため。また落葉前，葉緑体が分解され，葉が黄化することを黄葉といい，紅葉と同時に起こることが多い。なお春の芽ばえ時にも過度の紫外線をさえぎるため紅葉するものがある。

【 カエデ 】楓

ムクロジ科カエデ属の総称で，葉の形がカエルの手に似るところから名付けられたといわれる。落葉まれに常緑の高木で，葉は対生し，単葉で掌状に裂けるものが多く，または3～5小葉の掌状複葉。雌雄同株または異株で，春，総状～散房状の小花をつける。花柱は2本，雄しべは4～10本であるが，多くは8本。果実は2枚の翅があり，独特の形をなす。主として北半球の温帯に分布し，約160種。日本には26種ほどが自生し，数百の園芸品種がある。日本の山地に広く分布し，最も普通に植えられるイロハカエデは，葉が小型で掌状に5～7裂し，裂片の先はとがり，縁には重鋸歯(きょし)があり成葉には毛がない。4～5月，若葉と同時に若枝の先に散房花序を出し，暗紅色の小花がたれ下がる。がく片，花弁ともに5枚。果実は小さい。オオモミジはイロハカエデに似ているが，北海道～九州の山地に自生。葉は大きく，掌状に7～9裂，縁には細かく規則的な単鋸歯がある。花や果実もやや大きい。ヤマモミジはオオモミジの変種で，主として日本海側山地にはえ，葉の縁には重鋸歯がある。北海道～本州の山地にはえるハウチワカエデは，葉が大型，9～13中裂し，初めは白毛がある。カエデ類は古くから庭園に植えられ，江戸時代に多くの園芸品種が作られた。現在植栽される「野村」「占(しめ)の内」「手向山(たむけやま)(縮緬(ちりめん)楓)」などの大部分はイロハカエデやその変種からできたもの。カエデ類の樹液はショ糖を含み，特に北米のサトウカエデからはメープルシロップをとる。なお，モミジは紅葉するものの総称であったが，カエデ類，特にイロハカエデで紅葉が著しいため，おもにカエデ類をさすようになった。

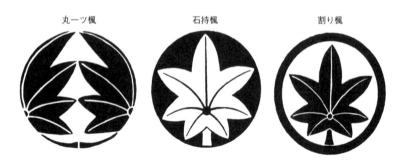

丸一ツ楓　　石持楓　　割り楓

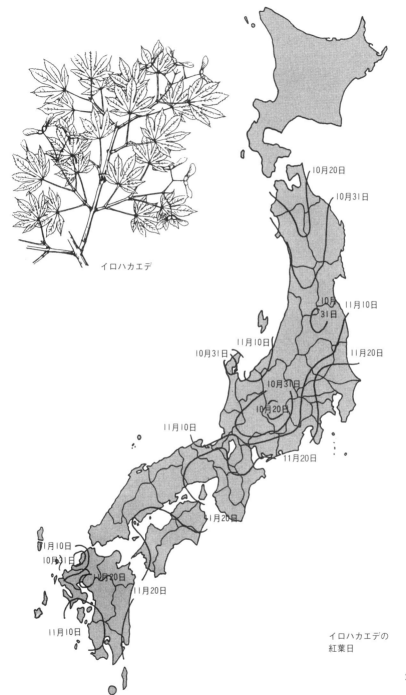

トウカエデ 中国原産のムクロジ科の落葉高木。葉は対生し、薄く光沢があり、上方は浅く3裂、裏面は白っぽい。4～5月、小枝の先に淡黄色5弁の花を散房状につける。雌雄同株。果実の2枚の翼は平行か鋭角に開く。庭木、街路樹とし、園芸品種も多い。

イタヤカエデ ムクロジ科の落葉高木で、北海道～九州の山地にはえる。葉は対生し円形で浅く掌状に裂け、裂片の先はとがる。4～5月小枝の先に散房花序を出し、緑黄色の花を開く。果実は無毛で2個の羽をもち、10月成熟。材は建築、器具、スキー用材。樹液から砂糖、シロップをとる。

東海寺看楓《東都歳事記》から

ウリハカエデ

遠足風景
《日本語読本》1846から

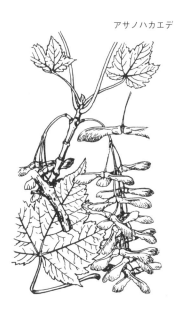
アサノハカエデ

紅葉狩（もみじがり）　能の曲目。五番目物。五流現行。観世小次郎信光作。前段，戸隠山に狩に出かけた平維茂（これもち）（ワキ）を紅葉狩の美女たちが酒宴に誘う。後段，悪鬼（シテ）が本性を現わすが，維茂は神授の太刀でこれを討つ。優雅な舞が壮烈な格闘に転ずるところに演出の特徴があり，満山の紅葉の設定も生きて人気のある曲。歌舞伎化されている。

紅葉狩　前段
平維茂を誘う美女

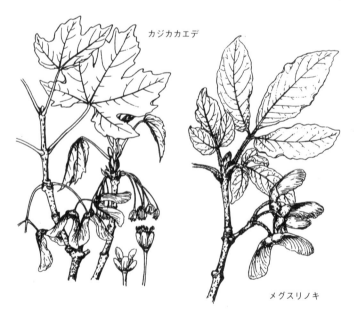

カジカカエデ

メグスリノキ

イチョウ（銀杏, 公孫樹） イチョウ科の落葉高木。中国原産。古く日本に渡来。葉は扇形で切れ込みがある。雌雄異株。4月開花し受粉するが、受精は10月、種子の成熟直前に行われる。イチョウの精子は1896年平瀬作五郎により種子植物としてはじめて発見された。種子の外種皮は黄褐色、多肉で悪臭がある。白くかたい内種皮に包まれた胚乳は銀杏（ぎんなん）といい、食用。種子が奇形的に葉に生ずるものをオハツキイチョウという。寺社の境内、庭、街路に広く植えられ、また盆栽とする。材は黄白色で均質で将棋盤や駒、細工物に利用。なお、ときに幹や枝から気根をたれるが、これを乳（ちち）という。

【 落葉樹 】らくようじゅ

葉の寿命が1年以内でふつう冬に一斉に落葉する樹木をいうが、熱帯〜亜熱帯で乾季に落葉するものも含まれる。常緑樹の対。温帯に多くはえ、種類も多い。同一植物で環境により落葉樹であったり、常緑樹であったりするものもある。落葉樹にはブナ、ミズナラなどの落葉広葉樹と、カラマツ、セコイアなどの落葉針葉樹とがある。

メタセコイア アケボノスギとも。ヒノキ科の落葉高木。中国原産で日本にも渡来、各地に植えられる。葉は羽状複葉で柔らかく、細い小枝に対生する。雌雄同株。3月に開花。雄花穂は小枝の先に並び、雌花穂は枝先に1個つく。果実は楕円形で10月に熟す。庭木、街路樹などとする。全体にセコイアに似るが、葉が対生する点で異なり、別属とされている。メタセコイア属は日本でも数種が化石として発見され、本種は「生きた化石」の一つとされる。

オハツキイチョウ

メタセコイア

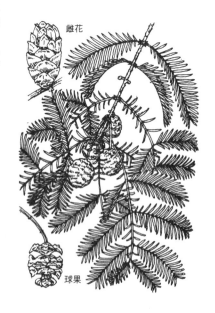

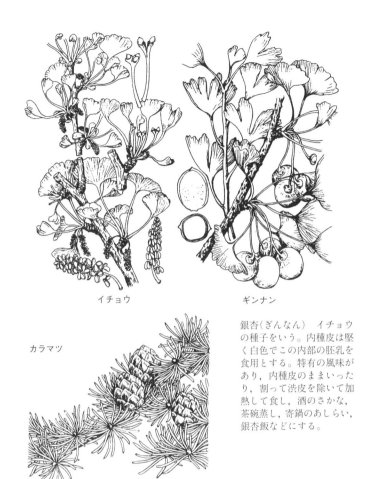

イチョウ　　　　　ギンナン

カラマツ

銀杏（ぎんなん）　イチョウの種子をいう。内種皮は堅く白色でこの内部の胚乳を食用とする。特有の風味があり、内種皮のままいったり、割って渋皮を除いて加熱して食し、酒のさかな、茶碗蒸し、寄鍋のあしらい、銀杏飯などにする。

カラマツ（唐松，落葉松）　本州の亜高山帯の日当りのよい山地にはえるマツ科の落葉高木。葉は針状で柔らかく、長い若枝ではらせん状に単生し、短枝では20〜30本が菊座状に群生。落葉時には黄色くなる。雌雄同株。春、開花。球果は広卵形で鱗片の先はそりかえる。材は建築、土木、船、パルプ、樹は庭木、盆栽とする。

落葉（らくよう）　高等植物において葉が枯れ落ちる現象。落葉期には葉身または葉柄の基部に離層が形成され、物質の流通が妨げられて、葉は落ちる。落葉樹では紅葉・黄葉を伴う場合がある。常緑樹でも古い葉から次第に落葉。環境条件など外部要因によって生じるものと、種によって定められた体内条件によって生じるものとがある。

ハゼノキ　ウルシ科の落葉高木。ハゼとも。果実から木蠟をとるため栽培もされ本州(関東以西)〜沖縄の暖地には野生化した株も見られる。葉は大型の奇数羽状複葉で、広披針形の小葉9〜15枚からなり、枝先に集まる。秋には美しく紅葉。雌雄異株。5〜6月、黄緑色5弁の花を多数、円錐状に開く。果実は楕円形で10〜11月、白色に熟す。近縁のヤマハゼは本州(東海以西)〜九州の暖地の山地にはえる落葉小高木で、ハゼノキによく似るが、若枝、葉などには毛がある。ともに触れるとかぶれることがある。

ハゼノキ

ホウキギ　ユーラシア大陸原産のヒユ科の一年草。各地に野生化し栽植もされる。茎は高さ1メートル内外。多数分枝し、全体が球形となる。葉は互生し、倒披針形。8〜9月葉腋に花穂を出し、淡緑色の小花を多数つける。若い葉や果実は食べられ、茎はかわかして箒(ほうき)とされる。

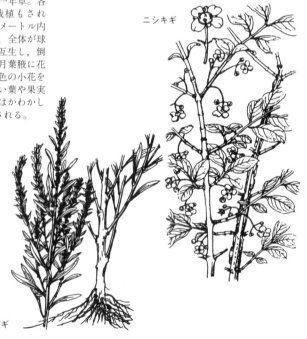

ニシキギ

ホウキギ

和蠟燭の製造
《絵本吾妻の花》から

ツタ

ツタ(蔦) ナツヅタとも。北海道〜九州，朝鮮半島，中国に分布するブドウ科のつる性落葉木。庭木や盆栽にされる。巻きひげの先に吸盤があって石や木に付く。葉は柄が長く，短枝のものは広卵形で大きく3裂し，長枝のものは広卵形か3小葉で，秋に紅葉する。6〜7月，黄緑色の小5弁花が集まって咲き，秋に球形の液果が黒熟。

ニシキギ ニシキギ科の落葉低木。北海道〜九州，北東アジアの山野に自生。枝には硬いコルク質の翼が4条ある。葉は対生し，楕円形で縁に鋸歯(きょし)があり，秋に美しく紅葉。5〜6月，葉腋に淡緑色4弁の花を数個開く。果実は10〜11月，褐色に熟して裂開し，なかから黄赤色の仮種皮をかぶった種子を出す。庭木とする。

271

ナナカマド　バラ科の落葉高木。北海道〜九州の山地〜亜高山にはえ、千島、樺太にも分布。葉は長楕円形の小葉5〜8対からなる奇数羽状複葉で、秋には紅葉する。5〜7月、小枝の先に複散形花序をつけ、白色の5弁花を開く。果実は球形で10〜11月、赤熟してたれ下がる。紅葉、果実を生花材料とし、材を細工物とする。本州中部以北の高山帯にはえるタカネナナカマドは小葉が3〜5対、花は紅を帯びた白色となり、果実は赤熟。

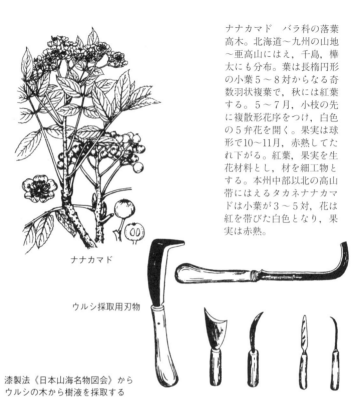

ナナカマド

ウルシ採取用刃物

漆製法《日本山海名物図会》から
ウルシの木から樹液を採取する

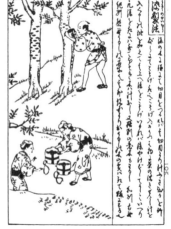

右　ケヤキ
下はウルシと果実(右)

ケヤキ　本州〜九州，東アジアの山野にはえるニレ科の落葉高木。高さ30メートルにも達し，葉は狭卵形で先はとがり，縁には鋸歯(きょし)がある。雌雄同株。4〜5月，淡黄緑色の小花を開く。果実は堅く，ゆがんだ球形で，10月，褐色に熟す。材は強くて木目が美しく，建築，器具に用い，樹は並木，庭木，防風林，盆栽とする。

漆(うるし)　ウルシから得られる天然樹脂。表皮に傷をつけ浸出する乳液(生漆)を採取する。主成分はフェノール誘導体であるウルシオール(70〜80％)で，ほかに水分，ゴム質，含窒素物および酸化酵素ラッカーゼを含む。ウルシオールには皮膚にかぶれを起こさせる作用がある。塗膜の硬化はラッカーゼの作用によるもので，いったん70℃に加熱すると活性を失い硬化しなくなるが，約130℃に熱すると重合して硬化する(焼漆)。硬化塗膜は硬度が高く，すぐれたたわみ性をもち外観が美しいため，古来漆器の製造に賞用。

ウルシ(漆)　ウルシ科の落葉高木。中国原産。樹皮は暗灰色。葉は枝先に互生し，奇数羽状複葉をなし，鋸歯(きょし)のない小葉を3〜7対つける。雌雄異株。6月黄緑色で5弁の小花を葉腋に円錐状に密につける。果実はゆがんだ球形で毛はなくなめらか。漆採取のため日本各地で植栽される。果実からは蝋をとる。近縁のヤマウルシは山野にはえ，果実はやや小型で表面にかたい毛を密生する。

【 カキ 】柿

本州〜九州，中国に自生するカキノキ科の落葉高木。古くから果樹として栽培される。甘ガキと渋ガキに大別され，幼果期にはともに渋いが，前者は成熟期に渋が抜ける。甘ガキは関東以西に良品を産し，富有，次郎，御所などが代表的品種。渋ガキは比較的広く分布し，代表的品種は平核無(ひらたねなし)など。おもに干柿とする。渋抜きには，果実全体にアルコールを噴霧し密封する方法が一般的。

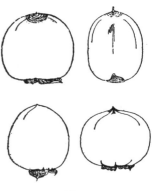

カキの種類
上左から　福丸(渋柿)　蜂屋
下左から　作州身不知　衣紋

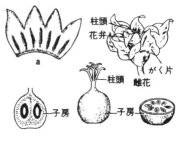

カキの花と果実　右は花の模式図
a.は雄花を開いたところ

《猿蟹合戦》

カキの種類
上左　富有　上右　百目
中左　禅寺丸　中右　次郎
下　富士(渋柿)

御所柿の収穫
《日本山海名物図会》から

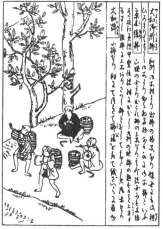

蜜柑の収穫
《日本山海名物図会》から

【 ナシ 】梨

バラ科ナシ属の落葉高木の総称。ニホンナシは，日本〜中国南部に原生する野生種を古くから改良してつくられたもの。葉は大きく卵形，花は白色で5〜10個が散房状につく。果実は球形で成熟果の色は緑，赤褐，黄褐色など。果肉には石細胞が多く独自の舌ざわりがある。ふつう棚仕立で栽培され，5〜6月に果実を間引き，夏〜秋に収穫。主要品種は二十世紀，長十郎，幸水，菊水など。セイヨウナシは欧州中南部〜小アジアの原産で果実は倒円錐形。ニホンナシに比べ石細胞は小さく，追熟させて食べる。バートレットなど。シナナシは中国北部の原産で果実は紡錘形に近い球形。ヤーリー，ライヤンツーリー，ホンリーなど。セイヨウナシ，シナナシとも明治になって日本に導入された。

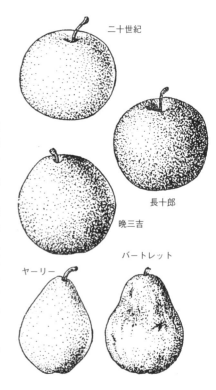

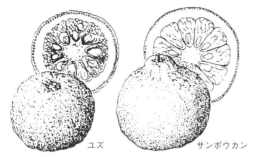
ユズ　　　サンポウカン

蜜柑船《紀伊国名所図会》から

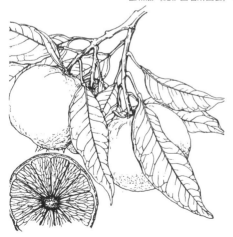
ウンシュウミカン

ミカン(蜜柑)　ミカン科の柑橘(かんきつ)のうちミカン属に属するものの総称。ふつう果囊が互いに分離しやすく、皮もむきやすいウンシュウミカンなどをさす。

柑橘(かんきつ)　ミカン科のミカン属の総称。ミカン属には、果囊が癒着(ゆちゃく)する傾向のあるレモン類(レモン、シトロン、ブッシュカン、ライム)、ザボン類(ザボン、ブンタン、グレープフルーツ)、ダイダイ類(ダイダイ、アマダイダイ)、雑柑類(ナツミカン、イヨカン、ナルトミカン、ハッサク、サンポウカン、ヒュウガナツ)と、果囊が互いに分離しやすいユズ、ウンシュウミカン類(ウンシュウミカン、クネンボ、キシュウミカン)があり、多くは寒さに弱く、年平均15℃以上の所で栽培される。

ウンシュウミカン(温州蜜柑)　中国から伝来した柑橘(かんきつ)の実生(みしょう)変種で、日本産の代表的ミカン。経済的にも重要。高さ3〜4メートル。花は白い。果実は扁球形で200グラム内外、黄だいだい色で皮はよくむける。果肉は柔らかい。11〜12月成熟。主産地は愛媛、静岡、和歌山など。品種に早生温州がある。

【 七五三 】しちごさん

 3歳，5歳，7歳の子どもの祝い。11月15日に行う。3歳の髪置(かみおき)，5歳の袴着(はかまぎ)，7歳の帯解(おびとき)など江戸時代から7歳，5歳，3歳を祝う習俗があったが，年齢や祝日，男女の別は固定していなかった。今では男女の別なく7歳，5歳，3歳の子どもを着飾らせて神社に参拝する。七五三の名称とともに，この風習の盛んになったのは明治以後である。

旧11月15日の嬰児宮参
《東都歳事記》

日本郵便切手から
七五三

渡り鳥　繁殖地と越冬地の間を決まった季節に移動する鳥。渡りの状態は夏鳥，冬鳥，旅鳥の3種に分類できる。また渡りをしないものに留鳥と漂鳥がある。

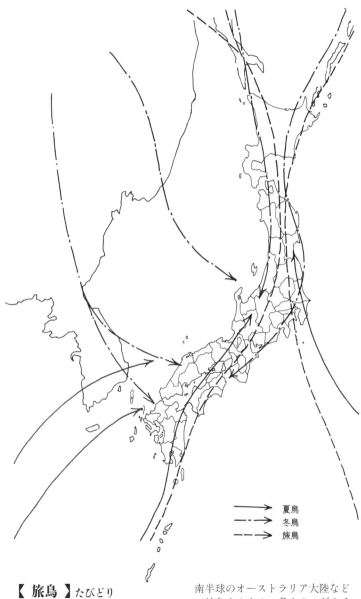

【 旅鳥 】たびどり

渡り鳥のうち,北半球の夏は北極圏やシベリア地方で繁殖し,冬は南半球のオーストラリア大陸などで越冬するもの。多くのシギやチドリ類は,その渡りの途中2回,春と秋に日本に立ち寄る。

ダイシャクシギ シギ科の鳥。翼長30センチ，背面は黄褐色で黒褐色の斑紋があり，腹面は白色。くちばしは長く下へ曲がる。ユーラシア大陸中部で繁殖し，冬は南方へ渡る。日本には旅鳥として春と秋に干潟，海岸などに渡来するが，西日本では冬を越すものもある。くちばしで巧みにカニや貝類をあさる。

トウネン シギ科の鳥。翼長10センチで最小のシギの一種。冬羽は背面灰褐色で不鮮明な黒色斑紋があり，夏羽は赤褐色みが強い。シベリア北東部，アラスカ西部で繁殖し，冬は東南アジア，豪州に渡る。日本には旅鳥として春と秋に多数渡来し，干潟，水田，川原等に見られる。

シギ(鷸) シギ科の鳥の総称。大きさはスズメ大からカラスより大きいものまでいろいろ。多くは旅鳥で日本には52種イソシギ，ヤマシギ，オオジシギ，アマミヤマシギ，アカアシシギなどが飛来。

280

ミヤコドリ ミヤコドリ科の鳥。翼長26センチ。頭頸や背面は黒色，腹面や翼の一部は白色，冬羽には喉(のど)に白帯がある。くちばしは赤色。ほとんど世界的に分布し，日本にはシベリア東部，中国東北部などで繁殖するものが旅鳥として渡来するが，まれ。海岸，干潟などで貝類などを食べる。詩歌によまれる都鳥はユリカモメのこと。

アジサシ カモメ科の鳥，翼長28センチ。ユーラシア大陸の中部，北米大陸の中東部で繁殖し，熱帯で越冬する。日本では春と秋に旅鳥として全国の海岸に渡来。魚を主食とし，空中から急降下して捕える。

ショウドウツバメ ツバメ科の鳥。ツバメより小さく翼長10センチ。背面は暗褐色，腹面は白色。ユーラシア大陸および北米大陸に広く繁殖し冬は南へ渡る。日本では北海道で繁殖し，本州以南では旅鳥。川に沿った砂質の崖に穴を掘って巣とし，集団繁殖する。和名は小洞ツバメの意。渡りの時には海岸や河口に多い。飛びながら昆虫を食う。

ムナグロ チドリ科の鳥。翼長16.5センチ。冬羽は背面黒地に黄色の小斑が並び，腹面は淡色。夏羽は顔と腹面黒色。シベリア北東部および北米極北部で繁殖し，冬はインド，東南アジア，ニューギニア，豪州などに渡る。日本には旅鳥として春と秋に渡来し，水田，川原などに群生。ミミズ，昆虫，クモなど小動物を食べる。ピョピョー，チョピョーなどと鳴く。

【 秋の野菜 】あきのやさい

〈実りの秋〉という言葉通り、野菜の収穫も多い。なかでも、中秋に欠かせないサトイモを始めとするイモ類、根菜類が豊かである。

【 いも 】芋

藷、薯とも書く。一般に植物の根や地下茎がデンプンなどを貯蔵して肥大したもの。食用やデンプン原料となるものが多く、主食とする所も少なくない。歴史的には、東南アジアを中心とする熱帯・亜熱帯ではタロイモ、ヤムイモが、南米の熱帯低地ではキャッサバそのほかが、メキシコの高原ではサツマイモが、南米アンデスの高地ではジャガイモが、それぞれ一時期の栽培作物の中心となり、いも栽培型の、いわゆる種子によらず根分けや挿芽により繁殖する栄養繁殖作物を栽培する根栽農耕文化を形成したと説かれる。アジアの温帯地域では、タロイモの中からサトイモが、ヤムイモの中からナガイモが、そして日本原産のジネンジョ（ヤマノイモ）などが栽培されてきた。

サトイモ
左は《和漢三才図会》から

サトイモ（里芋）　熱帯アジア原産のサトイモ科の作物。80～120センチの葉柄のある大きな葉を多数群生する。根茎は球茎で、多くの節を有し、盛んに肥大して新球茎、すなわち子芋、孫芋を生ずる。品種は多く、約200種。子芋用品種（エグイモなど）、親子兼用品種（ヤツガシラ）、親芋用品種、葉柄用品種に大別される。芋は煮て食し、葉柄はずいきとして食用とする。

サツマイモ 甘藷(かんしょ),カライモとも。熱帯アメリカ原産のヒルガオ科の多年生作物。温帯では一年草。コロンブスが欧州に持ち帰って以後,世界各地に伝播(でんぱ)。日本へは17世紀ごろフィリピンから長崎に,あるいは中国・琉球から九州南部に伝わり,18世紀に普及。茎はつる性で長さ0.6〜6メートル,紫,緑褐,緑色などを呈する。葉は互生し心臓形。根の一部が肥大し,球形,紡錘形などの塊根となる。塊根は紫,黄,紅色などで,多量のデンプンをたくわえ,食用となる。花はヒルガオに似るが,温帯ではほとんど咲かない。春,温床に種芋を伏せこみ,初夏に定植,秋に収穫する。在来のサツマイモと,アメリカイモの二つの系統があり,それぞれ品種が多い。

ニンジン（人参） 欧州，北アフリカ〜中央アジアの原産といわれるセリ科の一〜二年草。羽状複葉の根出葉を出し，根はふつう倒円錐形で肥大し長さ10センチ〜1メートル，カロチンを含み黄〜赤色。夏，1メートル前後の花茎を出し多数の小型白花を開く。品種は東洋系と西洋系とに大別され，また長根種と短根種とにも分けられる。一般に表土の深い砂質壌土を好む。根はビタミンAが特に豊富で，生食，煮食のほか各種料理のつけ合せ，みそ漬，粕（かす）漬とする。また葉もビタミンAを多く含み，浸し物やパセリの代用ともされる。

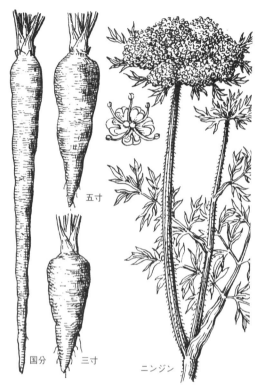

五寸
国分　三寸
ニンジン

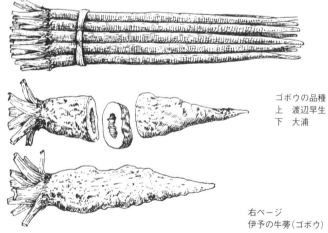

ゴボウの品種
上　渡辺早生
下　大浦

右ページ
伊予の牛蒡（ゴボウ）

ハス(蓮) 熱帯アジア原産のハス科の多年生水生植物。水底の泥の中をはう地下茎の節から長い柄をのばし、径30〜50センチのほぼ丸く楯形をした葉を水面上に出す。夏の朝、水の上につき出る太い花茎上に1花を開く。花は径10〜25センチで、芳香があり、花弁は20数枚、花色は淡紅、紅、白。花托はハチの巣状をなし、その穴の中にできた果実は堅い暗黒色の果皮で種子を包んでいる。種子の寿命はきわめて長く、1000年以上前の種子の発芽も知られる。秋の末に地下茎の先端の肥大したものが蓮根(れんこん)で、種子も食用になる。観賞用(花バス)、食用(レンコン)として古くから各地の池や沼、水田で栽培され、特に花バスには多くの品種がある。

ハス

ゴボウ 根、まれには葉柄を食用とするため、古くから栽培されるキク科の野菜。根出葉は長い柄があり、大きな心臓形で、長さ40センチ、縁には鋸歯(きょし)がある。直根は長く伸び、品種により1.5メートルにも達する。品種は、細長形赤茎の滝の川系、白茎の越前系、短太の大浦系など。金平(きんぴら)、煮しめなどにする。

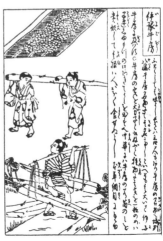

285

【秋の魚】あきのさかな

秋刀魚と書けばサンマ、アイヌ語のアキアチップの転とされる秋味といえば鮭(サケ)。その他、サバ、イワシなど光物も旬をむかえ食欲の秋に応えてくれる。

《日本山海名産図会》から
鯖釣舟

イワシ
上左、マイワシ
上右、キビナゴ
下左、カタクチイワシ
下右、ウルメイワシ

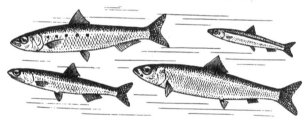

サンマ(秋刀魚)　サンマ科の魚。地方名サイラ、サイレ、サヨリ、バンジョ、セイラなど。体は側扁して細長く、全長40センチに達するものもある。背びれは体の後部にあり、背面は青黒色、腹面は銀白色。北太平洋、日本海に広く分布し、南限は沖縄。表層性の回遊魚だが産卵の時など湾内に入ることもある。日本では漁業上重要な魚種の一つで、第二次大戦後、棒受網の使用によって水揚額が激増した。塩焼は美味。缶詰、干物、マグロの釣餌など用途が広い。

イワシ(鰯)　ニシン科のマイワシ、別科のウルメイワシ、カタクチイワシなどの総称。マイワシは全長20センチ余。背面は暗青色、体側に7個内外の小黒斑が並ぶ。サハリン南部～九州、沿海州、朝鮮半島に分布する沿岸性の表層回遊魚。定置網、巾着(きんちゃく)網など漁法がいろいろある。

サンマ

サバ(鯖) サバ科の魚。日本近海にはマサバ(別名ヒラサバ, ホンサバ), ゴマサバ(別名マルサバ)の2種を産する。両種とも体長40センチ以上, 体は太く紡錘形。背面は緑色地に青黒色の波状紋があり, 腹面は銀白色。ゴマサバは腹面に不規則な小黒点が密に分布すること, また背びれのとげや鱗の数などでマサバと区別される。マサバは千島列島以南, 日本各地～中国, フィリピンに分布し, ゴマサバは前者より暖水を好み, 本州中部以南～台湾に分布する。いずれも表層回遊魚で, 主として小魚, 大型プランクトンを食べる。日本の水産統計ではこの2種を区別しないことが多いが, マサバの占める割合が大きい。巻網, 揚繰(あぐり)網, 刺網, 棒受網, 一本釣, はね釣(集魚灯とまき餌を用いる釣漁法)などでとる。地方によっては刺身にもするが, 普通はしめサバ, 煮付, 塩焼, 干物, 缶詰などにする。

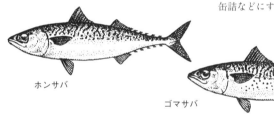

ホンサバ

ゴマサバ

ヤマトカマス

イトヨリダイ 別名イトヨリ。イトヨリダイ科の魚。地方名ポチョなど。全長40センチ余。黄赤色, 体側に黄色の縦帯が6条。千葉県～東シナ海に分布。深さ40～100メートルの泥質の海底にすむ。5～9月に産卵。冬季特に美味。イトヨリダイ科はほかにキツネウオ, タマガシラなどがいる。

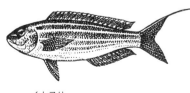

イトヨリ

カマス カマス科の魚。ふつう日本では, 全長30～50センチのヤマトカマス, アカカマス, アオカマスの3種をさす。本州中部～太平洋熱帯部に分布。塩焼や生干しなどにして美味。全長1～1.8メートルのオニカマス(ドクカマス)は毒性をもつことがあり, 食用にはしない。

サケ(鮭) サケ科の魚類中の一群の総称，またそのうちの一種をいう。後者は地方名シャケ，アキアジ，シロザケ，トキシラズなど。全長1メートル，あぶらびれをもち，背面は青灰色，腹面は銀白色。産卵期には紅色の斑紋を生じる。またこの時期，雄の吻(ふん)は突出して曲がるため「鼻曲り」と呼ばれる。日本海と北太平洋に分布し，これらに注ぐ川に産卵のためさかのぼる。日本における南限は太平洋側では千葉県の夷隅(いすみ)川，日本海側では山口県である。稚魚は相模湾にも出現する。産卵期は秋〜冬。雌は砂礫(されき)底に穴を掘って産卵し，砂礫で上をおおう。ニジマスなどと違って産卵後の親は死ぬ。孵化(ふか)した稚魚は春，川を下って海に入り，2〜5年で成魚となって川をさかのぼる。鮮魚として食用にするが，最も普通には，新巻(あらまき)，塩ザケ，冷凍魚，缶詰，燻製(くんせい)などにする。卵は塩漬して筋子やイクラとして珍重される。産卵には，生まれ故郷の川をさかのぼるので，人工的に採卵，孵化，放流することにより，資源の減少をかなり防ぐことが可能になった。

上は乾鮭と鮭
《和漢三才図会》から

サケ 右は成熟期前
下は成熟期の雄

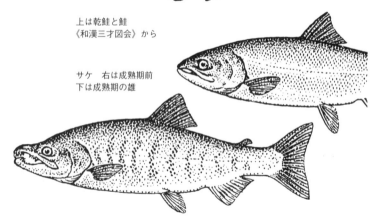

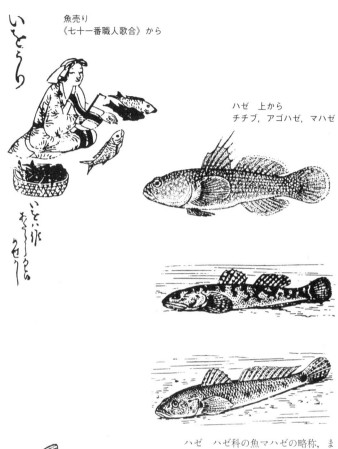

魚売り
《七十一番職人歌合》から

ハゼ 上から
チチブ，アゴハゼ，マハゼ

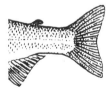

ハゼ ハゼ科の魚マハゼの略称，またはハゼ科の総称。マハゼは全長25センチ（まれに30センチ）。北海道〜種子島，アジア大陸東部，豪州のシドニー，カリフォルニアに分布。内湾や河口に多く，暖かい季節に淡水域にさかのぼるものもある。底生小動物や藻類を食べる。2〜5月に泥底に穴を掘って産卵。てんぷら，甘露煮などにして賞味され，また釣の対象魚として東京湾，松島湾などでは人気がある。ハゼ科はほかに淡水ではヨシノボリ，チチブなど，沿岸ではドロメ，アゴハゼなど種類が多い。

ホーライ　冬の女神

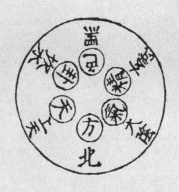

えごよみ 冬・正月

冬の星座 風 季節風 冬眠 雪 霰 霜 冬至 クリスマス サンタクロース クリスマスツリー 冬鳥 冬の野菜 冬の魚 酉の市 除夜 門松 正月 鏡餅 初夢 宝船 七福神 十干十二支 ネズミ ウシ トラ ウサギ 竜 ヘビ ウマ ヒツジ サル 鶏 イヌ イノシシ 春の七草 小正月 節分

冬 天文学では冬至(12月22日ころ)から春分(3月22日ころ)まで,節気では立冬(11月7日ころ)から立春(2月4日ころ)の前日まで,慣習上は12〜2月をいう。

【 冬の星座 】ふゆのせいざ

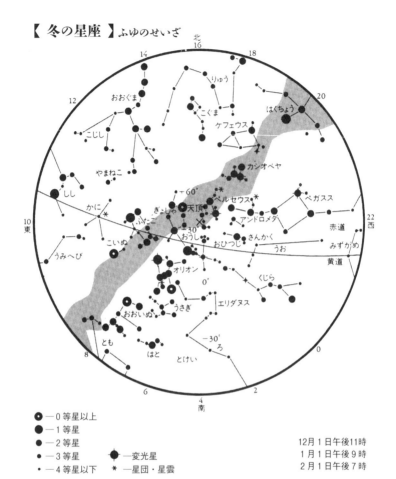

- ◉ ― 0等星以上
- ● ― 1等星
- ● ― 2等星
- ・ ― 3等星
- ・ ― 4等星以下
- ● ― 変光星
- ＊ ― 星団・星雲

12月1日午後11時
1月1日午後9時
2月1日午後7時

冬の星座　空気が澄んでいて、星座を観察するのに最適のシーズンである。プレアデス星団すなわち昴(すばる)が目につく。冬の星座はペルセウス座, ふたご座, ぎょしゃ座, おおいぬ座, おうし座, こいぬ座, オリオン座, とも座, うさぎ座とにぎやかである。

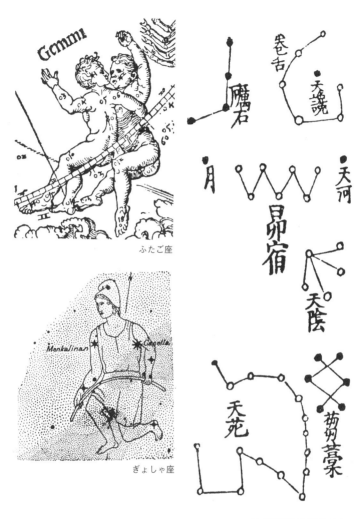

ふたご座

ぎょしゃ座

昴《和漢三才図会》から

等級		名称・風速・状況

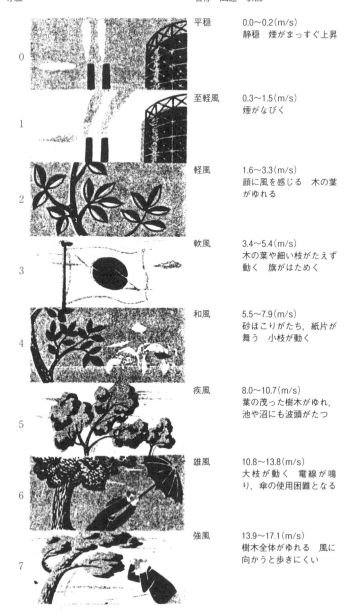

等級	名称	風速・状況
0	平穏	0.0〜0.2(m/s) 静穏 煙がまっすぐ上昇
1	至軽風	0.3〜1.5(m/s) 煙がなびく
2	軽風	1.6〜3.3(m/s) 顔に風を感じる 木の葉がゆれる
3	軟風	3.4〜5.4(m/s) 木の葉や細い枝がたえず動く 旗がはためく
4	和風	5.5〜7.9(m/s) 砂ほこりがたち,紙片が舞う 小枝が動く
5	疾風	8.0〜10.7(m/s) 葉の茂った樹木がゆれ,池や沼にも波頭がたつ
6	雄風	10.8〜13.8(m/s) 大枝が動く 電線が鳴り,傘の使用困難となる
7	強風	13.9〜17.1(m/s) 樹木全体がゆれる 風に向かうと歩きにくい

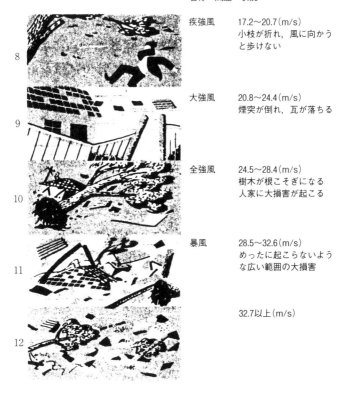

	名称	風速・状況
8	疾強風	17.2〜20.7(m/s) 小枝が折れ，風に向かうと歩けない
9	大強風	20.8〜24.4(m/s) 煙突が倒れ，瓦が落ちる
10	全強風	24.5〜28.4(m/s) 樹木が根こそぎになる 人家に大損害が起こる
11	暴風	28.5〜32.6(m/s) めったに起こらないような広い範囲の大損害
12		32.7以上(m/s)

【 風 】かぜ

動いている大気を風という。風は風向と風速によって表わされ，風力はビューフォート風力階級で表示される。山を越える場合や，発達した雷雲中以外ではほとんど水平に吹き，水平方向の風が毎秒数メートル〜数十メートルに対し，垂直方向の風は毎秒数センチ〜数十センチ程度である。風向，風速は絶えず変化し，風は息づいている(風の息)。瞬間的に強まった風速は，普通に用いられる平均風速のおよそ1.5倍である。風速は高さとともに次第に強くなっている。およそ200メートルの高さで，地表から10メートルの高さにおける風速の1.5〜2倍になる。風と気圧分布の間にはほぼ一定の関係があり，北(南)半球では風を背にして立つと左(右)手の方の気圧が低くなる。

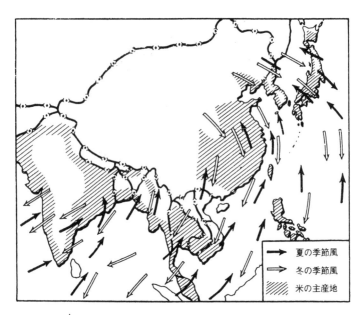

凡例: 夏の季節風 / 冬の季節風 / 米の主産地

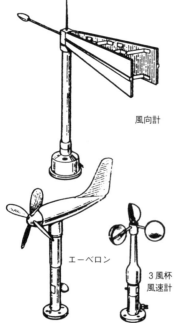

風向計
エーベロン
3風杯風速計

【 季節風 】きせつふう

モンスーン。季節によって方向を吹き分ける風。東〜東南アジア,インドで最もよく発達する。大陸と海洋の温度差に起因し,冬には大陸から海洋に,夏には海洋から大陸に向かって吹き,雨季,乾季を生む原因となる。日本付近では冬の北西季節風が強く,海上で毎秒15メートル,陸上では10メートル程度に達するが,夏の南東季節風は弱く海上で10メートル,陸上では2〜3メートル程度。

凩(こがらし) 初冬に,冬の季節風の先駆けとして吹く冷たく強い北よりの風。木を吹き枯らすということからきた呼び名。木枯しとも書く。天気図が西高東低型となったときに吹く。

【冬眠】とうみん

動物が摂食や運動をやめ、代謝活動が著しく低下した状態で冬季を過ごすこと。ヘビ、カエル、昆虫など陸生変温動物に広くみられ、コウモリ、ヤマネ、シマリスなどの恒温動物もこれを行う。体温は変温動物の場合、外囲の温度に並行して低下するが、恒温動物ではある一定温度(コウモリでは5℃、ヤマネでは0℃くらい)以下には下がらない。クマ、アナグマなどは冬眠中でも体温の低下は起こらず、わずかな刺激で目ざめる。

アナグマ アナホリマミ、ササグマとも。食肉目イタチ科。体長60〜80センチ、尾12〜20センチ。欧州からロシア、イラン、中国、日本(北海道を除く)に分布。夜行性。雑食性で果実、ネズミなどを食べる。長大なトンネルを掘ってすみ、そこで冬眠する。毛はかたく、筆、ブラシに利用。肉は美味。

イモリ アカハラとも。イモリ科。体長8〜13センチ、雄は一般に小さい。本州、四国、九州に分布。背面は黒紫色、腹面は赤色で黒色斑紋がある。平地や山地の川や池にすみ、ミミズ、昆虫、貝などを食べる。陸上の石の間、枯葉の下、または水底で冬眠。繁殖期に雄は青紫色の婚姻色を表わし、雌の前で求愛する。雌は放出された精包を取り入れて体内受精。4〜7月ごろ水草に産卵。

アナグマ

イシガメ

イモリ

イシガメ イシガメ科。淡水性のニホンイシガメをさす。甲長13〜18センチ、背面は黒褐色で、腹面は黒色。甲は箱状で、驚くと頭頸部、四肢、尾部を甲内に引き入れ体を保護する。日本固有種で、本州、四国、九州に分布。川、池沼にすみ、魚介類を捕食する。泥中で冬眠。ゼニガメは多く本種の子。準絶滅危惧(環境省第4次レッドリスト)。

シマリス　齧歯(げっし)目リス科。体長12〜15センチ，尾11センチほど。体は黄褐色で背には黒い縞(しま)が5本。シベリア，朝鮮半島，南千島，北海道などに分布。あまり木には登らず，おもに地上で生活する。昼行性。穴掘りがうまく，地中に巣を作り，冬はそこで冬眠。マツの実，クルミ，どんぐり，キノコ，昆虫などを食べる。1腹4〜6子。

上《日本山海名産図会》から
冬眠中の熊の捕獲

シマリス

ヤマネ

ツキノワグマ

ヤマネ　齧歯(げっし)目ヤマネ科。体長7〜8センチ，尾4.5〜5.5センチ。体形はネズミに似て，体毛は淡褐色。背中央に黒褐色の縞(しま)が1本。日本特産で本州，四国，九州に分布。山林にすみ，夜出て昆虫，木の実や芽を食べる。冬は木の穴，小鳥の巣箱などに入り，ボールのように丸くなって冬眠する。1腹3〜7子。国の天然記念物。

ツキノワグマ　ヒマラヤグマ，クロクマとも。食肉目クマ科。体長1.2〜1.9メートル，尾8センチほど。体は黒色で，普通，前胸に三日月状の白斑をもつ。東アジアに分布し，日本では本州，四国，九州に産する。山地にすみ，おもに夜出歩き，草，果実，カニ，アリなどを食べる。晩秋から大木の樹洞などで冬眠，そこで普通2子を産む。肉は食用，毛皮は敷物にされ，胆嚢は熊の胆(い)と称して健胃剤として珍重される。

キクガシラコウモリ

キクガシラコウモリ 翼手目キクガシラコウモリ科。体長7.3センチほど。体毛は絹状で柔らかく，赤褐色。ユーラシア大陸に分布し，日本では全国に産する。樹洞や岩穴に群集し，夜飛び出して甲虫，ハエなどを食べる。冬季，洞穴などに群をなして冬眠する。1腹1子。

ヒグマ

ヒグマ アカグマとも。食肉目クマ科。体長1.7～2.8メートル，尾6～21センチほど。体毛は長く褐～黒色。ユーラシア・北米中北部に分布。日本では北海道に産する。森林からツンドラ，海岸から高山まで広くすみ，草，木の実・根，サケ，蜂蜜（はちみつ）などほとんどなんでも食べる。冬は穴に入って冬眠し，この間に普通2子を産む。

クマ（熊） 食肉目クマ科の総称。尾は短く，毛は一般に長くて密生。四肢は太くがんじょう。吻（ふん）は突出する。ユーラシア大陸，北アフリカ，南北アメリカに分布。7～8種がある。木登りや泳ぎがうまく，雑食性。ときに人畜を襲うことがある。寒い地方では冬眠し，この間に普通2子を産む。熊の胆（い）（胆嚢）は健胃剤にされ，毛皮は敷物になる。日本にはツキノワグマとヒグマがすむ。

【雪】ゆき

降水現象の一種。積雪を含めていう場合も多い。水蒸気の飽和した0℃以下の空気中で氷晶核に水蒸気が昇華してできた氷の結晶。降ってくる一つ一つの白い一片を雪片といい、これは雪の結晶が一つのこともあり、二つ以上くっついていることもある。大気中で雪ができるのは気象学的には水蒸気を多量に含んだ空気の上昇、冷却が原因であり、また雲粒から雪片が形成される機構については主として氷晶説によって説明されている。雪の結晶は六方晶系に属するが、その時の気温と水蒸気の供給量によっていろいろの外形のものができる。平板正規六花形のものが普通であるが、針状、角柱、鼓形のものも多く、まれには十二花のものがある。また雲粒が凍りついて、あられ状となったものも少なくない。中谷宇吉郎は初めて雪の結晶を人為的に造り出し、さまざまな結晶のできる気象条件を明らかにした。日本の北陸地方は世界的な豪雪地帯として知られるが、これは、日本海上の水蒸気が、冬の北西季節風によって沿岸地方に運ばれ、これが中央山脈につきあたり、強制的に上昇させられるとき、多量の雪となって降るために起こる。降雪の型には沿岸の平野部に多く降る里雪型と、山寄りの地方に多く降る山雪型とがある。北陸地方に多くの被害をもたらすのは、里雪型の場合に多い。

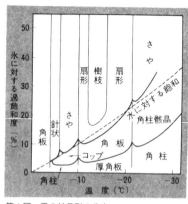

第1図　雪の結晶形の分布

雪《和漢三才図会》から

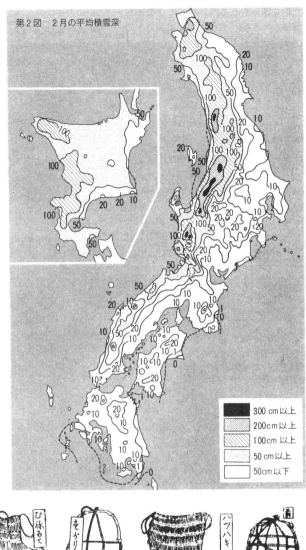

第2図 2月の平均積雪深

■ 300cm以上
▨ 200cm以上
▥ 100cm以上
░ 50cm以上
□ 50cm以下

樏（かんじき）など
《北越雪譜》から

上左　ユキワリソウ(キンポウゲ科)
上中　ユキザサ
上右　ユキワリソウ(サクラソウ科)
下左　ユキノシタ
下中　ユキホオジロ
下右　ユキヤナギ

雪華図説(せっかずせつ)　下総(しもうさ)国古河藩主土井利位(としつら)の著書。雪の結晶を蘭鏡(顕微鏡)で忠実に観察, 組織的に研究したもので, 正編(1832刊)は86種, 続編(1840刊)は97種の降雪の結晶図をのせる。利位は大坂城代, 京都所司代, 老中などを歴任, 蘭学に興味をもち, 杉田玄白, 大槻玄沢, 司馬江漢らとも親交があった。

北越雪譜(ほくえつせっぷ)　江戸後期の異色の地誌。鈴木牧之(ぼくし)著。7巻。1836～42年刊。越後の雪を中心に風俗習慣を記述したもの。岩瀬(山東)京山の刪定(さんてい)。息子の京水が著者の絵をもとにさし絵を描き, 好評で幾度も版を重ねた。

樏(かんじき)　泥土, 氷, 雪などの上を歩くときに着用する特殊な履物(はきもの)の総称。深田などで使用する木製の板状または枠(わく)状の板かんじき(田下駄), 氷上で用いる鉄製スパイク状のかねかんじき, 木や竹を曲げて輪にした雪上用の輪かんじき(輪かん, わっぱとも)など。

《北越雪譜》から
樏(上)と雪の結晶

雪の結晶《雪華図説》から

間宮林蔵《北蝦夷図説》から
樺太(サハリン)の先住民のスキー

雪中を歩く
ための踏俵

雪に縮(ちぢみ)を晒している
ところ《北越雪譜》から

雪の結晶《雪華図説》から

ユキムシ 半翅（はんし）目アブラムシ科の昆虫のうち，雪国で，晩秋〜初冬に有翅虫の現われる種類の俗称。ワタムシとも。有翅虫は体に綿状の蠟を分泌し，飛ぶ様子が雪片が舞うのに似るためこの名がある。主としてリンゴワタムシ（体長2ミリ内外）が多い。なお，セッケイカワゲラ，ユキガガンボなど積雪上に成虫が現われ活動する昆虫類をいうこともある。

《北越雪譜》挿図

セッケイカワゲラ
左雄　右雌

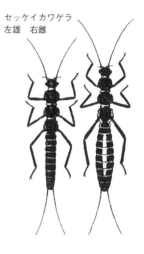

リンゴワタムシ

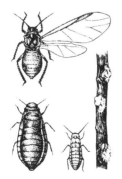

ユキガガンボ

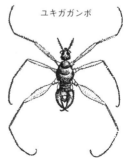

雪の結晶《雪華図説》から

積雪の顕微鏡写真
左から　新雪，しまり雪，ざらめ雪，霜ざらめ雪

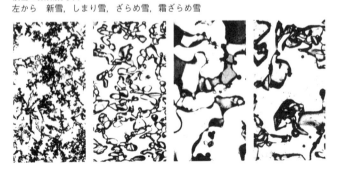

雪の結晶の分類表

番号	形	図式表示
1	角板 plates	
2	星状結晶 stellar crystals	
3	角柱 columns	
4	針状 needles	
5	立体樹枝 spatial dendrites	
6	鼓形 capped columns	
7	不規則 irregular particles	
8	雪あられ graupel, soft hail	

《北越雪譜》から
雪沓（ゆきぐつ）
橇（かんじき）など

雪遊び
雪球投げと雪滑り

雪の結晶の分類

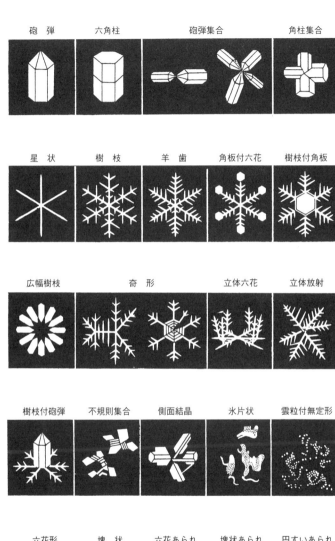

《秋色女》
栄松斎長喜画

下　主な雪の結晶形の顕微鏡写真

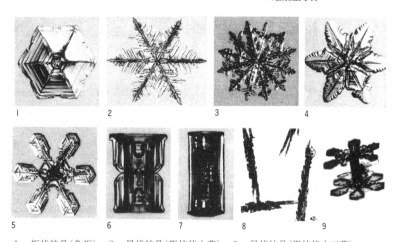

1　板状結晶(角板)　2　星状結晶(樹枝状六花)　3　星状結晶(樹枝状十二花)
4　星状結晶(広幅六花)　5　星状結晶(扇形六花)　6　柱状結晶
7　柱状結晶(角柱)　8　針状結晶　9　鼓状結晶(角柱と六花の複合型)

霰（あられ） 降水の一種で，直径2〜5ミリの小球。雪霰は雪に少量の過冷却水滴がついたもので，冬に気温が0℃近くのとき，多くは降雪の前後に降り，色は白く，柔らかい。氷霰は堅い氷の粒で雹（ひょう）の小粒のもの。気温が0℃より高いとき積乱雲から降ってくる。

霰《和漢三才図会》から

霜（しも） 氷点下に冷却した地物に，水蒸気が昇華してできた氷の結晶。ふつう針状，板状，コップ状，柱状など雪の結晶に似た形をとるが，気温が0℃に近いときは，無定形となる。よく晴れた夜に地物がさかんに放射冷却し，周囲の空気が飽和に達するためにできる。ガラス戸にできる羽毛状の結晶を窓霜（まどしも）またはウィンドーフロストという。

霜《和漢三才図会》から
下は霜の結晶　顕微鏡写真

313

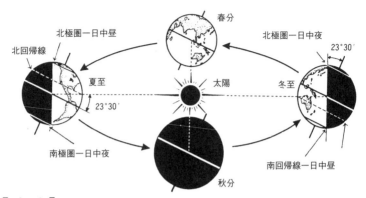

【冬至】とうじ

太陽が冬至点を通過する時。毎年12月22日ころ。太陽は最も南にかたより、北(南)半球では一年中で昼(夜)が最も短くなる。夏至(げし)の対。この日北半球では春を呼ぶ種々の儀礼を行う。北欧では燃える円板(太陽を象徴)をころがし冬至のダンスをする。クリスマスも冬至の祭と密接な関連をもつ。日本では旧11月下弦の日を冬至の目じるしとし、この夜一陽来復をもたらす神聖な旅人(弘法大師など)が村々を訪れるといい、旧11月24日に大師講を行う所もある。またこの日カボチャやこんにゃくを食べ、ユズ湯に入れば病気にならないという所も多い。

冬至　太陽と地球の位置関係(図右)

冬至点(とうじてん)　黄道上で春分点から西方に90°離れた点。赤道から最も南へ離れ、赤緯-23°27′。いて座の西境にある。太陽がここを通るときが冬至。

カボチャの種類
左からクリカボチャ、普通種、チリメンカボチャ

カボチャの種類
上左から鶴首，白菊座，
下左から鹿が谷，外国種の
ハッバードとデリシアス

カボチャ(南瓜) 南北アメリカ大陸原産のつる性のウリ科の野菜。カボチャ属約10種のうち，ニホンカボチャ(トウナスとも)，セイヨウカボチャ(クリカボチャとも)，ペポカボチャの3種をいい，それぞれに品種がある。3種とも雌雄異花で，夏，黄色の花をつける。栽培の歴史は古いが，日本へは天文年間ポルトガル船によってもたらされた。現在，主産地は北海道。煮て食用とするほか，まれに観賞用，また飼料とする。

ユズ

ユズ(柚子) 中国原産のミカン科の小高木。枝にとげがあり，葉は中型で花はわずかに紫色を帯びた白色。果実は球形で，130グラム内外。果皮は鮮黄色でやや厚く，むきやすい。初冬～早春に成熟する。酸味が強すぎて生食はできないが，果皮や果汁は青いうちから料理に用いる。

315

キンカン（金柑） ミカン科ミカン属の中の常緑低木数種の総称。中国原産の柑橘（かんきつ）で，葉は小さく，花は白い。果実は小さく，球形〜楕円形で，果皮には酸味，甘味があり，生食するほか，砂糖漬等にする。苦味のあるナガキンカン，酸味の強いマルキンカン，甘味の強いニンポウ（寧波）キンカンなどがある。

トウガラシ（唐辛子） 熱帯アメリカ原産のナス科植物。温帯では一年草。熱帯では多年草。高さ60〜90センチで葉は楕円形，花は白色。果実は球形，長卵形，細長いくちばし形など種々。辛味成分カプサイシンの多少によって辛味種と甘味種とに分ける。辛味種は成熟すると赤色になり，トウガラシとは一般にこれをさす。日本には16世紀に伝来，乾燥粉末にし，香辛料として用いる。甘味種には大果系（ピーマン）と小果系とがある。

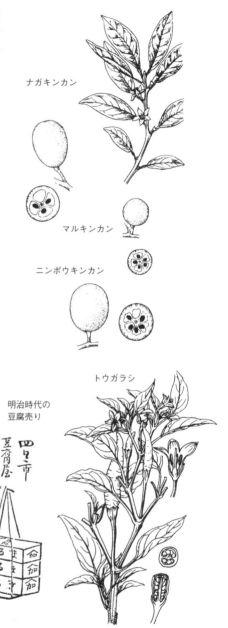

ナガキンカン

マルキンカン

ニンポウキンカン

トウガラシ

明治時代の豆腐売り

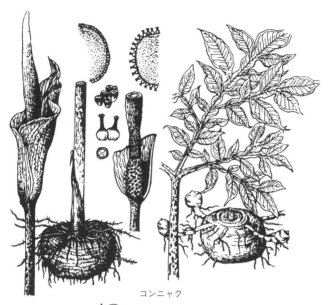

コンニャク

おでん売り

コンニャク　インド，スリランカ原産といわれるサトイモ科の多年草。地上部は秋に枯れ，球茎(コンニャクイモ)は越冬し，翌春発芽。葉柄は球茎の上面から直立し高さ0.6〜1メートル，直径2〜2.5センチ，褐色の斑紋があり，先端に複葉をつける。球茎は上面が扁平で，中央部がややへこみ，5年目まで肥大し，6年目に花茎を出し，大きな肉穂花序をつける。球茎の主成分はマンナンで，乾燥し粉末にして水に溶かし，石灰液を加えると凝固する。これを利用して，食用こんにゃくをつくる。田楽(でんがく)，おでん，みそ煮などにする。また線状にした糸こんにゃく，さらに細い白滝などがある。栄養価は低いが整腸の効があるといわれる。凍りこんにゃくは，薄く切って凍結させたのち乾燥したもので，湯で戻して煮物にする。

【 クリスマス 】

キリスト降誕祭。英語Christmasはキリストのミサの意。仏語ではノエル。12月25日(東方教会では1月6日)。4世紀中葉以降の習慣で,ゲルマンの冬至祭ユールやローマのサトゥルヌス祭(サトゥルナリア),ミトラス教の祭日などが習合して成立したと見られる。クリスマス・ツリーを飾ったり,クリスマス・カードを交換したり,サンタ・クロースが贈物をしたりするのは比較的近年の風習。

右ページ ドイツのクリスマス
19世紀リヒターの絵から

キリスト誕生
明治時代の
日本の絵から

クリスマス・カード クリスマスを祝って親しい人に贈るカード。1843年に英国のH.コールが考案，J.C.ホースリーに描かせたのが最初とみられ，のち各国に広まった。

【 サンタ・クロース 】

小アジアのミュラの司教聖ニコラウス(4世紀)を意味するオランダ語の米国訛(なまり)。ニコラウスの祝日は12月6日で、その前日に贈物交換の習慣があり、これがニューアムステルダム(現在のニューヨーク)に移住したオランダ系清教徒によって米国に伝えられ、クリスマス・プレゼントをする既存の習慣と結合、白ひげ、赤服、赤ずきん、長靴の老人として表現されるようになった。

トナカイ 馴鹿(じゅんろく)。カリブーとも。偶蹄(ぐうてい)目シカ科。体長1.7メートル,肩高1.2メートル,尾12センチほど。雌にも角がある。体色はふつう灰褐色,頸(くび)は白い。北極周辺のツンドラに分布。地衣類を食べ、秋には南方の森林地帯へ大群で移住する。ユーラシア,北米北部では家畜化され,肉は食用,乳は飲料,皮はテント,衣服,靴などに用いられるほか役用にもされる。

橇(そり) 雪や氷の上をすべらせて人や物を運ぶ道具。北極圏周辺の住民では重要な運搬具で,犬,トナカイなどに引かせる。

トナカイ

サンタ・クロース
アメリカの切手の
デザインから

シチメンチョウ（七面鳥）
キジ目キジ科の鳥。北米原産で野生種は草原や林にすみ，翼長50センチほど。アメリカで家禽（かきん）化され欧州にもたらされた。肉用家禽として欧米では広く飼育され，ことに収穫祭やクリスマスの料理などによく用いられる。成熟したものでは10～15キロに達する。雄は頭部には肉瘤（にくりゅう）が，頸（けい）部には肉垂が発達し，これらが鮮紅〜白色に変化する（七面鳥の名はこれに由来）。雌は肉瘤や肉垂をもたず，体も小さい。

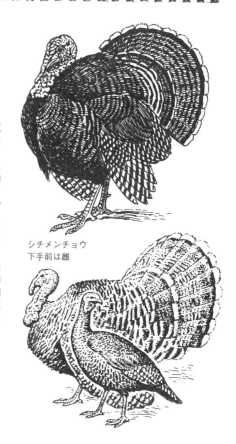

シチメンチョウ
下手前は雌

【 クリスマス・ツリー 】

クリスマスに飾られる木。モミの若木に蠟燭，金・銀モール，リボン，星，人形などを飾る。中世の楽園劇に由来，生命の木(創世記2の9)と関連をもつ。最古の記録はドイツの《シュレットシュタット年代記》(1600ごろ)にみえる。

トドマツ　アカトドマツとも。マツ科の常緑高木。北海道，南千島，サハリンの山地にはえる。樹皮は紫褐色を帯び裂け目を生じ，葉は線形で下面は粉白色となる。球果は円柱形で，包鱗は褐色，種鱗とほぼ同長となる。変種のアオトドマツは北海道南西部に分布し，樹皮は平滑で裂け目を生じない。球果は円柱形，黒紫色で緑色を帯び，黄緑色の包鱗は種鱗よりも長く，外にそり返る。なお，これらを総称してトドマツということもある。ともに材は建築，パルプなど，樹は庭木，クリスマス・ツリー用。

モミ　マツ科の常緑高木。本州〜九州の山地にはえる。葉は線形で密に互生し，剛強で若木のものは先が鋭く2裂，老木では凹頭となる。雌雄同株。5〜6月開花。雄花穂は円柱形で黄色，雌花は若枝の先につき緑色。果実は円柱形で上を向き10月に緑褐色に熟す。包鱗は種鱗の間からとび出し，種子には翼がある。材は建築，船舶，パルプとし，樹は庭木，クリスマス・ツリーなどとする。近縁のウラジロモミ(ダケモミとも)は本州(関東地方以西)，四国の深山にはえる。葉は裏面が白く，果実は暗紫色で，包鱗はとび出さない。

ポインセチア

ポインセチア　ショウジョウボクとも。メキシコ原産のトウダイグサ科の常緑低木。広披針形で縁に浅い切れ込みがある葉を互生。枝先には狭披針形の切れ込みのない朱赤色の包葉を放射状につけ、その中央に数個～十数個の花序が水平に並ぶ。花序を包む小総包はつぼ形の黄緑色で、中に雌花1個と雄花数個が入っている。5月にさし芽、さし木で苗を作り、鉢植として秋まで戸外で育ててから温室内に入れると、12月には包葉が美しく色づき展開し、クリスマスの装飾用の切花、鉢物となる。園芸種には包葉が白、淡紅色のものもある。

ホリー　セイヨウヒイラギとも。欧州原産のモチノキ科の常緑低木、まれに高木。葉は互生し卵形で革質、若木の葉には縁に三角形とげ状の鋸歯(きょし)がある。雌雄異株。5～6月、葉腋に芳香のある白色の小花を開く。果実は秋に紅熟。庭木、生垣、クリスマス装飾用とする。なお、近縁のアメリカヒイラギ、シナヒイラギをホリーということもある。

クリスマスローズ　欧州原産のキンポウゲ科の常緑多年草。掌状に深裂した葉を根生し、早春、15～30センチにのびた花茎に径5～6センチの花を1～2輪つける。白または紫を帯びた5枚の花弁状のがくの中央に、多数の雄しべとそのまわりに緑色を帯びた筒形の短い花弁がある。

クリスマスローズ

【冬鳥】ふゆどり

秋に渡来して越冬し、春に繁殖地に去るもので、ガン、カモ、ツグミ、ハクチョウ、ツルなど。

カモメ

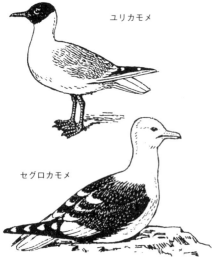
ユリカモメ

セグロカモメ

ユリカモメ　カモメ科の鳥。翼長30センチ。脚とくちばしは赤。冬羽は背と翼が淡青灰色のほかは白色だが、夏羽では頭部が黒褐色となる。ユーラシア大陸中部に広く分布し、日本には冬鳥として各地の港湾、海岸に渡来。群で生活する。川をさかのぼって、内陸部の湖にも入り、魚、エビ、昆虫などを食べる。東京隅田川の都鳥は本種。

イスカ　アトリ科の鳥。翼長9.5センチ。雄は全体にだいだい赤色、雌は黄緑色。くちばしの上下が食い違い、針葉樹の種子を取り出すのに適している。ユーラシア大陸および北米に分布。日本では冬鳥として渡来し、群生して全国の松林に見られる。少数が本州北部の山地で繁殖する。

カモメ（鴎）　カモメ科の鳥。翼長35センチ。背と翼は灰青色、風切羽の先端は黒く、他は白色。ユーラシア大陸北部および北米大陸北西部で繁殖する。日本には冬鳥として渡来し、各地の海岸や港湾にすむ。雑食性で腐肉、魚介類、海藻等を食べる。ウミネコ、ユリカモメ等とともに群をつくることが多い。日本産のカモメ類には他にオオセグロカモメ、セグロカモメ、シロカモメ、ワシカモメ等がある。

イスカ

アトリ　アトリ科の鳥。黄褐色，黒，白の3色斑をもち，翼長9センチ。ユーラシア大陸の北部で繁殖し，冬はその南部に渡る。日本には冬鳥として全国に渡来し，山麓の林に群生。草木の種実を食べ，地上にもよく降りる。キョッキョッと鳴く。

モズ　モズ科の鳥。翼長8.5センチ。頭頂，後頸は赤褐色で，翼は灰黒色。雄は顔に黒い過眼線をもつ。朝鮮半島，中国，日本などで繁殖。日本では全国で繁殖し，北のものは冬，暖地へ渡る。低地～山地のやぶに巣を作り，一年中群は作らない。昆虫，ミミズ，ネズミ等を食べ，捕えた獲物をとがった枝に刺す習性があり，「モズのはやにえ」として知られる。秋にはキーッ，キイキイと高く鳴く。よくカッコウに托卵される。

ツグミ　ヒタキ科の鳥。翼長13センチ。背面は灰褐色地に暗褐色の斑紋がある。シベリア南東部，ウスリー，カムチャツカ等で繁殖し，日本には冬鳥として大群をなして渡来，全国の疎林，農耕地，川原等にすむ。木の実を多く食べるが，ミミズや昆虫も好む。キィキィ，クワックワッなどと鳴く。かつて霞（かすみ）網で大量に捕獲され食用にされた。

アイサ カモ科アイサ属の鳥の総称で日本には4種。カワアイサは最も大きく翼長26センチ，ウミアイサは24センチ，ミコアイサは19センチ。冬鳥として渡来し，潜水して魚をとる。カワアイサとミコアイサは湖や川に，ウミアイサは海にすむ。北海道では少数繁殖する。コウライアイサはまれな冬鳥として渡来する。

ウミアイサ

コガモ

淡水ガモ5種

ハシビロガモ

トモエガモ

カモ猟《日本山海名産図会》から

カモ猟　網猟と銃猟がある。網猟では張網，投げ網が行われ，銃猟では待撃ち(立ち上がりのカモをねらう)，寄撃ち(田などに降りているカモに忍び寄って撃つ)，鳥屋(とや)撃ち(おとりを配した鳥屋の中から，付近に降りたカモをねらう)，沖撃ち(海上のカモに風下から船で近づいて撃つ)，まずみ撃ち(たそがれ時に餌を取りにくるカモを田の付近や途中の山の鞍部(あんぶ)に迎撃する)などが行われる。いずれも夕方飛来して早朝に飛び立つ警戒心の強いカモの習性を考えた猟法。日没後の猟は鳥獣保護法で禁じられている。なおカモが集まりやすいように樹木を植え小島などをつくって外界と隔てた池を鴨場(かもば)といい，おとりをつかいながら引堀に誘導して叉手(さで)網ですくい，すくいそこねて飛び立ったカモはタカを放ってとらせたりする。現在では宮内庁所有の千葉県市川市の新浜と埼玉県越谷市の鴨場のみが残る。

オナガガモ

マガモ　手前が雄

カモ(鴨)　カモ科の鳥のうち，一般に体が小さく，首があまり長くなく，雌雄で色彩を異にするものをいう。分類学上のまとまった群ではない。水鳥で泳ぎが巧み。足指にはみずかきがある。巣は地上，樹洞などに作られ，雌の羽毛を敷く。雌のみ抱卵。雛(ひな)は早成性で孵化(ふか)したときには綿毛がある。日本には35種。冬鳥として渡来するものが多い。主として淡水にすむものにマガモ，カルガモ，オナガガモ，トモエガモ，海産種にキンクロハジロ，スズガモ，クロガモなどがある。

ミズナ　キョウナとも。アブラナ科の一～二年生野菜。名は京都付近の水田で栽培されたことによる。葉は葉柄があって数十本束生し，濃緑色で細長く，深い切れ込みがある。2～3月ごろ収穫し，漬物，汁の実などにする。ミブナ（壬生菜）はこれの変種で，葉には切れ込みがなく関西地方で栽培される。

キョウナ

ダイコンの品種

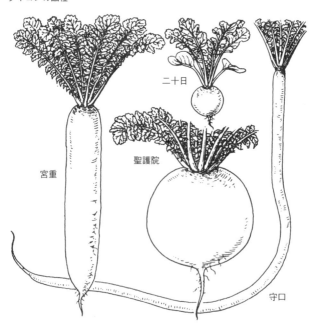

【冬の野菜】ふゆのやさい

〈春の七草〉に挙げられているダイコン(スズシロ)，カブ(スズナ)は冬の代表的な野菜である。また地方ごとに特色のある葉菜類が収穫される。それらはそのまま調理されたり鍋料理にもかかせない。また多くは漬物に加工され，冬の食卓を飾る。

ミツバ

ミツバ　日本全土，東アジアに分布するセリ科の多年生の野菜。高さ30～60センチで，葉は鋸歯(きょし)のあるとがった卵形の3小葉からなり，互生する。夏，白色の小花からなる複散形花序をつける。全草に強い芳香があり，ふつう軟化栽培した茎葉を食用。

ダイコン(大根)　オオネ，スズシロとも。中央アジア原産といわれるが定説はない。アブラナ科の一～二年生野菜。根は多汁，多肉で大きく白色のものが多いが，紅，紫などのものもある。葉は束生し羽状複葉。春1メートル内外の茎を出し白～淡紫色の4弁花を総状につける。日本では古くから栽培され，姿形や生態の異なる多くの品種が発達，周年供給されている。代表的品種は練馬，守口，宮重，四月，春福，桜島，みの早生(わせ)，聖護院，四十日，白上りなど。ほかに欧米から導入されたハツカダイコンなどがある。根はジアスターゼ，ビタミンCを多く含み，おろし，なます，煮物，切干，たくあんなどに重用される。葉にはビタミンAが多い。

尾張大根《日本山海名物図会》から

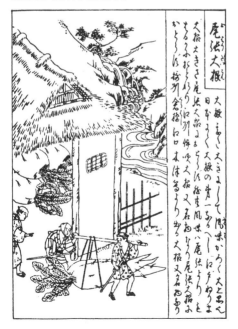

ハクサイ（白菜） アブラナ科の一〜二年生の野菜。冷涼な気候を好む。中国で古くから栽培・改良され，日本へは明治以後導入された。淡黄緑色，倒卵形の大型根出葉を多数出す。春，花茎を出し先端に淡黄色の小花をつける。葉には結球性，半結球性，不結球性のものがあるが，ふつう結球性のものをハクサイと呼ぶ。葉は繊維が少なく，冬の漬物に重用されるほか生食，煮食する。

コマツナ（小松菜） アブラナ科の一〜二年生の野菜。他のアブラナ類から日本で分化したものといわれ，明治初年より栽培される。長楕円形，濃緑色の葉は柔らかく甘味があり，浸し物，カラシあえ，汁の実などにする。耐寒性が強く，2月に収穫できる品種もある。

ハクサイ

ハクサイの原種の一つのサントウサイ

天王寺干カブ
《日本山海名物図会》から

カブ　カブラとも。根を食用とするアブラナ科の野菜。欧州の半温帯地方原産。柔らかく，剛毛を有する長楕円形の根出葉を群生し，根は肥大する。多くは白色扁球形であるが，球，円筒，円錐，ナシ形，色も黄，紫，紅，灰白，黒など変化が多い。日本でも古くから栽培され，品種が多い。冷涼な気候を好み，耐寒性が強く，土質との適応性も広いので，近畿中部の重粘質壌土の低湿地などでは重要野菜となっている。根部を塩漬，粕(かす)漬，煮物などとする。また葉部も食べられる。

コマツナ

小カブと
大カブ(聖護院)

近江カブ
《日本山海名物図会》から

ヤマノイモ　日本で栽培され，あるいは自生する，根を食用とするヤマノイモ科ヤマノイモ属多年草の総称。ナガイモとジネンジョをさすことが多い。アジア，アフリカ，米国，太平洋諸島に広く分布。いずれもつる性で，葉は互生または対生し，心臓形〜長円形。雌雄異株。日本の山野に自生するジネンジョは夏に白色花を開き，根は円柱形で表皮は灰黄褐色。肉は白色で粘りけがあり，すってとろろ汁にするほか，煮食，菓子材料などとする。畑栽培されるナガイモは中国原産で，ジネンジョに似るが茎葉は紫色を帯び，根は黄灰色の皮をもち，肉はふつう白色。晩生で短根のイチョウイモやツクネイモはこの一種。

ネギ　中国西部原産といわれるヒガンバナ科の野菜。本来は宿根草であるが一〜二年生として栽培。葉は中空の円筒状で表面は平滑，葉鞘（ようしょう）は茎状をなし大半が地中にあり白色でやわらかい。春，円筒状で，高さ30〜60センチの花茎を出し，夏季，頂部に散形の小花をつける。温暖地を好むが耐寒性は強い。近似種にワケギがある。品種は，地中の軟白部を食べる根深ネギと，やわらかい緑葉を食べる葉ネギに大別。前者は関東に，後者は関西に多く，栽培法は多少異なる。ふつう移植を行う。独特の香味をもち，鍋物，あえ物，薬味などに広く用いる。

シュンギク

ホウレンソウ

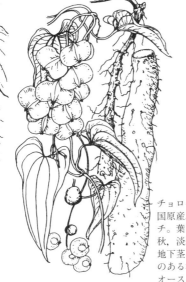

ヤマノイモ

シュンギク キクナとも。地中海沿岸原産のキク科の一〜二年生の野菜。日本へは中国から導入。高さ30〜60センチ、葉は羽状に裂ける。頭花は径3センチ内外、淡黄色。春まき、夏まき、秋まきと年3季に栽培される。葉にはかおりがあり、浸し物、汁の実などとする。花を観賞する品種もある。

ホウレンソウ 西南アジア原産のヒユ科一〜二年生の野菜。葉は有柄で長三角形あるいは卵形。茎は中空で直立し、高さ50センチ内外になり分枝する。雌雄異株で、雄株は茎頂に円錐または穂状の花序を生じて黄緑色の小花を多数つけ、雌株は葉腋に3〜5個の小花をつける。葉柄が細長く淡泊な味の東洋種と、広葉大型で多少土臭く、一般にとう立ちが遅い西洋種とがあり、前者は江戸初期、後者は明治になって日本に渡来。現在は両者の交雑種の栽培もさかんである。シュウ酸を含んで灰汁(あく)が強いが、鉄分、ビタミンA、Cに富む。

チョロギ シソ科の多年生野菜。中国原産。茎は方形で高さ30〜60センチ。葉は対生し、長円形で黄緑色。秋、淡紅紫色の花が咲き、分枝した地下茎の先端に数個の輪状のくびれのある塊茎をつける。塊茎はスタキオースを含み、ゆでたり梅酢に漬けて食用にし、正月料理に使う。

333

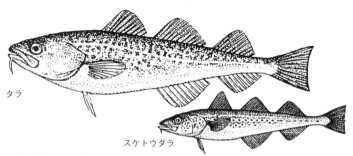

タラ

スケトウダラ

マグロ(鮪) サバ科の魚のうちクロマグロ，メバチ，キハダ，ミナミマグロ，ビンナガなどを総称していう。クロマグロのみをさすことも多い。クロマグロはホンマグロともいわれ，体長3メートル，体重350キロに達する。体は肥満して紡錘形。背面は青黒色，第1背びれは灰色，第2背びれは灰黄色。太平洋の温帯と熱帯に広く分布し，特に日本近海に多い。大謀(だいぼう)網，釣，延縄(はえなわ)，巻網などで漁獲され，旬(しゅん)は冬季。肉は暗赤色で，刺身，すし，照焼などにして美味。

鮪の漁獲《日本山海名産図会》から

ホンマグロ

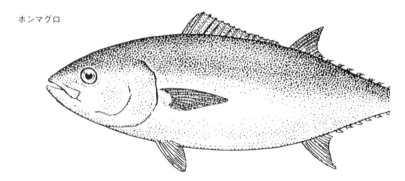

334

【冬の魚】ふゆのさかな

東のアンコウと西のフグが鍋の材料として登場してくる。またタラの淡白な滋味も忘れられない。ブリ，マグロ，ヒラメ，いずれも脂が乗って食べごろである。淡水のコイやフナも加えて冬の味覚，正月の食膳はにぎやかになる。

網で冬の鮪を

タラ（鱈） タラ科の魚の総称だが，マダラのみをさすことが多い。マダラは地方名ホンダラ，アカハダなど。全長1メートル以上に達するものもある。体色は淡灰褐色で，背面と体側に不定形の斑紋がある。日本海〜北太平洋に分布。北方にいくほど浅いところにすむ。きわめて貪食（どんしょく）で，昼間は海底にひそみ，夜間活動して甲殻類，底生魚類を食べる。肉量が多く惣菜（そうざい）用に喜ばれ，また棒ダラ，干ダラ，塩ダラなどにする。産額が多く水産上重要。近縁種にスケトウダラ，コマイなど。

ボラ ボラ科の魚。成長につれて名の変わることが多い。たとえば，イナッコ，イナ，ボラ，トド（東京）など。全長90センチにまで達する。胃の形はそろばん玉状で，俗にボラのへそといわれる。世界の暖海に分布。稚魚は汽水域や淡水域に入って成長，秋，海に下る。海底の有機物やケイ藻，ラン藻などを泥と一緒に食べ，水面上にはねあがることが多い。長崎県，沖縄，台湾などでは，卵巣からからすみを作る。釣の対象魚で，冬季美味。

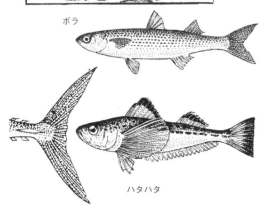

ボラ

ハタハタ

ハタハタ ハタハタ科の魚。地方名カタハ，シロハタ，ハタなど。全長28センチに達する。体には鱗がない。東北地方以北の太平洋岸，山陰以北の日本海に分布。普通水深100〜400メートルの砂泥底にすむが，初冬の産卵期には水深数メートルの海藻の多い沿岸に来遊。秋田県，山形県の名産だが，山陰地方でも多量にとれる。煮付，塩焼，酒粕（かす）漬，干物などにする。卵はぶりことして喜ばれる。

フナ（鮒） コイ科の魚。コイに似るが口ひげのない点で区別される。背面は緑褐～灰褐色。腹面は淡い。体長20～40センチ。アジアの温帯部に広く分布し，山間の渓流部を除く河川や湖沼にすむ。冬は水底に静止し，春活動を開始。小型の甲殻類，昆虫，植物などを食べる。分類学上，論議の多い魚。最も大型になるゲンゴロウブナ（ヘラブナ），ほとんど日本全土に分布し関東で釣の対象として喜ばれるギンブナ（マブナ），関東以北の本州に多いキンブナ（キンタロウ），琵琶湖特産でふなずしに用いられるニゴロブナ，諏訪湖に多いナガブナ（アカブナ）など。

ブリ（鰤） アジ科の魚。地方名が多く，また大きさによっても名が異なる。たとえば東京でワカシ，イナダ，ワラサ，ブリ，大阪でツバス，ハマチ，メジロ，ブリなど。全長1メートル以上になる。体はあまり側扁せず，紡錘形に近い。背面は暗青色，腹面は銀白色で，体側中央に黄色の縦走帯が1本。日本各地～朝鮮半島沿岸に分布。春，産卵する。全長10センチぐらいまでの幼魚（モジャコ）は流れ藻について生活する。おもに沿岸の定置網，釣，巻網などで漁獲。刺身，塩焼，照焼等で賞味される。寒ブリは特に美味。近年モジャコを採集して養殖も行われるようになり，1年くらいのうちに市場に出るものは養殖の盛んな関西の地方名をとり，東京でもハマチと呼ばれる。

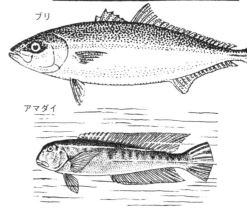

アマダイ アマダイ科の魚。日本には3種おり，いずれも砂泥地にすむ底魚。最も多いのがアカアマダイで，普通にアマダイといえばこれをさす。赤みが強く，全長50センチ余。南日本に分布。肉はやや水っぽいが，みそ漬，粕（かす）漬などにすると美味。

ブリ漁
《日本山海名産図会》から

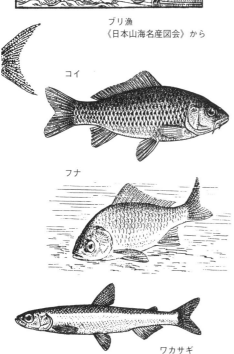

コイ

フナ

ワカサギ

コイ(鯉) コイ科の魚。ユーラシア大陸温帯部に広く分布し，北米などでは移殖されたものが野生化している。体長80センチになるが，ふつう40センチほど。フナに似るが口ひげがある。野生種(マゴイ)は体高が小さく体幅が大きく，背は緑褐色，体側は黄金色を帯びる。池や沼，流れのゆるやかな川の中・下流などにすみ，雑食性。淡水魚中，最も重要な食用魚の一つで，養殖も盛ん。鯉こく，あらい，中国料理に喜ばれる。観賞用のニシキゴイ(錦鯉)はイロゴイ，ハナゴイなどともいわれ，マゴイの突然変異種を基調として，新潟県山古志地方で育種改良されたもの。おもな品種に赤白・大正三色・昭和三色・浅黄系などがある。ドイツゴイは鱗を著しく少なくしたもので，肉が多く，成長の早いのが特徴である。

ワカサギ キュウリウオ科の魚。地方名アマサギ，チカ，ツカなど。多くは全長15センチほどだが環境により大きさは異なる。脂びれがあり，背面は暗灰色。千葉県と島根県以北の本州〜北海道の原産だが，現在では人工授精卵の移殖により，多くの湖沼，人造湖にふえている。純淡水産，汽水性，降海性のものがある。てんぷら，フライ，塩焼，つくだ煮などにして美味。釣の対象としても人気がある。

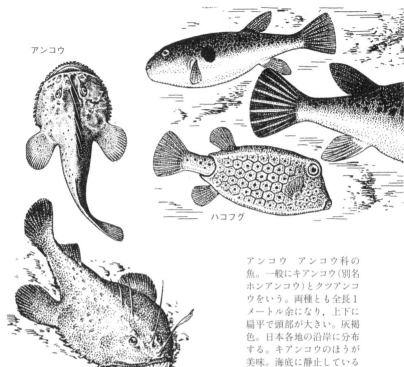

アンコウ

ハコフグ

アンコウのつるし切り

アンコウ　アンコウ科の魚。一般にキアンコウ(別名ホンアンコウ)とクツアンコウをいう。両種とも全長1メートル余になり，上下に扁平で頭部が大きい。灰褐色。日本各地の沿岸に分布する。キアンコウのほうが美味。海底に静止していることが多く，背びれの変化した長いとげで小魚を誘いよせて食べる。調理は，肉が柔らかいので口の骨に鉤(かぎ)をかけ「つるし切り」という特殊な方法を用いる。

アンコウ鍋　アンコウの肉や内臓を主材料とし，野菜，豆腐などをあしらった鍋料理。冬が旬(しゅん)で，肉よりも内臓が美味とされる。俗に七つ道具といって水袋(胃袋)，きも，とも(尾びれなど)，えら，ぬの(卵巣)，皮，柳肉(ほお肉)などを賞味する。

フグ(河豚) フクとも。狭義にはフグ科の魚の総称。広義にはハコフグ科の魚やハリセンボン科の魚を含める。フグ科は日本産約34種,トラフグ,マフグ,ショウサイフグ,ヒガンフグなどが食用とされる。いずれも上下顎にそれぞれ2枚ずつの歯板があり,また胃にある袋に水または空気を入れて体をふくらませることができる。フグ毒はテトロドトキシンといわれ,種類によって差があるが,主として卵巣,肝臓などに含まれる。刺身,ちり鍋などに料理するほか,干物もつくる。食用の歴史はきわめて古く,各地の貝塚から骨が出土している。

シラウオ シラウオ科の魚。全長10センチ。生きている時はほとんど無色透明,死ぬと白くなる。日本海全域と,太平洋側では本州中部以北に分布。汽水域にすみ,春,産卵のため川をさかのぼる。美味で吸物,てんぷら等に用いられる。近縁種にやや大型のアリアケシラウオその他がある。アリアケシラウオは絶滅危惧ⅠA類(環境省第4次レッドリスト)。ハゼ科のシロウオと混同されやすい。

ヒラメ ヒラメ科の魚。地方名ソゲ,オオクチガレ,テックイなど。全長80センチ。「左ヒラメの右カレイ」といわれ眼は普通,左側。体は平たく有眼体側は暗褐色で砂に似た斑紋が散在する。サハリン,千島～東シナ海に分布,近海の砂泥底にすむ。春,接岸して産卵する。冬季はなはだ美味。刺身,塩焼,フライ,煮付,すしなどにする。

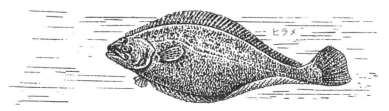

夷講《絵本吾妻扶》から

夷講(えびすこう) 夷の祭。旧10月20日商人仲間が講宿に集まり酒宴を開いて商売繁盛を祈ったが、やがて講とは関係なく取引先を供応し、神に感謝して誓文(せいもん)払い、えびす講の売出しをするようになった。これに対し旧正月20日を初夷、若夷といい、大黒とともに台所の神としてまつる。西宮神社、今宮戎(えびす)神社の十日夷、初夷は正月10日、西日本の漁村でも10日、11日に夷をまつる。

酉の市(とりのいち) 11月の酉の市に行われる関東各地の大鳥(鷲)神社の祭。一の酉、二の酉、三の酉といい、三の酉まである年は火事が多いなどという。祭神はもと武運を守る神であったが、今は開運の神として信仰され、酉の市には縁起物の熊手、ヤツガシラ、黄金餅などを売る。東京都台東区の鷲神社が最も名高い。

明治初期の酉の市

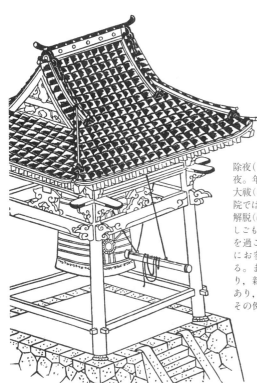

除夜(じょや) 大晦日(おおみそか)の夜。年取り、年越しとも。神社では大祓(おおはらえ)の神事が行われ、寺院では108の除夜の鐘を鳴らして煩悩解脱(ぼんのうげだつ)を祈る。年籠(としごもり)と称して神社に籠りこの夜を過ごした習慣は、元日未明に神社にお参りする習俗の中に残っている。またこの夜新たに清い火をつくり、新年の火とする習わしも各地にあり、京都八坂神社のおけら参りもその例。

正月の用意〈もちつき〉
《百福茶大年咄》から

【 門松 】かどまつ

正月に門口に立てる松。門木(かどき)、お松様とも。本来は年神(としがみ)を迎えるための依代(よりしろ)で，ナラ，ツバキ，トチノキ，スギ，竹，ホオノキ，ミズキ等も用いられる。12月13日に山から採ってくるのを松迎えという。期間は7日や小正月までとされ，小正月にこれを焼く風習も広く行われている。

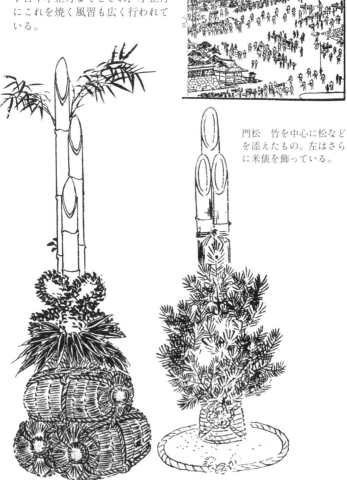

門松　竹を中心に松などを添えたもの。左はさらに米俵を飾っている。

江戸時代の元旦　諸侯登城
《東都歳事記》から

元日(がんじつ)　1月1日。国民の祝日の一つで年の初めを祝う。元日の朝を特に元旦という。宮中ではこの日四方拝が行われ, 民間では若水くみ, 初詣(はつもうで)などの正月の行事を行う。元日を中心にした正月を大正月または大年(おおとし), 1月15日を中心にした正月を小正月, 小年と呼んだのは, 暦の普及以前は元日を年の境とするより満月の15日を境とすることが多かったため。

羽根突き(はねつき)　羽子板で羽根を突くこと, およびその遊び。正月の遊戯。公家社会の遊戯から, 江戸時代に入って民間に流行した。2組に分かれて突き合う「追羽根」と, 1人で数多く突く「突羽根」がある。羽根はムクロジの種子に3〜5枚の羽を差しこんだものを用いる。

【 正月 】しょうがつ

一年の初め。一年の生活の始まりとして各国で祝われる。古代エジプトでは秋分, ユダヤ, バビロニアでは春分, ギリシア(前5世紀まで)では冬至が一年の変り目とされていた。日本の正月は年神を迎え豊作を祈る年初儀礼で, 盆とともに祖霊をまつる二大年中行事である。門松を飾っておく15日(現在は7日ごろ)までを松の内といい, 15日前後は小正月と呼ばれる。12月8日にお事始めと称し正月準備にかかり, 大晦日(おおみそか)は年神を迎えるため除夜の鐘を聞きながら夜を明かし, 初詣(はつもうで)にいく。松の内の行事は元日の年始礼(年賀)に始まり, 初荷, 七草, 鏡開きなどが行われる。また雑煮(ぞうに), お節(せち)料理などの正月料理を食べて祝う。

注連縄(しめなわ) 占有を標示する意で標縄とも,一定の間隔で藁(わら)を7本,5本,3本とたれるので七五三縄とも書く。神前や新年の門戸など神聖清浄な区域を示す縄張りをいう。新藁を左ないして,前垂注連,大根(おおね)注連,牛蒡(ごぼう)注連,鼓の胴,輪飾などの形に作る。根元の方を神前に向かって右に張るのが普通。

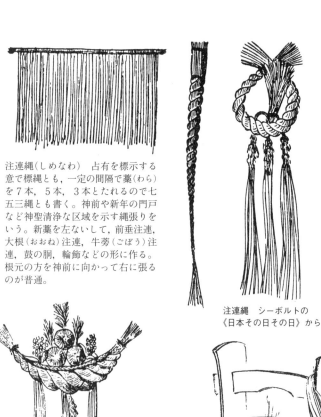

注連縄 シーボルトの
《日本その日その日》から

正月飾り
右 角樽に鮭など
下 のし餅

【鏡餅】かがみもち

正月，神棚や年神(としがみ)の棚に供える大きな丸い餅。大小の餅を重ねる。神仏に餅を供えることは古く延喜式にも見えるが，鏡餅が一般に普及したのは室町時代からという。今はふつうダイダイ，クリ，干し柿，コンブ，ウラジロなどを添える。

左　歯固め
下　鏡餅

歯固め(はがため)　年の初めに歯を固めると称して鏡餅や押アユ，イノシシの肉などを食べる風習。歯は齢(よわい)の意味で，歯固めには長寿を祝うの意も含まれている。年神に供えた鏡餅をそのまま歯固めと呼ぶところがあり，これを夏季まで保存し，6月1日に食べるところもある。

鏡開き(かがみびらき)　鏡おろしとも。鏡餅を下げ，雑煮や汁粉などにして皆で食べること。もとは正月20日に行われたが，江戸時代に11日に改められた。武家では具足開き，商家では蔵開きなどともいって，正月が終わり仕事始めの日とされた。魂を丸い餅で表わし，それを食べることにより新しい生命力を得るという信仰につながるとされる。

正月飾り
石臼と若水桶

ウラジロ　ヤマクサなどとも。ウラジロ科の常緑のシダ。本州南部〜沖縄に分布。崖や明るい林下などに多く、よく茂って林の害になる。太い地下茎が長くはう。葉は茶色の長い葉柄をもち、休止芽を囲んで左右に開く。葉裏は脱落性の星状毛があり、蠟がたまり白くなる。葉は正月の飾りに、葉柄は箸(はし)、編んで盆にされる。

ダイダイ(橙)　インドシナ〜ヒマラヤ地方原産のミカン科の常緑小高木。葉は中型。花は5弁で白色。果実はだいだい黄色の球形で、250グラム内外、1〜3月に採取。果皮は厚く、わずかに苦味を有する。生食には適さないが、品質のよいマーマレードが作れる。果実は正月の飾りに用い、果汁は酸味が強く橙酢とし料理に利用。

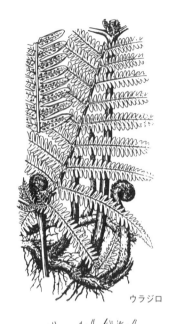

ウラジロ

ダイダイ

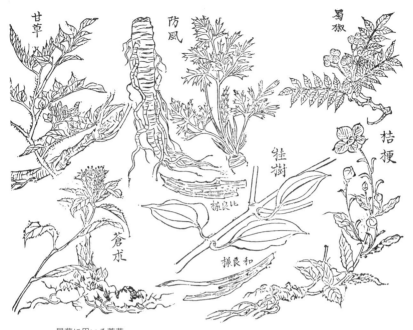

屠蘇に用いる薬草

ユズリハ
左ページは花

屠蘇(とそ) 元日，または三が日に祝儀として飲む薬酒。中国の習俗を伝えたもので，肉桂(にっけい)，山椒(さんしょう)，白朮(びゃくじゅつ)，桔梗(ききょう)，防風等を調合して袋に入れ，酒に浸して作る。一年中の邪気を払い，齢を延ばすといわれ，日本では嵯峨天皇のころから用いられたという。

ユズリハ ユズリハ科の常緑高木。本州(関東以西)〜沖縄，東アジアの山地の林にはえ庭にも植えられる。葉は枝先に集まって互生し，長楕円形で厚く革質，裏面は白みを帯びる。雌雄異株。5〜6月，前年枝の葉腋から総状花序を出し緑黄色の花を開く。花被はない。果実は楕円形で9〜11月黒藍色に熟す。葉を正月の飾りとする。葉の新旧の入れかわりが著しく目立つのでこの名がある。

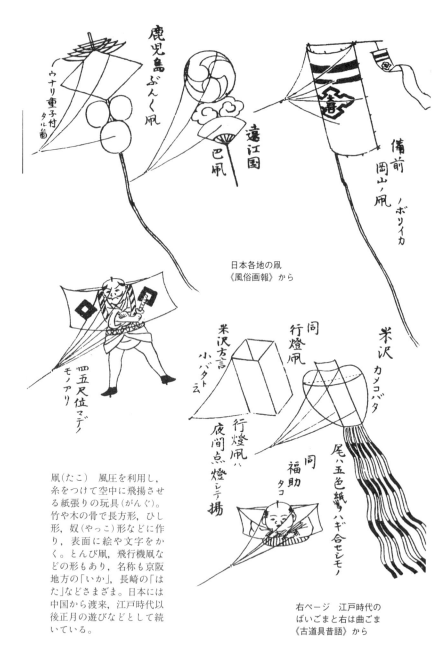

日本各地の凧
《風俗画報》から

凧(たこ) 風圧を利用し、糸をつけて空中に飛揚させる紙張りの玩具(がんぐ)。竹や木の骨で長方形、ひし形、奴(やっこ)形などに作り、表面に絵や文字をかく。とんび凧、飛行機凧などの形もあり、名称も京阪地方の「いか」、長崎の「はた」などさまざま。日本には中国から渡来、江戸時代以後正月の遊びなどとして続いている。

右ページ 江戸時代のばいごまと右は曲ごま
《古道具昔語》から

独楽(こま) 軸を中心に回転させる玩具(がんぐ)。もともと自然玩具の一種で、ほぼ世界中に分布している。日本では、近世に、博多ごま、ばいごま(べいごまとも。元来は貝製)、鉄胴ごま、むちごま、銭ごま、お花ごま、輪鼓(りゅうご)などいろいろなこまが考案され、回転時間を競ったり、ばいごまのように相手のこまをはじきとばす競技が行われた。

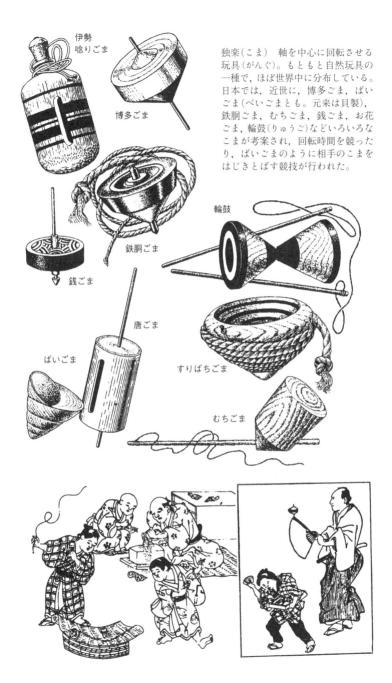

伊勢唸りごま
博多ごま
鉄胴ごま
銭ごま
輪鼓
ばいごま
唐ごま
すりばちごま
むちごま

葛飾北斎《富嶽三十六景》から凱風快晴

鷹ノ名處

英毛　青觜　高矮　白綿　賦毛眠宿
　　　　　　亂飛　捨毛
山陰毛　請具毛臌毛　釣飛水　氷水毛熬毛　肩韃　重鱗毛　母衣　散雪毛　毛綾斑　長先　風流羽萬里羽

歸籠　烏搦　漆措　内爪　懸木　鬼平　鈴付　謝柴　竝尾　小石打　犬石打　拾花

《絵本鷹鑑》から
鷹ノ名處

卵形ナス

長ナス

丸ナス

鷹匠
《和漢三才図会》から

初夢　新年に初めて見る夢。夢占(ゆめうら)としてその年の吉凶を占う。当初は除夜の夢であったが、除夜には寝ない習慣のせいか江戸中期から元日の夜の夢となり、他の事始めが2日なので2日夜の夢となった。室町時代から宝船を枕の下に敷いて寝ると吉夢を見るという風習が広まった。吉夢を順に並べて一富士・二鷹・三茄子(なすび)などという。

【 宝船 】たからぶね

七福神、米俵、種々の宝物を積んだ船の絵。よい初夢を見るように枕の下に敷いて寝る。絵には「なかきよのとおのねふりのみなめさめ、なみのりふねのおとのよきかな」という回文の歌を記す。宮中では船の帆に獏(ばく)という字を書いた絵を賜った。宝船売りは江戸の正月風物の一つ。

《宝の蔵入》から七福神（弁天を欠く）

毘沙門天　大黒天　福禄寿　夷　寿老人　弁財天　布袋

【 七福神 】しちふくじん

福徳を授ける7神仙。普通，夷（えびす），大黒，毘沙門（びしゃもん）天，弁財天，福禄寿，寿老人，布袋（ほてい）をいう。寿老人は福禄寿の同体異名として，代りに吉祥（きちじょう）天か猩々（しょうじょう）を入れることもある。インド，中国，日本の雑多な信仰を聖数の7に合わせて取り合わせたもので，室町時代七福神に仮装した風流（ふりゅう）行列などが出現。その後，瑞祥のしるしとして七福神乗合船を宝船にしたり，正月に七福神をまつった寺社に参る風習ができた。

宝船に乗った七福神
《守貞漫稿》から

鯛を持つ夷

忿怒形の大黒天
奈良県松尾寺護符

俵を踏む大黒天

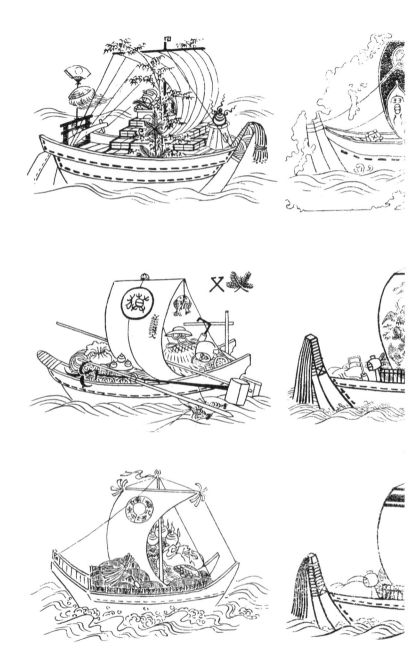

宝船のいろいろ
俵, 宝珠, 千両箱,
七福神など

【十干十二支】
じっかんじゅうにし

略して，干支と書き「かんし」「えと」という。暦年，暦日等を数える方法で，古く中国の殷(いん)代に起原をもつ。十干は甲乙丙丁戊(ほ)己(き)庚(こう)辛(しん)壬(じん)癸(き)で，十二支は子丑寅卯辰巳午未申酉戌亥である。十干は五行の木火土金水にそれぞれ2個を配当し，兄弟(えと)に分ける。甲を「きのえ」，乙を「きのと」と呼ぶがごとくである。十二支は日本では，「ね」「うし」「とら」などのように動物名を当てる。また60配を一巡とする場合も「甲子」を「きのえね」，「乙丑」を「きのとうし」のように呼ぶ。なお10世紀初頭から，時刻の呼び方に十二支を使用し，内容は時代により変化したが，幕末まで続いた。

ネズミ（鼠）　齧歯(げっし)目ネズミ科および近縁の科の総称。日本産のノネズミ類は約20種，山林，原野，農耕地などにすむ。ネズミ科とキヌゲネズミ科とがあり，前者にはアカネズミ，ヒメネズミ，カヤネズミなどが含まれ，種子，種実を好む。後者にはハタネズミ，エゾヤチネズミ，カゲネズミ，スミスネズミなどがあり，草や根を好み，農作物や森林に大害を及ぼすことがある。イエネズミ類は人家およびその付近の畑などにすみ，ハツカネズミ，ドブネズミ，クマネズミの3種がある。いずれも日本在来の種ではないが，現在最も繁殖し，家具や食物を食い荒らし，伝染病を媒介するなど害が著しい。またダイコクネズミ，ナンキンネズミ，ハムスター，コトンラットなどは実験用，愛がん用に飼育される。なおジネズミ，トガリネズミ，ジャコウネズミなど食虫目にもネズミの名で呼ばれるものが多い。

《北斎漫画》から

《ねずみの嫁入》から

イエネズミ　住家性のネズミ。クマネズミ，ドブネズミ，ハツカネズミの3種をさすが，クマネズミのみをいうこともある。いずれも野生種をもち，一部が人間生活に寄生するようになったもので，ほとんど全世界に分布。人家内やその付近の畑にすむ。穀物を食べ，伝染病を媒介するなど害が大きい。

ドブネズミ　シチロウネズミとも。齧歯(げっし)目ネズミ科。体長22〜26センチ，尾17〜22センチの大型のイエネズミ。原産地はアジア中央部だが，現在はほとんど世界中に分布。日本でも全土に多い。下水，溝などにすみ，ほとんど何でも食べる。1腹4〜10子。

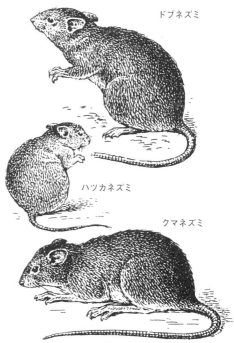

ドブネズミ

ハツカネズミ

クマネズミ

エゾヤチネズミ

ハタネズミ　齧歯(げっし)目キヌゲネズミ科。体長9〜13.5センチ，尾3〜5センチ。本州，九州，佐渡島，能登半島に分布。畑，草原，河原などにトンネルを掘ってすみ，おもに草や木の根，樹皮などを食べ，農作物を食害する。年数回1腹1〜10子を産む。ときに原因不明の大増殖をし，ヒノキ，スギなどの造林地に大害を与えることもある。北海道には類縁のエゾヤチネズミがすむ。

ドブネズミ(上)とクマネズミの顔

ハタネズミ

357

【ウシ】牛

偶蹄（ぐうてい）目ウシ科。特に家畜牛をいう。最も広く飼われ，家畜としての起原は新石器時代といわれる。ヨーロッパウシとコブウシの2系統がある。日本の和牛はコブウシの系統で役肉兼用のものが多く，明治～大正時代に欧州からブラウンスイス種，アバディーン・アンガス種，シンメンタール種などを輸入して品種改良を行った。現在では黒毛和種，無角和種，褐毛（あかげ）和種などの品種がある。黒毛和種（但馬（たじま）牛，神石牛，千屋牛などが原牛）はおもに中国地方で飼育され，肉の味がはなはだよい。無角・褐毛和種はそれぞれ山口県と熊本県で改良作出された。

《安愚楽鍋》挿画から

天王寺牛市
《日本山海名物図会》から

牛合(闘牛)《西遊記》から

左　牧童
右　手を尊ぶ南尼華羅
　　（なんにから）国
　《和漢三才図会》から

牛車
《扇面古写経》から

【 トラ 】虎

食肉目ネコ科。体長2.4～3.1メートル，肩高90センチ，尾90センチほど。背面は黄褐色で黒い横縞(じま)がある。ウスリー，中国東北部，インドネシア，インド，ネパールに分布。森林や草やぶに単独ですみ，夜行性。シカ，イノシシなどを襲う。よく水に入り，泳ぎが巧み。1腹2～4子。老獣は人食いになることがある。

《和漢三才図会》から
君子国(上)と虎(下左)

漢代の虎符
銅製のトラ形で左右に割れる。左右を合せることで信用状の役をなす。

トラ

《不思議の国のアリス》から
ジョン・ダニエル画の挿絵

《鳥獣戯画》から

【 ウサギ 】兎

ウサギ目ウサギ科の総称。齧歯(げっし)類に似るが,上顎の門歯が2対あり,別系統とされる。尾が短く,後肢が長く跳躍に適し,耳が長いものが多い。豪州,マダガスカルを除く全世界に分布。しかし豪州では,19世紀初めに移入したアナウサギが野生化している。砂漠,草原,森林,高山,ツンドラなど,ほとんどあらゆる環境にすむ。草食性で,二つのタイプの糞(ふん)を排出する。種類が多く,普通,ノウサギ類とアナウサギ類とに分ける。カイウサギはアナウサギを家畜化したもので,多くの品種がある。日本白色種は毛皮と肉との兼用種。

アマミノ
クロウサギ

アマミノクロウサギ ウサギ目ウサギ科。体長42～51センチ，尾1.1～3.5センチ，耳は短く4.1～4.5センチ。奄美大島，徳之島にのみ分布。夜行性で草，樹皮を食べ，シダ類の芽を好む。森林内の岩穴や樹洞にすむ。現生のウサギのうちで最も原始的なものとして有名。特別天然記念物。

ノウサギ ウサギ目ウサギ科。体長45～54センチ，尾2～5センチ，耳7.6～8.3センチ。背面は夏毛は茶褐色，腹面は白～淡黄褐色。本州，四国，九州，佐渡，隠岐に分布し，平地～高山の原野，疎林に多い。夜出て草，木の芽，樹皮などを食べ，林木に大害を及ぼすことがある。1腹1～4子。北陸・東北地方に産するものは冬に白色に変わるが，これをエチゴウサギとして区別することもある。北海道～シベリア，欧州には別種のユキウサギがすむ。

トウホクノウサギ

冬毛　夏毛

家紋　上から　真向キ兎，浪ニ月ニ兎，三ツ兎，後向キ三ツ兎

【竜】りゅう

大蛇に翼，角，猛獣や猛鳥の頭を組み合わせた伝説上の動物。水中，地中，天空にすみ，4足(無足や多足も)，1頭または多頭。サンスクリットではナーガといい，インドの竜王思想はヒンドゥー教，仏教の伝播(でんぱ)とともに広く伝わり，東南アジアにも各種の竜神伝説が残る。中国では四神または四霊の一つで，鱗虫の長として尊ばれ，特に天子・君主の象徴とされる。虺竜文(きりゅうもん)，蟠螭文(ばんちもん)，竜首雲気文，五彩竜文などの各種の竜文はすべて竜崇拝の所産である。日本では「たつ」ともいい，竜宮にいる海神の一族，水神などとして尊崇。

竜《和漢三才図会》から

タツノオトシゴ

タツノオトシゴ ヨウジウオ科の魚。地方名ウミウマ。全長8センチ。体色は変化に富むが褐色のものが多い。日本～朝鮮半島南部に分布し，沿岸性。海藻に尾をからませて直立している。雄は腹側に育児嚢をもち，雌の産みつけた卵を40～50日間保護する。形が奇抜なので干してみやげものなどに利用。食用にはしない。近縁種にオオウミウマ(全長18センチ)，ハナタツその他数種類ある。

蛟竜（みずち）
応竜（おうりょう）
螭竜（あまりょう）
吉弔（きっちょう）

虬竜（きゅうりょう）

龍の爪（上）と龍ノ丸

《籠細工ばなし》挿図

365

【ヘビ】蛇

有鱗目ヘビ亜目に属する爬虫（はちゅう）類の総称。体が極端に細長く，四肢を欠き，腹板の起伏によって運動を行う。脊椎骨はふつう200～400個くらいあって，そのため自由に体を曲げることができる。胸骨を欠き，各肋骨の先端は遊離して腹板に連なる。表皮の外層は角質化し，定期的に脱皮を行う。下顎骨は方骨によって頭蓋に連接し，左右の下顎骨は靭帯（じんたい）によって結合するため，下顎骨を左右別々に動かし，口を大きくあけることができる。歯は鋭く内側に向き，毒ヘビでは1対の毒牙となる。耳は皮膚内に埋もれ，眼は眼瞼（がんけん）がなくて，1枚の透明な鱗におおわれる。舌の先端は2叉（さ）し敏感な嗅覚をつかさどる。化石は白亜紀のパレオーフィスが知られ，現生種は約330属2700種。南極を除く各大陸に広く分布し，熱帯，亜熱帯に多い。地中・砂漠・海洋にも生活し，すべて肉食性。4分の1が卵胎生で他は卵生，9分の1が毒ヘビである。

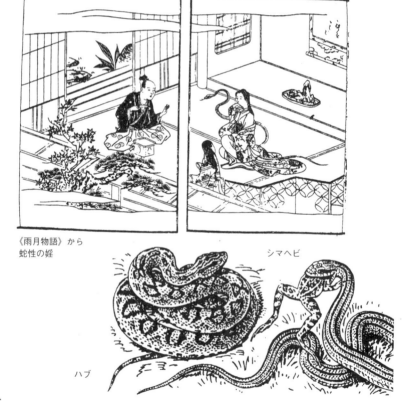

《雨月物語》から
蛇性の婬

シマヘビ

ハブ

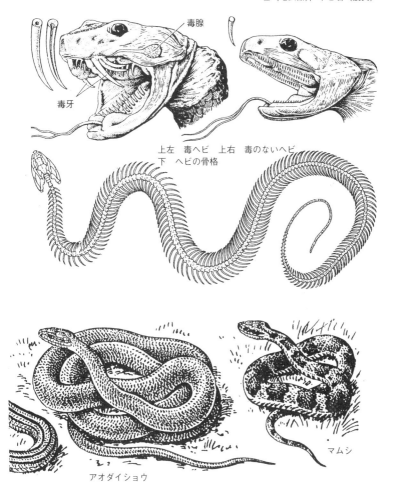

巳と它(いずれもヘビの象形)
左《毛公鼎》,中と右《説文》

上左 毒ヘビ 上右 毒のないヘビ
下 ヘビの骨格

アオダイショウ

マムシ

【ウマ】馬

奇蹄(きてい)目ウマ科。ウマ類は第三紀の初めに北米に出現したが,第四紀初めにアジア大陸に渡り,旧世界で現在のウマ類へ進化した。日本在来のウマは小型なモウコノウマ系のもので,東北の南部馬,秋田馬,三春馬,九州の薩摩馬などが知られる。しかし明治以後,外国産の品種を移入・交配したため,ほとんどが姿を消し,現在では北海道和種(道産子(どさんこ)),木曾馬や,宮崎県都井岬の御崎馬など7馬種がわずかに昔の姿を伝えているにすぎない。毛色は特別な呼び名が使われ,青(全体が黒色),栗(くり)毛(全体が栗色),鹿毛(かげ)(たてがみ,尾,肢先が黒く,他は褐色),月毛(全体が白色),葦(あし)毛(白色と濃い色の毛が混じる)などがある。肉はさくら肉といって食用にされ,骨,皮も利用される。

南部の荒馬
七筆書き写し

右　骨利(こつり)国《和漢三才図会》から
下　仙台の馬市《日本山海名物図会》から

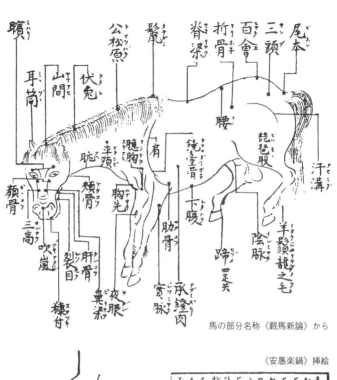

馬の部分名称《厩馬新論》から

《安愚楽鍋》挿絵

馬飼

【ヒツジ】羊

鯨偶蹄(くじらぐうてい)目ウシ科。前6000年ごろからコルシカやサルデーニャにいるムフロンや，小アジアからアフガニスタンにいるアジアムフロン，中央アジアのアルガリなどを飼いならし家畜化したものといわれる。体には長毛が密生し，多くのものは雄が角をもつ。角の基部断面はほぼ倒三角形。あごひげはない。消化力は強く粗食に耐え，反芻(はんすう)する。性質は温順で群居性が強い。乾燥した涼しい高原などで飼育される。

羊《和漢三才図会》から

羊など《北斎漫画》から

象形文字　未と羊
《説文古籀補》から

【 サル 】猿

普通,哺乳(ほにゅう)類霊長目のうち,人類を除いた動物の総称。一般に四肢の第1指と他の指は向かい合って物を握ることができること,眼は二つとも前方へ向かい双眼視が可能なことが特徴。日本にはニホンザルが分布。霊長目オナガザル科。頭胴長50～60センチ,尾7～12センチ。顔としりが赤く,毛色は茶褐色ないし灰褐色。本州,四国,九州,屋久島に分布し,青森県下北半島は世界のサル類分布の最北限。平地～亜高山帯下部の森林に群生。果実,木の芽などを食べる。群は一定の行動域を餌を求めて移動する。高崎山,幸島などで生態の研究が盛んに行われて,順位制や血縁制などの群構造が解明されてきた。1腹1子。

猿《和漢三才図会》から

狂言《猿聟》の一場面

【 ニワトリ 】鶏

キジ科の家禽(かきん)。ヤケイのうちセキショクヤケイが南アジアで家禽化されたものとされる。現在は用途に応じた数百品種があり,極地を除くほとんど全世界で飼育される。雑食性。品種により姿形,羽毛,肌色,肉冠などは多様に変化。卵用のレグホーン種,ミノルカ種,アンダルシアン種,肉用のコーチン種,ブラーマ種,コーニッシュ種,卵肉兼用のプリマスロック種,ロードアイランドレッド種,名古屋コーチン種,愛がん用としてオナガドリ,チャボ,東天紅,小国,闘鶏用および肉用のシャモなど。

オナガドリ ニワトリの一品種で長尾鶏とも呼ばれる。高知県で作出。雄の尾羽は抜けかわらず,年々伸びて7メートル以上になるものもある。白藤,白色,褐色種などがある。特別天然記念物。

闘鶏(とうけい) 雄鶏を闘わせる競技。日本では,古来鶏合(とりあわせ)として行われ,平安時代には宮廷の年中行事(3月3日)となり,庶民にもシャモの闘鶏が広まっていった。明治以降,法律で禁止されているが,いくつかの地域で行われている。

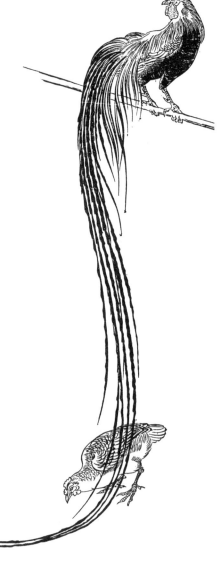

オナガドリ

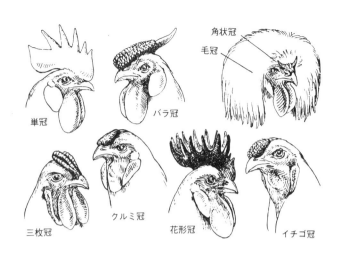

ニワトリの冠型

日本の闘鶏

【イヌ】犬

食肉目イヌ科。家畜中で最も歴史が古く、旧石器時代後期すでに数種類があった。祖先はディンゴや北アフリカからアジアの熱帯にすむパリア犬に近いものといわれ、地方によってはオオカミとの交配も行われたらしい。嗅覚が鋭く、臭跡をたどって獲物を捜し出すものが多いが、視覚にたよって猟をする品種もある。体の構造は長距離を走るのに適し、耐久力が強い。群居性、雑食性。妊娠期間は多くの品種で63日、子は6〜9ヵ月で性的に成熟、12歳で老犬。ときに20歳まで生きる。りこうで従順。品種は非常に多く400種以上になるという。大きさ、形、毛の長さや色などはさまざまである。日本犬は日本原産のイヌ。秋田犬に代表される大型犬、北海道犬(アイヌ犬とも。北海道南部)、紀州犬(和歌山、三重)、琉球犬(沖縄本島北部、八重山諸島)、甲斐犬(山梨)、土佐犬(四国犬とも)などの中型犬、柴犬に代表される小型犬の3系統がある。いずれも立耳、巻尾を特徴とし、性質は明朗、素朴、温順で、古くから獣猟犬とされた。天然記念物に指定されているものも多い。

《和漢三才図会》の犬
狩人と狗国の人(下)

犬張子のいろいろ

《西遊記》挿画　猪八戒
(左)はイノシシの怪物

イノシシ

【 イノシシ 】猪, 野猪

鯨偶蹄(くじらぐうてい)目イノシシ科。体長1.1〜1.5メートルで灰褐色〜黒褐色。子はウリボウ(瓜坊)といい，淡褐色に白縦線があるが成長とともに消失。欧州〜日本の平地から標高4000メートルまでの森林や低木林にすむ。雑食性の夜行獣で木の根，穀物，茎，鳥卵，ミミズなどを食べ，ときには人里に出て田畑を荒らす。1腹5〜6子。雄の牙(きば)は印材，パイプに利用。肉は山鯨といわれ牡丹(ぼたん)鍋にし美味。またブタとの交雑種をイノブタと呼び食用に飼育される。

《和漢三才図会》
のイノシシ

【 春の七草 】はるのななくさ

春の若菜の中で代表的な7種を選んだもの。古歌に「芹(せり)なずな御形(ごぎょう)はこべら仏の座, すずなすずしろこれぞ七草」とよまれる。御形はハハコグサ, はこべらはハコベ, 仏の座はタビラコ, すずなはカブ, すずしろはダイコンをさす。正月の7日に七草を入れた七草粥を食べるならわしがある。

《七草草紙》
両親に長寿をねがって七草粥をすすめる場面

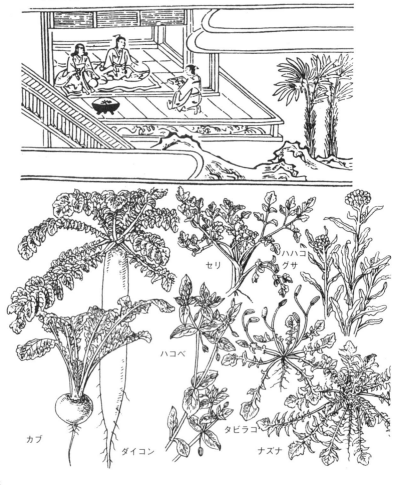

七草を打ち囃す江戸の風習
上は《絵本江戸風俗往来》から

セリ（芹） セリ科の多年草。日本全土，東南アジアに広く分布し，湿地や溝の縁などにはえる。茎の基部は長くはい，白くて太い。葉は２回羽状複葉。夏，30センチ内外の茎を出し，頂に小さい複散状花序をつけ，白色の小花を開く。全草にかおりがあって，若い株は食用となり，栽培もされる。春の七草の一つ。

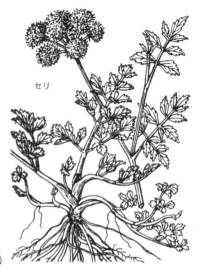

セリ

タビラコ

タビラコ　コオニタビラコとも。キク科の二年草。本州〜九州，東アジアの暖帯に分布し，田などにはえる。ちぎると白汁を出す。根出葉は羽状複葉，ロゼット状に広がる。花茎は斜上し，少数の葉をつけ，高さ10〜25センチ。頭花は黄色の舌状花からなり，３〜６月開花。果実は黄褐色で長さ約４ミリ。春の七草のホトケノザは本種ともいわれる。近縁にやや毛の多いヤブタビラコがある。

ハコベ　ナデシコ科の一〜二年草。日本全土，ほぼ全世界に分布し，平地にはえる。茎は分枝して束生し，高さ20センチ内外，卵形の柔らかい葉を対生する。春〜秋，枝先に白色の小さな５弁花を多数開く。花弁は基部近くまで深く２裂し，10弁花のように見える。雌しべは花柱３本。果実は卵形で，熟すと裂けて，種子をとばす。春の七草の一つ。近縁のウシハコベは葉が大型で，上部の葉の基部は茎を抱く。雌しべは花柱５本。

ハコベ

378

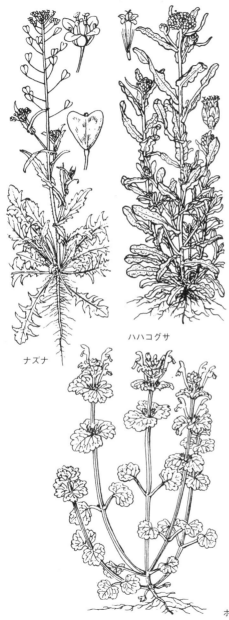

ナズナ　ペンペングサとも。日本全土，北半球に広く分布し，日当りのよい路傍や畑に多いアブラナ科の二年草。根出葉は羽状に深裂する。春，高さ10～40センチの花茎を立て，上方に小さい白色の4弁花を多数開き，のちに倒三角形の果実を結ぶ。春の七草の一つ。

ハハコグサ　ホウコグサとも。キク科の二年草。日本全土，東アジアの熱～温帯に分布し，路傍や家の近くにはえる。茎は高さ15～40センチ，葉は倒披針形で両面密に綿毛におおわれる。黄色の頭花は糸状の雌花と筒状の両性花からなり，4～6月に開花。総包片は淡黄色となる。ゴギョウ(オギョウ)ともいわれ，春の七草の一つ。葉を餅などに入れて食べる。総包片が暗褐色を帯びる*チチコグサ*は多年生で，茎は分枝せず，葉は線形。

ホトケノザ　シソ科の一～二年草。日本全土，ユーラシア大陸に広く分布し，路傍や畑地にはえる。茎は高さ10～30センチ，葉は対生し円形で，下部の葉は柄が長いが，上部の葉は無柄で互いに茎を抱く。4～5月，上部の葉腋に，紫紅色の唇形(しんけい)花を開く。花冠は長さ1.7～2センチで，長い筒部がある。なお，春の七草のホトケノザはタビラコのこと。

小正月（こしょうがつ）　1月15日を中心にした正月。元日を中心とする大正月，大年に対し，小年，若年，望（もち）の正月，女の正月とも。暦の知識の普及前は満月の十五夜を年の境とするのがわかりやすかったため。予祝的な農耕儀礼や年占（としうら），成木責（なりきぜめ），左義長（さぎちょう），なまはげなどの行事が行われる。

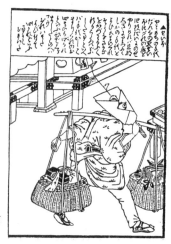

正月の凧，破魔矢など
《百福茶大年咄》から

成木責（なりきぜめ）　正月15日の早朝，果樹の豊熟を予祝する行事。カキ，ナシ，モモなどに向かってナタを振り「成るか成らぬか」と唱える。

成木責

繭玉(まゆだま) 繭団子とも。ヤナギ,ミズキ,エノキなどの枝に繭の形に作った餅や団子をたくさんつけたもの。中部地方から関東,東北にみられ,養蚕の安全を祈って小正月に飾る所が多い。終わるとアズキと煮たり,どんど(左義長(さぎちょう))の火であぶって食べる。

門松(左)と獅子舞
《籠細工はなし》から

左義長(さぎちょう) 古くは三毬杖，三鞠打などと書いた。宮中では正月15日と18日に清涼殿東庭に毬杖(ぎっちょう)を3本立て，うたいはやしながら焼いた。民間では新年に行われる火祭の行事。どんど，どんどん焼，さんくろうなどともいう。小正月を中心に14日の夜または15日の朝が多いが，7日に行うところもある。おもに子どもの行事で，正月の松飾などを各戸からもらい集めて焼く。丸太とわらでつくった小屋で，前夜から米や餅を共食し，最後に小屋を焼き払うところもある。

ヒイラギ モクセイ科の常緑小高木。本州(福島以南)～沖縄の山地にはえ，庭などにも植えられる。葉は対生し，卵形で厚くて硬く，縁には先がとげ状になった鋭鋸歯(きょし)があるが，老樹では多くは鋸歯がない。雌雄異株。10～12月，葉腋に白色の小花を散状に開く。花冠は4裂。果実は楕円形で翌年5～6月黒熟。材を器具，印材とする。ヒイラギモクセイはヒイラギとギンモクセイの雑種といわれ，葉は大きく，縁にはあらい鋸歯があり，結実しない。節分にヒイラギの枝とイワシの頭を戸口にさすと悪鬼の侵入を防ぐという。クリスマスの飾りに使うのはセイヨウヒイラギ(ホリー)である。

左義長《難波鑑》から

節分(せつぶん) 立春の前日。雑節の一つで、新暦では2月3，4日ころ。古くは1日が夜から始まり、立春から新年が始まると考えられたため、節分は年頭の行事として重んじられた。現在も邪気を払い幸いを願う習俗が伝わり、社寺では節分祭や追儺(ついな)、家庭でも豆まきが行われる。また戸口に焼いたイワシの頭とヒイラギの小枝をさすところもあり、悪鬼の侵入を防ぐためといわれる。

節分 左は《和漢三才図会》から追儺，下は江戸時代の豆まきの様子

ヒイラギ

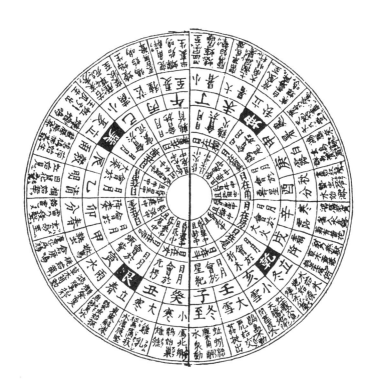

付録

二十四節気
七十二候
12カ月行事と歳時
花信風

二十四節気(にじゅうしせっき)
太陽の黄経を24等分して、その一つずつに季節を割り当てたもの。1月に二十四節気を二つずつ割り当て、初めのほうを節気、あとのほうを中気と呼ぶ。さらに初候、二候、三候にわけ、特徴的な自然現象をとり出して七十二候を定めた。

季節	節季名		平気日付	七十二候解説 初候・二候・三候の順
春	立春	正月節	2月4日	東風解凍(はるかぜこおりをとく) 黄鶯睍睆(うぐいすなく) 魚上氷(うおこおりをいずる)
	雨水	正月中	2月19日	土脉潤起(つちのしょううるおいおこる) 霞始靆(かすみはじめてたなびく) 草木萌動(そうもくめばえいずる)
	啓蟄	2月節	3月5日	蟄虫啓戸(すごもりむしとをひらく) 桃始笑(ももはじめてさく) 菜虫化蝶(なむしちょうとなる)
	春分	2月中	3月21日	雀始巣(すずめはじめてすくう) 桜始開(さくらはじめてひらく) 雷乃発声(かみなりすなわちこえをはっす)
	清明	3月節	4月5日	玄鳥至(つばめきたる) 鴻鴈北(こうがんかえる) 虹始見(にじはじめてあらわる)
	穀雨	3月中	4月20日	葭始生(あしはじめてしょうず) 霜止出苗(しもやんでなえいずる) 牡丹華(ぼたんはなさく)
夏	立夏	4月節	5月5日	蛙始鳴(かわずはじめてなく) 蚯蚓出(みみずいずる) 竹笋生(たけのこしょうず)
	小満	4月中	5月21日	蚕起食桑(かいこおきてくわをはむ) 紅花栄(べにばなさかう) 麦秋至(むぎのときいたる)
	芒種	5月節	6月6日	蟷螂生(かまきりしょうず) 腐草為蛍(くされたるくさほたるとなる) 梅子黄(うめのみきばむ)
	夏至	5月中	6月21日	乃東枯(なつかれくさかるる) 菖蒲華(あやめはなさく) 半夏生(はんげしょうず)
	小暑	6月節	7月7日	温風至(あつかぜいたる) 蓮始開(はすはじめてひらく) 鷹乃学習(たかすなわちわざをならう)
	大暑	6月中	7月23日	桐始結花(きりはじめてはなをむすぶ) 土潤溽暑(つちうるおうてむしあつし) 大雨時行(たいうときどきにふる)

秋	立秋	7月節	8月8日	涼風至(すずかぜいたる)
				寒蟬鳴(ひぐらしなく)
				蒙霧升降(ふかききりまとう)
	処暑	7月中	8月23日	綿柎開(わたのはなしべひらく)
				天地始粛(てんちはじめてさむし)
				禾乃登(こくものすなわちみのる)
	白露	8月節	9月8日	草露白(くさのつゆしろし)
				鶺鴒鳴(せきれいなく)
				玄鳥去(つばめさる)
	秋分	8月中	9月23日	雷乃収声(かみなりすなわちこえをおさむ)
				蟄虫坏戸(むしかくれてとをふさぐ)
				水始涸(みずはじめてかる)
	寒露	9月節	10月8日	鴻雁来(こうがんきたる)
				菊花開(きくのはなひらく)
				蟋蟀在戸(きりぎりすとにあり)
	霜降	9月中	10月24日	霜始降(しもはじめてふる)
				霎時施(こさめときどきふる)
				楓蔦黄(もみじつたきばむ)
冬	立冬	10月節	11月7日	山茶始開(つばきはじめてひらく)
				地始凍(ちはじめてこおる)
				金盞香(きんせんかさく)
	小雪	10月中	11月22日	虹蔵不見(にじかくれてみえず)
				朔風払葉(きたかぜこのはをはらう)
				橘始黄(たちばなはじめてきばむ)
	大雪	11月節	12月7日	閉塞成冬(そらさむくふゆとなる)
				熊蟄穴(くまあなにこもる)
				鱖魚群(さけのうおむらがる)
	冬至	11月中	12月21日	乃東生(なつかれくさしょうず)
				麋角解(さわしかのつのおつる)
				雪下出麦(ゆきわたりてむぎいずる)
	小寒	12月節	1月5日	芹乃栄(せりすなわちさかう)
				水泉動(しみずあたたかをふくむ)
				雉始雊(きじはじめてなく)
	大寒	12月中	1月21日	款冬華(ふきのはなさく)
				水沢腹堅(さわみずこおりつめる)
				雞始乳(にわとりはじめてやにつく)

【1月】

1日	元日　元旦・大正月
2日	初夢(2日の夜から3日の朝の夢)　初荷
3日	
4日	
5日	
6日	小寒(6日ころ)　良寛忌(1831年没)
7日	七草の日
8日	成人の日(1月第2月曜日)
9日	
10日	110番の日
11日	鏡開き
12日	
13日	
14日	
15日	小正月
16日	やぶ入り
17日	
18日	
19日	明恵忌(1232年没)
20日	大寒(20日ころ)　二十日正月
21日	
22日	(河竹)黙阿弥忌(1893年没)
23日	(林)羅山忌(1657年没)
24日	全国学校給食週間(〜30日)
25日	法然上人忌(1212年没)
26日	文化財防火デー
27日	
28日	
29日	(日野)草城忌(1956年没)
30日	
31日	みそか正月

マツ

【2月】

1日	省エネルギー月間(〜月末)
2日	
3日	節分(3日ころ)
4日	立春(4日ころ)
5日	
6日	
7日	北方領土の日
8日	針供養　事始め
9日	
10日	
11日	建国記念の日　文化勲章制定記念日
12日	菜の花忌(司馬遼太郎　1996年没)
13日	
14日	セント・バレンタインデー
15日	(吉田)兼好忌(1350年没)
16日	西行忌(1190年没)
17日	(坂口)安吾忌(1955年没)
18日	(岡本)かの子忌(1939年没)
19日	雨水(19日ころ)
20日	(小林)多喜二忌(1933年没)
21日	食糧管理法公布記念日
22日	
23日	天皇誕生日
24日	南国忌(直木三十五　1934年没)
25日	(斎藤)茂吉忌(1953年没)
26日	
27日	
28日	(千)利休忌(1591年没)
29日	閏年(4年に1回)

ウメ

【3月】

1日	春季全国火災予防運動(〜7日)
2日	
3日	雛祭り　上巳　耳の日
4日	
5日	啓蟄(5日ころ)
6日	菊池寛忌(1948年没)
7日	消防記念日
8日	国際女性の日
9日	
10日	旧陸軍記念日
11日	
12日	
13日	
14日	ホワイトデー
15日	靴の日　涅槃会
16日	
17日	春の彼岸(春分を中日とし前後3日間)
18日	
19日	
20日	春分(20日ころ)
21日	弘法大師忌(835年没)
22日	放送記念日
23日	世界気象デー
24日	檸檬忌(梶井基次郎　1932年没)　蓮如忌(1499年没)
25日	電気記念日
26日	(与謝野)鉄幹忌(1935年没)　(室生)犀星忌(1962年没)
27日	
28日	(内村)鑑三忌(1930年没)
29日	
30日	
31日	教育基本法・学校教育法公布記念日　年度末

サクラ

【4月】

1日	エイプリルフール　児童福祉法施行記念日　年度初日
2日	連翹忌(高村光太郎　1956年没)
3日	隠元忌(1673年没)
4日	清明(4日ころ)
5日	(三好)達治忌(1964年没)
6日	春の全国交通安全運動(〜15日)
7日	労働基準法公布記念日
8日	灌仏会　(高浜)虚子忌(1959年没)
9日	
10日	女性の日
11日	メートル法公布記念日
12日	
13日	(石川)啄木忌(1912年没)
14日	ポスト愛護週間(〜20日)
15日	梅若忌
16日	
17日	公共職業安定所発足記念日　(徳川)家康忌(1616年没)
18日	発明の日　よい歯の日
19日	穀雨(19日ころ)
20日	郵政記念日(〜26日郵便週間)
21日	
22日	
23日	世界本の日(サン・ジョルディの日)　こども読書の日
24日	国際盲導犬の日(4月の最終水曜日)
25日	国連記念日　市町村制公布記念日
26日	
27日	
28日	サンフランシスコ平和条約発効記念日
29日	昭和の日　社会教育週間(〜5月5日)
30日	図書館記念日

フジ

【5月】

1日	メーデー　八十八夜（1日ころ）
2日	
3日	憲法記念日
4日	みどりの日
5日	立夏（5日ころ）　こどもの日　端午の節句　児童憲章制定記念日
6日	
7日	（佐藤）春夫忌（1964年没）　（久保田）万太郎忌（1963年没）
8日	世界赤十字デー
9日	アイスクリームの日
10日	バードウィーク（愛鳥週間　〜16日）
11日	（萩原）朔太郎忌（1942年没）
12日	国際看護師デー　看護の日
13日	
14日	母の日（5月第2日曜日）
15日	沖縄本土復帰記念日
16日	
17日	世界電気通信および情報社会の日
18日	
19日	
20日	小満（20日ころ）
21日	家内労働旬間（〜31日）
22日	
23日	
24日	
25日	
26日	
27日	日本海海戦の日
28日	（堀）辰雄忌（1953年没）
29日	（与謝野）晶子忌（1942年没）
30日	文化財保護法公布記念日
31日	世界禁煙デー（〜6月6日　禁煙週間）

アヤメ

【6月】

1日	衣替え　気象記念日　電波の日　水道週間(～7日)
2日	
3日	測量の日
4日	歯と口の健康週間(～10日)
5日	芒種(5日ころ)　世界環境デー
6日	
7日	
8日	
9日	
10日	入梅(10日ころ)　時の記念日　(鴨)長明忌(1216年没)
11日	
12日	
13日	
14日	
15日	ボタン
16日	父の日(6月第3日曜日)
17日	沖縄返還協定調印の日
18日	
19日	桜桃忌(太宰治　1948年没)
20日	
21日	夏至(21日ころ)
22日	
23日	(国木田)独歩忌(1908年没)　(沖縄)慰霊の日
24日	林檎忌(美空ひばり　1989年没)
25日	
26日	国連憲章調印記念日
27日	
28日	(林)芙美子忌(1951年没)
29日	(滝)廉太郎忌(1903年没)
30日	

【7月】

1日	半夏生（1日ころ）　国民安全の日（～7日全国安全週間）　海の月間（～31日）
2日	
3日	
4日	
5日	栄西忌（1215年没）
6日	小暑（6日ころ）
7日	七夕
8日	
9日	（森）鷗外忌（1922年没）
10日	
11日	世界人口デー
12日	ラジオ本放送の日
13日	日本標準時制定記念日
14日	
15日	中元　盂蘭盆　海の日（7月第3月曜日）
16日	国土交通Day
17日	あじさい忌（石原裕次郎　1987年没）
18日	大河内伝次郎忌（1962年没）
19日	土用（19日ころ）
20日	
21日	雑誌愛読月間（～8月20日）
22日	大暑（22日ころ）　下駄の日
23日	ふみの日（7月はふみ月）
24日	河童忌（芥川龍之介　1927年没）
25日	
26日	
27日	
28日	（江戸川）乱歩忌（1965年没）
29日	
30日	（谷崎）潤一郎忌（1965年没）　（幸田）露伴忌（1947年没）
31日	

ハギ

【8月】

1日	夏の省エネ総点検の日　食品衛生月間(〜31日)
2日	学制発布記念日
3日	
4日	
5日	
6日	原爆忌(広島原爆記念日)
7日	立秋(7日ころ)　鼻の日
8日	そろばんの日　世阿弥忌(1443年没)
9日	長崎原爆記念日
10日	水泳の日　(井原)西鶴忌(1693年没)
11日	山の日
12日	日中平和友好条約調印の日　君が代制定記念日　国際青少年デー
13日	
14日	
15日	終戦記念日
16日	
17日	(熊沢)蕃山忌(1691年没)
18日	太閤忌(豊臣秀吉　1598年没)
19日	
20日	(藤原)定家忌(1241年没)
21日	ススキ
22日	処暑(22日ころ)　(島崎)藤村忌(1943年没)
23日	一遍忌(1289年没)
24日	
25日	
26日	人権宣言記念日
27日	(貝原)益軒忌(1714年没)
28日	道元忌(1253年没)
29日	文化財保護法施行記念日
30日	
31日	二百十日(31日ころ)

【9月】

1日	防災の日　ガン征圧月間(〜30日)　健康増進普及月間(〜30日)
2日	(岡倉)天心忌(1913年没)
3日	迢空忌(折口信夫　1953年没)
4日	
5日	
6日	
7日	白露(7日ころ)　(吉川)英治忌(1962年没)　(泉)鏡花忌(1939年没)
8日	
9日	救急の日
10日	二百二十日(10日ころ)
11日	
12日	水路記念日
13日	世界の法の日
14日	
15日	
16日	敬老の日(9月第3月曜日)　オゾン層保護のための国際デー
17日	十五夜(17日ころ)　(若山)牧水忌(1928年没)
18日	(徳冨)蘆花忌(1927年没)
19日	秋の彼岸(秋分の日を中日とした前後3日)　糸瓜忌(正岡子規　獺祭忌とも　1902年没)
20日	動物愛護週間(20日〜26日)
21日	国際平和デー　秋の全国交通安全運動(〜30日)　(宮沢)賢治忌(1933年没)
22日	秋分(22日ころ)
23日	
24日	結核予防週間(〜30日)　南洲忌(西郷隆盛　1877年没)
25日	
26日	(小泉)八雲忌(1904年没)
27日	
28日	
29日	鈴の屋忌(本居宣長　1801年没)
30日	

キク

【10月】

1日	衣替え　赤い羽根共同募金運動(〜3月31日)
2日	(山崎)宗鑑忌(1553年没)
3日	
4日	
5日	達磨忌
6日	国際協力の日
7日	
8日	寒露(8日ころ)
9日	世界郵便デー
10日	目の愛護デー
11日	
12日	(松尾)芭蕉忌(1694年没)
13日	日蓮忌(1282年没)
14日	スポーツの日(10月第2月曜日)　鉄道の日
15日	十三夜(15日ころ)　新聞週間(〜21日)
16日	世界食糧デー
17日	上水道の日　貯蓄の日
18日	統計の日
19日	日ソ国交回復の日　(土井)晩翠忌(1952年没)
20日	土用(20日ころ)　リサイクルの日
21日	国際反戦デー　(志賀)直哉忌(1971年没)
22日	(中原)中也忌(1937年没)
23日	霜降(23日ころ)　電信電話記念日
24日	国連デー　軍縮週間(〜30日)
25日	
26日	
27日	読書週間(〜11月9日)　(吉田)松陰忌(1859年没)
28日	
29日	
30日	(尾崎)紅葉忌(1903年没)
31日	ハローウイン

モミジ

【11月】

1日	灯台記念日　計量記念日　文化財保護強調週間(～7日)
2日	(北原)白秋忌(1942年没)
3日	文化の日
4日	ユネスコ憲章記念日
5日	電報の日
6日	(曲亭)馬琴忌(1848年没)
7日	立冬(7日ころ)
8日	世界都市計画の日
9日	119番の日　秋季全国火災予防運動(～15日)
10日	トイレの日
11日	世界平和記念日　税を考える週間(～17日)
12日	(草野)心平忌(1988年没)
13日	空也忌(972年没)
14日	
15日	七五三
16日	
17日	
18日	
19日	(小林)一茶忌(1827年没)
20日	世界こどもの日
21日	寄生虫予防運動(～30日)　(会津)八一忌(1956年没)
22日	小雪(22日ころ)　近松(門左衛門)忌(1724年没)
23日	勤労感謝の日
24日	
25日	憂国忌(三島由紀夫　1970年没)
26日	ペンの日
27日	更生保護記念日
28日	感謝祭(11月第4木曜日)　親鸞忌(1262年没)
29日	
30日	

ヤナギ

【12月】

1日	世界エイズデー　歳末たすけあい運動(〜31日)
2日	
3日	国際障害者デー
4日	
5日	国際ボランティア・デー
6日	黄門忌(徳川光圀　1700年没)
7日	大雪(7日ころ)
8日	太平洋戦争開戦記念日　針供養
9日	障害者の日　(夏目)漱石忌(1916年没)
10日	世界人権デー
11日	沢庵(宗彭)忌(1645年没)
12日	児童福祉法公布記念日
13日	
14日	
15日	年賀郵便特別扱い開始日
16日	電話創業の日
17日	
18日	国連加盟記念日
19日	
20日	道路交通法施行記念日
21日	冬至(21日ころ)
22日	労働組合法制定記念日
23日	
24日	クリスマス・イブ
25日	クリスマス　(与謝)蕪村忌(1783年没)
26日	
27日	
28日	御用納め
29日	(山田)耕筰忌(1965年没)
30日	(横光)利一忌(1947年没)
31日	大晦日　(寺田)寅彦忌(1935年没)

キリ

二十四番花信風

花信風(かしんふう)　花信の風ともいう。一般には花の咲くころに吹く風。特別には中国伝来の二十四番花信風。小寒から穀雨までの24候の風に花の名を冠する。

節気		初候	二候	三候
小寒	1月5日ころ	梅花 ウメ ばいか	山茶花 ツバキ さんちゃか	水仙 スイセン すいせん
大寒	1月21日ころ	瑞香 ジンチョウゲ ずいこう	蘭花 ラン らんか	山礬 *注 さんばん
立春	2月4日ころ	迎春 オウバイ げいしゅん	桜桃 ユスラ おうとう	望春 コブシ ぼうしゅん
雨水	2月19日ころ	菜花 ナタネ さいか	杏花 アンズ きょうか	李花 スモモ りか
啓蟄	3月5日ころ	桃花 モモ とうか	棣棠 ヤマブキ ていとう	薔薇 バラ そうび
春分	3月21日ごろ	海棠 カイドウ かいどう	梨花 ナシ りか	木蘭 モクレン もくらん
清明	4月5日ころ	桐花 キリ とうか	麦花 ムギ ばくか	柳花 ヤナギ りゅうか
穀雨	4月20日ころ	牡丹 ボタン ぼうたん	酴醾 トキンイバラ とび	棟花 センダン れんか

＊注　山礬は不詳　ヤマブキ，ハイノキ，ボケ，ジンチョウゲなど

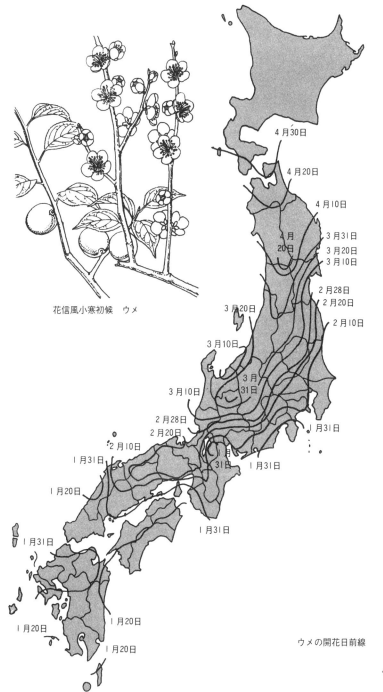

花信風小寒初候　ウメ

ウメの開花日前線

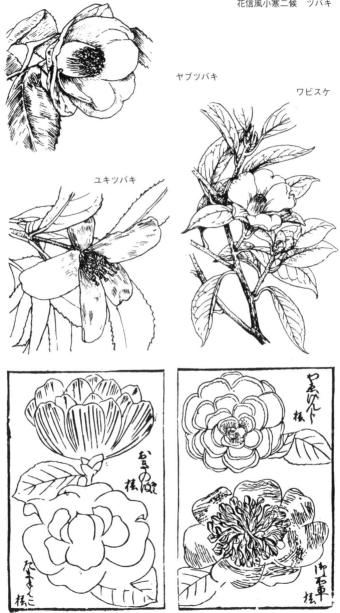

花信風小寒二候　ツバキ

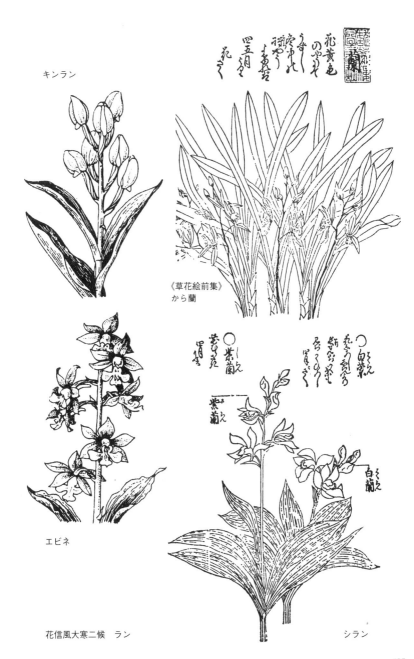

キンラン

《草花絵前集》
から蘭

エビネ

花信風大寒二候　ラン

シラン

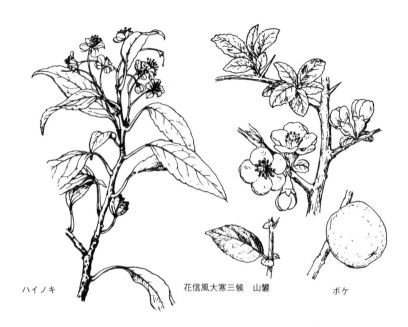

ハイノキ　　花信風大寒三候　山礬　　ボケ

花信風立春二候　ユスラウメ

花信風立春初候　オウバイ

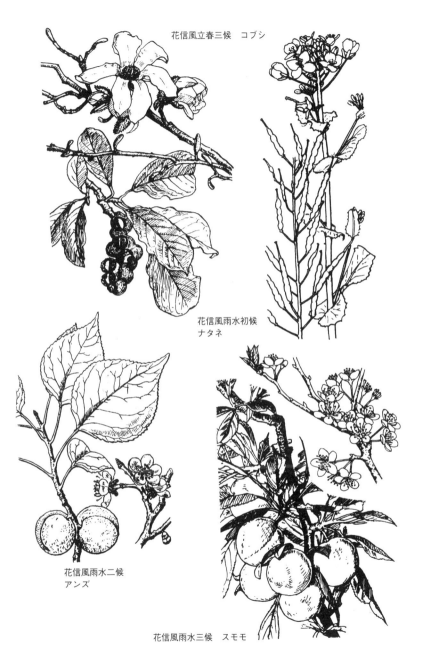

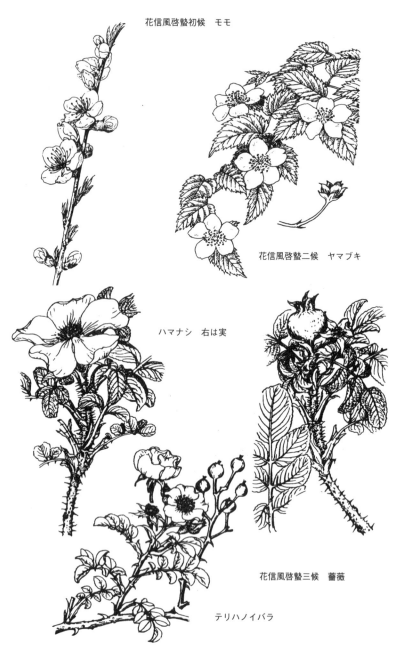

太田道灌に山吹をさし出す娘

モッコウバラ

コウシンバラ

セイヨウイバラ

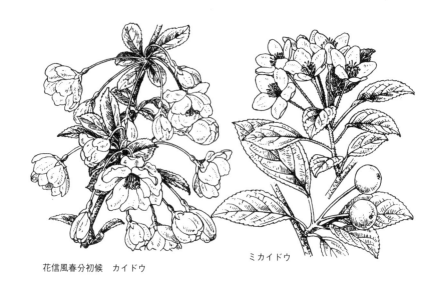

花信風春分初候　カイドウ

ミカイドウ

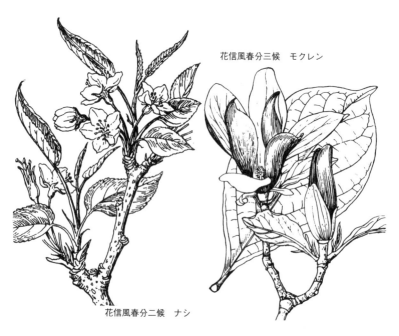

花信風春分三候　モクレン

花信風春分二候　ナシ

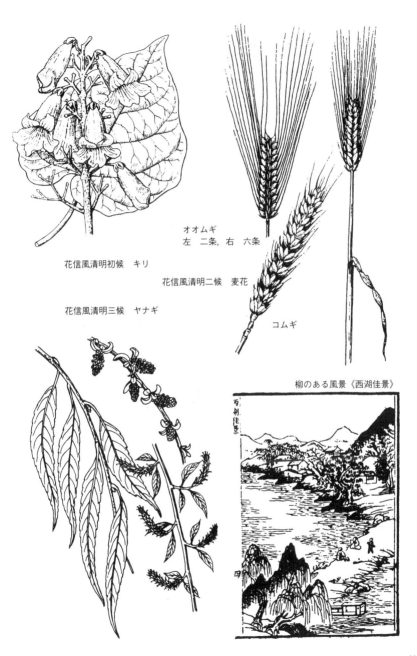

花信風清明初候　キリ

オオムギ
左　二条, 右　六条

花信風清明二候　麦花

花信風清明三候　ヤナギ

コムギ

柳のある風景《西湖佳景》

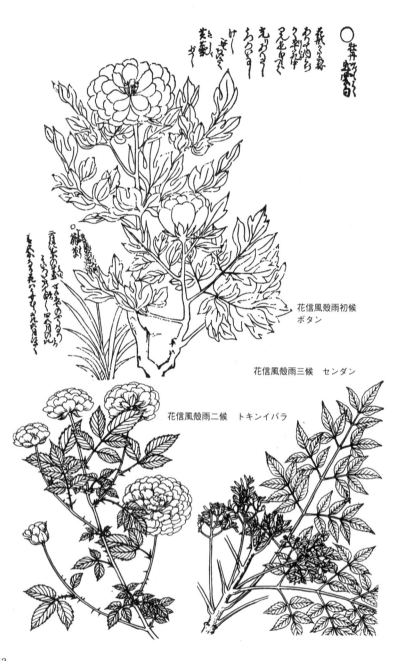

花信風穀雨初候　ボタン

花信風穀雨三候　センダン

花信風穀雨二候　トキンイバラ

索引

＊本索引は《新版 春夏秋冬 絵ごよみ事典》に掲載されている事物の名前から項目を採録した。
＊行頭に索引項目名を掲げ，続く数字が掲載ページを示す。
＊項目の配列は五十音順で，濁音・半濁音は清音の次とした。
＊拗音，促音も音順に数えるが，長音（ー）は数えない。
＊同音はひらがな，カタカナ，漢字の順とした。

【ア行】

アイサ ―― 326
アイナメ ―― 106
アオカビ（青黴） ―― 136
アオスジアゲハ ―― 59
青虫 ―― 62
アカイエカ ―― 174
アカガイ（赤貝） ―― 25
アカクラゲ ―― 195
アカショウビン ―― 202
アカトンボ ―― 163
秋 ―― 219
秋の魚 ―― 286
秋の星座 ―― 220
秋の七草 ―― 250
秋の女神 ―― 218
秋の野菜 ―― 282
アケビ ―― 35
アコヤガイ ―― 27
アサガオ（朝顔） ―― 164
アサギマダラ ―― 59
アサツキ ―― 105
アサリ ―― 21
アジ（鯵） ―― 216
アジアイトトンボ ―― 162
アジサイ（紫陽花） ―― 128
アジサシ ―― 281
アシタバ ―― 28
アスパラガス ―― 100
アセタケ ―― 243
アトリ ―― 325
アナグマ ―― 297
アナゴ ―― 215
アブラゼミ ―― 159

アマガエル ―― 132
アマダイ ―― 336
アマチャ ―― 56
アマツバメ ―― 200
天の川 ―― 141
アマミノクロウサギ ―― 362
雨 ―― 122
アユ（鮎） ―― 214
霰 ―― 313
アワビ（鮑） ―― 24
アンコウ ―― 338
アンコウ鍋 ―― 338
アンドロメダ座 ―― 221
アンドンクラゲ ―― 195
イエカ ―― 174
イエギク ―― 225
イエネズミ ―― 357
イカナゴ ―― 110
イグサ（藺草） ―― 86
イサキ ―― 212
イシガケチョウ ―― 59
石合戦 ―― 83
イシガメ ―― 297
イシガレイ ―― 217
イシダタミ ―― 23
イシモチ ―― 213
イスカ ―― 324
磯遊び ―― 18
イタヤガイ ―― 23
イタヤカエデ ―― 264
イチモンジセセリ ―― 66
イチモンジチョウ ―― 66
イチョウ（銀杏，公孫樹） ―― 268
いて座 ―― 115
イトトンボ ―― 162

イトヨリダイ	287
イヌ(犬)	374
イノシシ(猪, 野猪)	375
イボキサゴ	23
イボニシ	20
いも(芋)	282
イモリ	297
イロハカエデ	263
イワギボウシ	34
イワシ(鰯)	286
インゲンマメ(隠元豆)	208
うお座	221
ウグイス	99
ウサギ(兎)	361
ウシ(牛)	358
ウシガエル	133
ウズアジサイ	130
ウスバシロチョウ	66
卯月八日	56
雨滴	121
ウド	103
饂飩	181
ウナギ(鰻)	180
ウマ(馬)	368
ウミホタル	186
ウラギンシジミ	66
ウラギンヒョウモン	67
ウラジロ	346
盂蘭盆	199
ウリ(瓜)	181
雨量	122
雨量計	122
ウルシ(漆)	273
漆(うるし)	273
ウワバミソウ	36
ウンシュウミカン(温州蜜柑)	277
運動会	248
益虫	154
エゾゼミ	157
枝豆	207
エチゼンクラゲ	195
エノキタケ	236
夷講	340
エンドウ(豌豆)	104

オウトウ(桜桃)	42
おおぐま座	11
オオバギボウシ	34
オオムラサキ	67
オオルリ	205
送り梅雨	120
オシドリ	98
オタマジャクシ	134
おとめ座	11
オナガドリ	372
オニオコゼ	212
オニヤンマ	162
オニユリ	38
おひつじ座	221
オミナエシ(女郎花)	252
オリンピック旗	248
温暖前線	123

【カ行】

- カ(蚊) —— 174
- ガ(蛾) —— 76
- 貝 —— 20
- 海水浴 —— 196
- 害虫 —— 154
- カエデ(楓) —— 262
- 返り梅雨 —— 119
- カエル(蛙) —— 132
- 鏡開き —— 345
- 鏡餅 —— 345
- カキ(牡蠣) —— 21
- カキ(柿) —— 274
- ガクアジサイ —— 128
- カシ(樫) —— 259
- カジカガエル —— 132
- カジキ —— 110
- カシワ(柏) —— 260
- 花信風 —— 400
- 風 —— 295
- カタツムリ(蝸牛) —— 131
- カツオ(鰹) —— 109
- カツオノエボシ —— 192
- 鰹節 —— 109
- カッコウ(郭公) —— 200
- 門松 —— 342
- 蚊取線香 —— 173
- かに座 —— 11
- カビ(黴) —— 137
- カブ —— 331
- 花粉 —— 78
- 花粉症 —— 79
- カボチャ(南瓜) —— 315
- カマス —— 287
- カミクラゲ —— 192
- 雷 —— 124
- カモ(鴨) —— 327
- カモメ(鷗) —— 324
- カモ猟 —— 327
- 蚊帳 —— 172
- カラス(烏) —— 97
- カラスアゲハ —— 60
- カラマツ(唐松, 落葉松) —— 269
- カリフラワー —— 105
- カレイ —— 217
- カワトンボ —— 162
- カワニナ —— 183
- カワハギ —— 216
- 川開き —— 188
- 柑橘 —— 277
- 欅 —— 303
- 元日 —— 343
- カンタン —— 257
- 寒冷前線 —— 123
- キアゲハ —— 60
- キイロタカラ —— 23
- キキョウ(桔梗) —— 255
- キク(菊) —— 224
- キクガシラコウモリ —— 299
- 乞巧奠 —— 140
- キジ(雉, 雉子) —— 97
- キス —— 110
- 季節 —— 178
- 季節風 —— 296
- キタテハ —— 64
- キチョウ —— 64
- キノコ —— 235
- キハダ —— 212
- キビナゴ —— 111
- ギフチョウ —— 64
- ギボウシ —— 34
- 擬宝珠 —— 34
- キャベツ —— 105
- キュウリ —— 206
- 曲水の宴 —— 18
- ぎょしゃ座 —— 293
- キリギリス —— 256
- キンカン(金柑) —— 316
- キンギョ(金魚) —— 169
- 銀杏 —— 269
- クサソテツ —— 30
- クジャクチョウ —— 65
- クズ(葛) —— 253
- クチベニマイマイ —— 131
- クツワムシ —— 256
- クヌギ —— 258
- クマ(熊) —— 299

索引 カ行 415

クマザサ(隈笹)	143
クマゼミ	158
雲	91
雲粒	92
クモノスカビ	135
曇	90
クラゲ(水母)	190
クリ(栗)	261
クリスマス	318
クリスマス・カード	319
クリスマス・ツリー	322
クリスマスローズ	323
クリタケ	237
クロアゲハ	60
クロカビ(黒黴)	135
クロダイ	213
クロチョウガイ	27
ケカビ(毛黴)	136
夏至	178
ケヤキ	273
巻雲	93
牽牛	141
ゲンジボタル	183
コアジサイ	130
コイ(鯉)	337
鯉幟	82
高山チョウ	72
コウジカビ	135
紅葉	262
コオロギ	257
コガタアカイエカ	175
凩	296
小正月	380
コチ	216
コトクラゲ	194
コノハズク	204
コノハチョウ	65
ゴボウ	285
独楽	349
コマツナ(小松菜)	330
小紋型紙	73
昆虫	152
コンニャク	317

【サ行】

左義長	382
サクラ(桜)	40
サクラガイ	20
サケ(鮭)	288
ササ(笹)	142
サザエ	24
サシバ	205
さそり座	115
サツマイモ	283
サトイモ	282
サナエトンボ	161
鯖	58
サバ(鯖)	287
五月雨	120
サヨリ	107
サル(猿)	371
サワラ	108
山菜	28
サンタ・クロース	320
サンマ(秋刀魚)	286
シイタケ(椎茸)	235
シオカラトンボ	161
シオデ	39
潮干狩	19
シギ(鴫)	280
しし座	11
シジミ(蜆)	25
シダ(羊歯)	31
七五三	278
七福神	352
シチメンチョウ(七面鳥)	321
十干十二支	356
十種雲形	91
刺胞	193
シマアジ	212
シマリス	298
シメジ	236
注連縄	342
霜	313
ジャガイモ	209
シャコ	26
シャゴウ	26

ジャコウアゲハ	61	**【タ行】**	
蛇の目傘	118		
驟雨	127	タイ(鯛)	106
ジュウシチネンゼミ	156	体育の日	249
旬	100	ダイコン(大根)	329
シュンギク	332	ダイシャクシギ	280
ジュンサイ	36	ダイダイ(橙)	346
ショウガ	210	台風	228
正月	341	高潮	229
鍾馗	85	タカネヒカゲ	68
上巳	18	宝船	351
ショウジョウトンボ	163	タケ(竹)	142
ショウドウツバメ	281	竹籠	150
ショウブ	87	筍	100
ショウロ	236	凧	348
織女	141	タツノオトシゴ	363
除虫菊	172	七夕	138
除夜	339	旅鳥	279
シラウオ	339	タビラコ	378
シロウリ	207	タマアザラシ	130
ジンジャー	210	タマキビ	23
真珠貝	27	タマネギ	101
水防出初式	233	タマゴテングダケ	234
スギナ	29	タラ(鱈)	335
スジギボウシ	34	タラノキ	39
ススキ(芒, 薄)	252	端午	82
スズキ	216	団子	245
スズタケ	144	誕生仏	56
スズムシ(鈴虫)	257	チガヤ	87
スズメ(雀)	96	チシマザサ	143
巣箱	94	チッチゼミ	158
昴	293	粽	87
生物発光	185	中形	177
積雲	93	チョウ(蝶)	58
積乱雲	93	重陽	222
雪華図説	303	チョロギ	333
セトウチマイマイ	131	月	247
セミ(蟬)	156	ツキノワグマ	298
セリ(芹)	378	月待	244
センナリホオズキ	165	月見	244
ゼンマイ	30	ツキヨタケ	243
ソメイヨシノ	43	ツクシ	28
ソラマメ	103	ツクツクボウシ	157
橇	320	ツグミ	325

ツタ(蔦)	271
ツバイモモ	17
ツバメ(燕)	200
ツマキチョウ	69
ツメタガイ	23
露	250
ツルナ	29
ツワブキ	37
天気予報	92
テングタケ	243
テングチョウ	69
電光	126
てんびん座	11
トウカエデ	264
トウガラシ(唐辛子)	316
トウガン(冬瓜)	207
トウキビ	211
闘鶏	372
冬至	314
冬至点	314
トウネン	280
冬眠	297
トウモロコシ	211
時	116
時の記念日	117
毒キノコ	243
屠蘇	347
トドマツ	322
トナカイ	320
トノサマガエル	132
トビウオ	107
ドブネズミ	357
トマト	211
友釣	214
土用	179
土用波	190
トラ(虎)	360
西の市	340
どんぐり	258
トンボ(蜻蛉)	160

【ナ行】

ナガガキ	21
ナガサキアゲハ	61
ナシ(梨)	276
ナス	208
ナズナ	379
夏	113
ナツアカネ	162
夏鳥	200
夏の魚	212
夏の星座	114
夏の女神	112
夏の野菜	206
ナデシコ	253
ナナカマド	272
ナナコ	224
ナメクジ	131
ナメコ	237
ナラ(楢)	260
ナラタケ	187
成木責	380
ナンキン	168
ニイニイゼミ	157
ニカメイガ	155
ニシキギ	271
二十四節気	384
ニシン	107
二枚貝	22
ニュウナイスズメ	96
入梅	118
ニワトリ(鶏)	372
ニンジン(人参)	284
ヌマガエル	134
ネギ	332
ネズミ(鼠)	356
熱帯低気圧	230
ノウサギ	367
のし泳ぎ	196
野路菊	224
ノビル	36

【ハ行】

- 梅雨 ———— 119
- 梅雨前線 ———— 118
- ハイタカ ———— 98
- バカガイ ———— 20
- 歯固め ———— 343
- ハギ(萩) ———— 254
- ハクサイ(白菜) ———— 330
- はくちょう座 ———— 115
- ハコネダケ ———— 145
- ハコベ ———— 378
- ハシブトガラス ———— 96
- ハシボソガラス ———— 96
- 走り梅雨 ———— 119
- ハス(蓮) ———— 285
- ハゼ ———— 289
- ハゼノキ ———— 270
- ばた足 ———— 196
- ハダカイワシ ———— 185
- ハタネズミ ———— 357
- ハタハタ ———— 335
- 働きバチ ———— 81
- ハッチョウトンボ ———— 163
- 初夢 ———— 352
- バードウィーク ———— 94
- 花火 ———— 189
- 花冷え ———— 41
- ハナビラタケ ———— 240
- 花祭 ———— 56
- 花見 ———— 40
- 羽根突 ———— 341
- ハハコグサ ———— 379
- ハマグリ(蛤) ———— 20
- ハマダラカ ———— 175
- ハマボウフウ ———— 39
- ハモ ———— 215
- ハリガネオチバタケ ———— 239
- 春 ———— 9
- ハルゼミ ———— 158
- 春の魚 ———— 106
- 春の星座 ———— 10
- 春の七草 ———— 376
- 春の女神 ———— 8
- 春の野菜 ———— 100
- ヒイロタケ ———— 242
- ヒオドシチョウ ———— 69
- ヒカゲチョウ ———— 69
- ヒカゲノカズラ ———— 33
- ヒカリゴケ ———— 187
- ヒカリボヤ ———— 186
- ヒガンザクラ ———— 43
- ヒキガエル ———— 134
- ヒグマ ———— 299
- ヒグラシ ———— 156
- ビゼンクラゲ ———— 192
- ヒダリマキマイマイ ———— 131
- ヒツジ(羊) ———— 370
- ヒトツバカエデ ———— 264
- 雛人形 ———— 12
- 雛祭 ———— 12
- ピーマン ———— 210
- 百目 ———— 275
- 百葉箱 ———— 123
- 雹 ———— 125
- 氷晶説 ———— 121
- 漂鳥 ———— 98
- 氷点 ———— 91
- ヒヨドリ ———— 98
- ヒラメ ———— 339
- ヒルガオ ———— 255
- フキ ———— 102
- フキノトウ ———— 28
- フグ(河豚) ———— 339
- 腹足類 ———— 22
- フジ(藤) ———— 57
- フジザクラ ———— 42
- フジバカマ(藤袴) ———— 252
- 斧足類 ———— 22
- ブタクサ ———— 78
- ふたご座 ———— 293
- フダンザクラ ———— 49
- ブッポウソウ ———— 204
- ブドウスカシバ ———— 76
- 太管 ———— 224
- フナ(鮒) ———— 336
- 踏俵 ———— 310
- 冬 ———— 291

富有	275
冬鳥	324
冬の魚	335
冬の星座	292
冬の女神	290
冬の野菜	329
ブリ(鰤)	336
ヘイケボタル	182
ベニシジミ	70
ベニテングダケ	243
ベニボタル	182
ヘビ(蛇)	366
ヘラタケ	240
変化アサガオ	166
ポインセチア	323
ホウオウチク	146
ホウキギ	270
ホウキタケ	241
ホウレンソウ	333
ホオズキ(鬼灯)	165
北越雪譜	303
細川染	176
ホタテガイ(帆立貝)	25
ホタル(蛍)	182
ホタルイカ	186
ホテイチク	146
ホトケノザ	379
ホトトギス(杜鵑,不如帰)	202
法螺	26
ボラ	335
ホーライ	8
ホラガイ(法螺貝)	26
ホリー	323
盆	198
盆踊	199

【マ行】

マイタケ	237
マガキ	21
巻貝	23
マグロ(鮪)	334
マクワウリ	181
マコモ	86
マガモ	327
マダケ	151
マタタビ	29
マチク	151
マツカサウオ	187
マツタケ	234
マツノキクイムシ	155
マツバラン	33
マツムシ	256
マテガイ	20
マテバシイ	260
マメザクラ	44
繭玉	381
マルハチ	32
ミカドアゲハ	74
ミカン(蜜柑)	277
ミザクラ	52
ミズカビ	136
みずがめ座	221
ミズクラゲ	194
ミスジチョウ	74
ミズナ	328
ミツバ	329
ミツバチ(蜜蜂)	80
ミツバツツジ	57
ミドリシジミ	70
ミネザクラ	43
ミヤコザサ	149
ミヤコドリ	281
ミヤマザクラ	53
ミヤマモンキチョウ	72
ミョウガ(茗荷)	210
ミルガイ	25
ミンミンゼミ	158
ムカシトンボ	161
ムクゲ(木槿)	255

ムシクイ	203
ムシャザクラ	48
ムナグロ	281
ムラサキシジミ	70
メダケ	145
メタセコイア	268
メバル	111
メンガタスズメ	76
モウソウチク(孟宗竹)	151
モズ	325
モミ	322
紅葉狩	266
モモ(桃)	17
桃太郎	16
モリアオガエル	133
モリオカシダ	46
モンキアゲハ	61
モンキチョウ	62
モンシロチョウ	62

【ヤ行】

ヤカドツノガイ	20
やぎ座	221
ヤクシマアジサイ	130
ヤクシマダケ	148
ヤグラタケ	238
ヤゴ	160
ヤコウチュウ(夜光虫)	186
野生ギク	227
ヤダケ	148
ヤブカ	175
ヤハズアジサイ	128
流鏑馬	88
ヤマアジサイ	128
ヤマザクラ	42
ヤマツツジ	57
ヤマドリ	97
ヤマドリタケ	242
ヤマネ	298
ヤマユリ	38
ユウスゲ	37
夕立	127
浴衣	176
雪	300
ユキムシ	307
ユズ(柚子)	315
ユズリハ	345
ユリ(百合)	38
ユリカモメ	324
養蜂	81
ヨシキリ	202
ヨタカ	202
ヨトウムシ	155
ヨメナ	37

【ラ行】

- 雷雨 —— 125
- 雷雨の鼻 —— 127
- 雷雲 —— 127
- 雷鳴 —— 127
- 落葉 —— 269
- 落葉樹 —— 268
- 落雷 —— 126
- ラッキョウ —— 102
- 竜 —— 363
- リュウキュウチク —— 47
- リュウキン —— 168
- 留鳥 —— 94
- リュウビンタイ —— 32
- リョクチク —— 147
- 鱗翅類 —— 74
- ルーミスシジミ —— 71
- ルリシジミ —— 71
- ルリタテハ —— 62
- レンゲツツジ —— 57
- 漏刻 —— 116

【ワ行】

- 若草つみ —— 34
- ワカサギ —— 337
- ワサビ —— 101
- わし座 —— 115
- 渡り鳥 —— 278
- 和時計 —— 117
- ワライタケ —— 243
- ワラビ —— 30

新版 春夏秋冬 絵ごよみ事典

発行日————2024年9月25日　初版第1刷

編者————平凡社
発行者————下中順平
発行所————株式会社平凡社
　　　　　〒101-0051　東京都千代田区神田神保町3-29
　　　　　　　　電話　(03)3230-6573［営業］
　　　　　ホームページ　https://www.heibonsha.co.jp/
装幀————重実生哉
ＤＴＰ————有限会社ダイワコムズ＋平凡社制作
印刷・製本——株式会社東京印書館

©Heibonsha Ltd., Publishers　2024 Printed in Japan
ISBN978-4-582-12437-8

落丁・乱丁本のお取り替えは小社読者サービス係まで直接お送りください
(送料は小社で負担いたします)。

【お問い合わせ】
本書の内容に関するお問い合わせは
弊社お問い合わせフォームをご利用ください。
https://www.heibonsha.co.jp/contact/